"Una sinopsis amena, veraz, y presentada de manera atractiva, de la vida y contribución de los mayores forjadores de la fe cristiana. *Los cuarenta cristianos más influyentes que forjaron lo que creemos hoy* constituye una introducción maravillosa a la historia de la iglesia cristiana. Es una obra que atrapa al lector, llevándolo más allá de la comprensión básica, a un entendimiento del progreso y los detalles de la vida intelectual cristiana. Es simplemente una lectura informativa, beneficiosa, y encantadora".

—John D. Hannah, Seminario Teológico de Dallas,
Destacado profesor de teología histórica,
Profesor e investigador de estudios teológicos

LOS 40
CRISTIANOS
MÁS INFLUYENTES

QUE FORJARON LO QUE CREEMOS HOY

DARYL AARON

CASA
CREACIÓN

Los 40 cristianos más influyentes por Daryl Aaron
Publicado por Casa Creación
Una compañía de Charisma Media
600 Rinehart Road
Lake Mary, Florida 32746
www.casacreacion.com

Traducido por: Ernesto Giménez
Diseño de la portada: Lisa Cox
Director de diseño: Justin Evans

Library of Congress Control Number: 2014938642
ISBN: 978-1-62136-834-2
E-book ISBN: 978-1-62136-839-7

Nota de la editorial: Aunque el autor hizo todo lo posible por
proveer teléfonos y páginas de internet correctas al momento
de la publicación de este libro, ni la editorial ni el autor se
responsabilizan por errores o cambios que puedan surgir luego
de haberse publicado.

Impreso en los Estados Unidos de América
14 15 16 17 18 * 5 4 3 2 1

Este libro está dedicado a mis colegas pasados y presentes del Departamento de Estudios Bíblicos y Teológicos del Northwestern College.

Ha sido un enorme privilegio servir junto a ustedes durante más de dieciséis años. Ustedes también han sido y son cristianos muy influyentes, tanto en las vidas de miles de estudiantes, como en la mía.

CONTENIDO

RECONOCIMIENTOS

Quiero expresar mi gratitud al Dr. John Hanna por su disposición a leer este manuscrito, y ofrecerme su gentil apoyo. Esto tiene un significado especial para mí, ya que el Dr. Hanna fue uno de los que despertó en mí el interés en esto de la teología histórica, el tema del que trata este libro. Yo tomé el primer curso de Historia Doctrinal que se dictó en el Seminario Teológico de Dallas (¡En el otoño de 1977!). Esto a su vez me impulsó a realizar un posgrado adicional en Historia de las Ideas en la Universidad de Texas, en Dallas. El Dr. Hanna fue también mi profesor favorito. Fue de hecho un cristiano muy influyente que forjó mis creencias y enseñanzas actuales.

Quiero agradecer también a Andy McGuire, mi editor en Bethany House. Él me ha guiado y dirigido ya en la preparación de tres libros. Agradezco enormemente todo lo que él ha hecho, así como el resto del talentoso equipo en Bethany House.

Cronología de estos cristianos influyentes

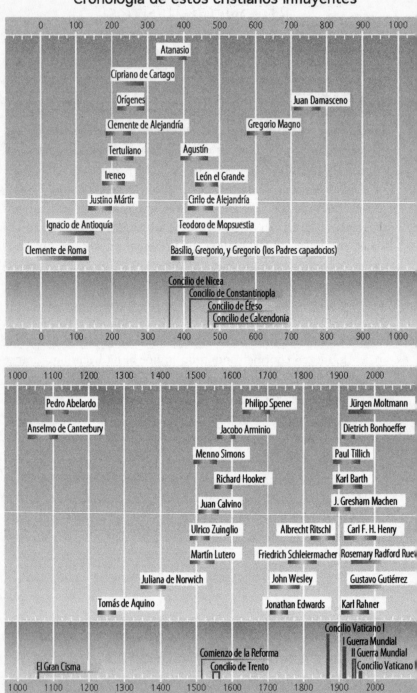

INTRODUCCIÓN

La teología no suele ser un tópico muy popular entre los cristianos. A muchos el término les trae a la mente imágenes de individuos muy estudiados con conocimientos elevados sobre cosas que son realmente irrelevantes para prácticamente todo. Pero esto refleja una falta de comprensión sobre lo que es realmente la teología, así como de su importancia fundamental para nuestra propia salud espiritual y la de nuestras iglesias.[1] Igualmente, la idea de cualquier clase de "historia de la teología" no es muchas veces estimada, y suele ser mal comprendida por muchos cristianos. El razonamiento es: "La Biblia fue completada en el siglo I, y lo que creemos está basado en ella. ¿Cómo puede haber entonces una historia o desarrollo de eso? ¿No sería eso querer ir más allá de la Biblia?

Este razonamiento es tanto correcto como incorrecto. Lo que es correcto y es importante señalar es que las primeras generaciones de cristianos, remontándonos al siglo I, tenían un sistema *básico* de creencias: Solo existe un Dios verdadero que es Jehová, el Dios de Israel. El pecado separó a la humanidad de Dios, que es santo. Dios cumplió sus promesas dadas en el Antiguo Testamento sobre un Mesías, quien resulta ser el Hijo de Dios (completa y eternamente), y que se hizo humano. Este individuo único murió para pagar la penalidad por el pecado, fue sepultado, y resucitado en victoria sobre el pecado y la muerte (1 Co. 15:1–9). Este mismo Jesús regresó al cielo, pero volverá un día a la tierra. Esto es también lo que la mayoría de los cristianos creen hoy en continuidad con los primeros cristianos.

Entonces, aquello que los primeros cristianos del siglo I sabían y creían, era *necesario*—pues se trata de las verdades que constituyen el eje de la fe cristiana—, pero no era *suficiente*. ¿Cómo podía serlo, si el objeto era el ser *infinito* y el pensamiento de Dios? La primera generación de cristianos, por ejemplo, creía que Jesús era completamente Dios y completamente humano, pero aún no había considerado cómo podía ser eso posible. También creían que el Padre celestial de Jesús era también Dios, al igual que el Espíritu, el cual fue enviado en una misión más amplia el día de Pentecostés. Esto no significa que creían en tres dioses. Ellos seguían siendo monoteístas estrictos y fervorosos, pero aún no habían analizado cómo era que podían ser tres personas y al mismo tiempo una. Creían que Jesús murió por los pecados, pero aún no habían considerado completamente el significado de esto. ¿Cómo exactamente murió Él por el pecado? ¿Por el pecado de quiénes murió? ¿Fue el perdón de *todos* los pecados lo *único* que se obtuvo con su muerte? Etcétera, etcétera, etcétera. Estas fueron las preguntas y los temas que las siguientes generaciones de cristianos afrontaron. Las respuestas que sugirieron a veces estaban erradas y fueron rechazadas por la mayoría de los cristianos. A esto se le denominó *herejía*. Pero poco a poco, los cristianos fueron captando las profundas verdades de Dios y desarrollando madurez espiritual como resultado.

Así entonces, la idea del desarrollo de la teología o de la doctrina no es errada o peligrosa. Más bien, es lo lógico. No tiene *nada* que ver con *ampliar* las Escrituras, es decir, ir más allá de ellas. La Palabra de Dios es suficiente, queriendo decir con esto que Dios nos ha dado todo lo que necesitamos saber (2 Tim. 3:16–17). Tiene que ver más con *explicar* las Escrituras o escudriñarlas en profundidad. La Escritura es suficiente, pero nuestra comprensión de ella no lo es.[2] Incluso hoy en el siglo XXI, apenas estamos en la superficie de esa infinita profundidad y grandeza de las cosas de Dios (Job 11:7–9; Is. 55:8–9).

La teología y la historia de la teología son por lo tanto cosas buenas, ya que ambas nos ayudan a entender mejor a Dios, lo cual es muy bueno. Hay unos cuantos beneficios adicionales que se obtienen de estudiar la historia de la teología que pueden ser mencionados:

Primero, nos ayuda a desarrollar discernimiento al poder reconocer errores teológicos que se han cometido en el pasado. Segundo, nos ayuda a distinguir entre lo que es solo una moda pasajera en el cristianismo actual de aquellas verdades que son intemporales y perdurables. Tercero, este debe inculcarnos la soberanía y la misericordia de Dios, que ha preservado su verdad a pesar de las falsas enseñanzas y las tendencias fugaces. Cuarto, promueve una sana humildad, al darnos cuenta de que los grandes pensadores han cometido grandes errores en el pasado, y de que nuestro entendimiento actual de la Biblia lo debemos en gran medida a cientos de año de pensamientos por parte de otros. Como muchos han dicho, los cristianos modernos estamos parados en los hombros de gigantes. Quinto y final, en una época en la que el concepto de verdad—especialmente la verdad universal y atemporal—suele ser negado, la historia de la teología nos recuerda que, durante siglos, el pueblo de Dios no solo ha creído en la verdad universal, sino en que la verdad más *fundamental* ha sido registrada y preservada en la Biblia. Y es esto es tan relevante hoy como cuando fue escrito.

En cuanto al título de este libro, tal vez usted está pensando: *¿En serio? ¿LOS CUARENTA cristianos más influyentes? ¡Por favor!* Entienda que yo no estoy pretendiendo clavar la lista definitiva de los cuarenta mayores teólogos (de hecho, es la lista de los cuarenta y dos, porque metí de contrabando un par de Gregorios adicionales en el capítulo diez). De hecho pensé que tal vez un título más apropiado habría sido *Los cuarenta cristianos más influyentes que forjaron lo que creemos hoy, en la humilde opinión de un escritor particular*, pero a la editorial le pareció poco práctico. Podría argumentarse de manera válida que algunos de ellos no debieron ser incluidos, mientras que otros sí.

Algunos de ellos son obvios, como: Tertuliano, Atanasio, Agustín, Tomás de Aquino, Lutero, Calvino, Edwards, etcétera.

Pero otros nombres tal vez podrían ser poco familiares, como: Clemente, Cipriano, Cirilo, Juliana, Richard Hooker, Rosemary Ruether, etcétera. De hecho, el que yo haya escogido incluir a algunos de estos teólogos no significa que yo sea necesariamente seguidor de sus teologías. Unos cuantos de ellos, en mi opinión, fueron más perjudiciales que beneficiosos. "Influyentes" no significa necesariamente "acertados". Pero todos, desde Anselmo hasta Zuinglio, que vivieron en importantes centros teológicos desde Antioquía hasta Zúrich, hicieron avanzar el pensamiento teológico, o contribuyeron a ciertas tradiciones cristianas de maneras significativas. Todos estos individuos *jugaron* roles importantes e influyentes en la historia general del desarrollo de la teología cristiana. Esa es también la historia que trato de contar.

En cuanto al formato, cada capítulo se dividirá en tres secciones principales con dos apartados: **contexto** (*teológico* y *biográfico*), **contribución** (*teológica* y *biográfica*), y **conclusión** (*teológica* y *personal*).

Primero, discutiremos el **contexto** en el que se desenvolvieron estos grandes pensadores cristianos. Todo pensamiento se desarrolla adentro de un contexto histórico, y en este caso también *teológico*. La pregunta es, ¿qué estaba ocurriendo en el contexto histórico que provocó que estos cristianos pensaran y escribieran sobre lo que hicieron? Muy a menudo el contexto era una controversia teológica, y en algunos casos una completa herejía. Asombra más bien cuán a menudo grandes avances en la comprensión bíblica y las enseñanzas teológicas de los cristianos surgieron como resultado de herejías. Algunos que se autoproclamaban cristianos salían con alguna idea, digamos novedosa (por denominarla de alguna manera), y muchos en la comunidad cristiana respondían: "Es intrigante, pero no suena como lo que hemos creído tradicionalmente". El resultado era que los cristianos se veían nuevamente obligados a ir a la Palabra de Dios para corroborar la nueva idea y lograr una mejor comprensión de lo que enseña realmente la Biblia, así como de lo que hasta ese momento habían creído. Esta comprensión fortalecía la creencia en nuestro maravilloso Dios, quien lejos de sentirse frustrado o tergiversado por la falsa enseñanza, como vemos la usaba para cumplir sus propósitos soberanos. Esta clase de Dios merece nuestra confianza absoluta y nuestra adoración sincera. Entonces, conoceremos primero el contexto histórico y teológico de cada uno de estos grandes pensadores cristianos. También consideraremos el contexto *biográfico*, es decir, algunos hechos resaltantes de sus vidas personales. A veces estos son tan interesantes y significativos como sus pensamientos y escritos.

La segunda sección principal de cada capítulo será su **contribución**. La contribución *teológica* constituye un breve resumen de las ideas principales que desarrollaron o desafiaron nuestra comprensión de la Palabra, los métodos, y las obras de Dios. La contribución *bibliográfica* es una lista de sus escritos más importantes, así como unas cuantas citas que permitirán que estos grandes pensadores cristianos hablen por sí mismos.

La **conclusión** resume en pocas palabras la contribución teológica del personaje, y en ocasiones sugiere algunas aplicaciones personales, o lecciones que podemos aprender de sus vidas.

Comenzaremos esta historia en el siglo II d.C. En ese momento el canon de la Biblia ya ha sido completado. Los cristianos han aceptado los libros del Antiguo Testamento como autoridad bíblica; es decir, como la misma Palabra de Dios inspirada y que debe ser aceptada y creída. Al final del siglo I, todos los libros del Nuevo Testamento habían sido escritos y reconocidos, al menos de manera informal, como autoridad bíblica, y equivalentes al Antiguo Testamento (aunque ocurriría más en este sentido en los tres siglos siguientes, como veremos).[3] También al final del siglo I todos los apóstoles, la fuente autorizada de la verdad de Dios luego del ascenso de Jesús, habían muerto.

Cuando la iglesia entró al siglo II, ya tenía toda la Palabra de Dios escrita y el cuerpo de la verdad basada en la Palabra de Dios, conocido como "las enseñanzas de los apóstoles", aunque solo un entendimiento elemental de esta. Dios continuó entonces obrando a través de su pueblo para edificar sobre el fundamento de los apóstoles y los profetas (Ef. 2:20) a fin de llevar a los creyentes en Jesús hacia las profundidades de la persona infinita y la mente de Dios.

Los más importante de lo que veremos no es conocer mejor a estos grandes pensadores cristianos, ni entender mejor la teología (en y por sí misma), sino más bien conocer mejor a Dios. Después de todo, nuestro Salvador, el Señor Jesucristo, nos mandó: "Amarás al Señor tu Dios con todo tu corazón, con toda tu alma y con toda tu mente" (Mt. 22:37). Son historias de cristianos que estaban tratando de hacer eso y de ayudar a otros a hacerlo.

1

CLEMENTE DE ROMA

El primer padre apostólico

Contexto

Juan, el último apóstol, murió al final del siglo I, terminando lo que se conoce como el "período apostólico". En este tiempo, todos los libros que con el tiempo conformarían el Nuevo Testamento habían sido escritos por los apóstoles, y unos cuantos otros estrechamente asociados con ellos. Así que para el final del siglo I Dios ya había dado, a través de la inspiración, toda la Palabra que deseaba que su pueblo tuviera (el Antiguo Testamento y el Nuevo Testamento).

El período inmediato, que comenzó en el siglo II, es conocido como "período posapostólico". Los cristianos comenzaron a reflejarse en las enseñanzas de los apóstoles y a escribir sobre ellas, según se las registra en los libros del Nuevo Testamento y el resto de las Escrituras. Algunos de ellos de hecho conocieron a los apóstoles y fueron sus discípulos. Los escritos de este período son conocidos como "las obras de los padres apostólicos", e incluyen los siguientes: *Epístola de Clemente* (o *Primera Epístola de Clemente*[1]), siete epístolas de *Ignacio*, *Epístola de Policarpo*, la *Didaché* (o *Enseñanza de los doce apóstoles*), la *Epístola de Bernabé*, y el *Pastor de Hermas*.[2] Los autores de las tres últimas son desconocidos.[3] Algunos cristianos de los primeros siglos incluso consideraban que ciertas obras de los padres apostólicos tenían el mismo nivel de autoridad que las obras de los apóstoles. Sin embargo, para finales del siglo IV, ninguno de estos libros eran considerados canónicos; es decir, inspirados por Dios y con autoridad divina.

En términos generales, los escritos de los padres apostólicos eran más prácticos y pastorales que teológicos, al menos en cuanto a ofrecer reflexiones o especulaciones profundas sobre las enseñanzas de los apóstoles. La iglesia aún estaba dando sus primeros pasos de infante y tratando de abrirse camino en el complejo mundo del Imperio Romano del siglo II. Una reflexión profunda pronto llegaría, pero no todavía. Desde temprano hubo problemas y amenazas que fue necesario afrontar, y estas fueron las preocupaciones principales de los padres apostólicos. Estudiaremos solo dos: a Clemente y su epístola en este capítulo, y a Ignacio y sus siete epístolas en el capítulo dos. El escritor de la *Primera Epístola de Clemente* fue obispo de la iglesia en Roma durante la última década del siglo I, y por eso se le conoce como Clemente de Roma. *Es posible* que sea el mismo Clemente que se menciona en Filipenses 4:3. En dado caso, no se sabe mucho sobre él.

Contribución

En la carta no se nombra a ningún autor, pero todos concuerdan en que fue escrito por Clemente de Roma. Fue escrita en Roma y enviada a la iglesia en Corinto (capítulo 1) alrededor del año 96 d. C. Se trata, por lo tanto, del primer documento cristiano posterior a los escritos de los apóstoles.

En estos escritos posapostólicos primitivos encontramos un claro reconocimiento a las verdades fundamentales cristianas. Clemente, por ejemplo, usa la "fórmula triádica"; asociada con el Padre, el Hijo, y el Espíritu Santo; lo que refleja su creencia en la doctrina de la Trinidad, a pesar de que los cristianos aún no habían adoptado la palabra Trinidad para esta verdad (encontramos un ejemplo en el capítulo 58 de su obra).[4] Clemente entendía claramente que la muerte de Cristo era para la salvación (ejemplo en el cap. 7 de su obra), y concordaba con Pablo en que "no obtenemos la justificación por nosotros mismos, ni por las [...] obras que hemos forjado en santidad de corazón; sino por la fe a través de la cual, desde el principio, el poderoso Dios ha justificado a todos los hombres" (32).[5] Clemente y otros padres apostólicos transmitieron fielmente estas verdades fundamentales que habían recibido y aprendido de los mismos apóstoles.

La mayor contribución al pensamiento cristiano está en los aspectos de la unidad y el liderazgo de la iglesia. Las amenazas a la unidad eran una gran preocupación para Jesús mismo (Jn. 17:20–23) y para los apóstoles (Ef. 4:1–6; 1 P. 3:8–9). De hecho, una de las preocupaciones de Pablo al escribirles a los corintios fue la división dentro de la iglesia (1 Co. 1:10). Esta era también la preocupación de Clemente cuando le escribió a la misma iglesia cuarenta años después. Por alguna razón, algunos de los cristianos más jóvenes del lugar se estaban rebelando contra los líderes de la iglesia, y algunos de esos líderes habían sido forzados a abandonar sus posiciones. El resultado fue una crisis de liderazgo y división en la iglesia.

Algunos consejos del Nuevo Testamento en cuanto a los líderes de la iglesia podrían ser útiles en este sentido. El Nuevo Testamento denomina episkopos a la función principal de liderazgo en la iglesia (por ejemplo: Flp. 1:1; 1 Tim. 3:1–2; Tit. 1:7; 1 P. 2:25), de donde proviene el término episcopal. Esta palabra griega significa literalmente "supervisor", pero en la mayoría de las versiones de la Biblia en español se traduce como "obispo". El Nuevo testamento también denomina a los líderes de la iglesia como *presbúteros* (por ejemplo: Hch. 14:23; Tit. 1:5). Esta palabra significa literalmente "anciano", y de ella proviene el término presbiteriano. Sin embargo, esto no es muy diferente a "supervisor". Más bien, se trata de dos títulos diferentes para la misma función o liderazgo en una iglesia. De esto no hay duda ya que a veces ambas son usadas en el mismo contexto (como en Hch. 20:1, 28; Tit. 1:6–7). Clemente mostró que entendía esto de la misma manera porque usó ambas, *epískopos* y *presbúteros* para esta posición de liderazgo en la iglesia (por ejemplo, en el capítulo 44).

Ahora, regresando a la preocupación de Clemente en relación con la crisis de liderazgo y la división en la iglesia de Corinto. Instó a sus lectores a buscar la unidad en Cristo, pero más específicamente en aquellos que han sido escogidos para supervisar la iglesia. Él por ejemplo, escribió: "Reverenciemos al Señor Jesucristo [...] estimemos a aquellos que nos dirigen [supervisores, obispos]; estimemos a los presbíteros [ancianos] entre nosotros" (21). Clemente también llamó a los alborotadores a arrepentirse y someterse a los ancianos (57; ver Heb. 13:17).

Su razonamiento para esperar que los cristianos se sometieran a sus líderes era este: Dios escogió y comisionó a Jesús; Jesús escogió y comisionó a los apóstoles; los apóstoles escogieron y comisionaron a sus sucesores, ancianos supervisores/obispos (incluyendo al mismo Clemente). Por lo tanto, este patrón debía ser repetido a través de las generaciones subsiguientes de líderes de iglesia (42). Con el tiempo esta idea llegó a ser conocida como "sucesión apostólica". La motivación de Clemente era buena: preservar la verdad del mensaje apostólico (tal como hace Pablo en 2 Tim. 2:2) así como el orden y la unidad en la iglesia. Los ancianos de la iglesia tienen autoridad en las congregaciones; pero, ¿tienen la *misma* autoridad de los *apóstoles*? Como veremos, el concepto de sucesión apostólica continuó desarrollándose y con el tiempo representó un problema significativo para la iglesia.

Clemente plantó otra semilla relacionada que comenzó a germinar rápidamente, la cual con el tiempo determinó la clara distinción existente entre el "clero" y el "laicado", y elevó lo antiguo por sobre lo nuevo. En el capítulo 40 escribió: "Porque al sumo sacerdote se le asignan sus servicios propios [del Señor], y a los sacerdotes [judíos del Antiguo Testamento] se les asigna su oficio propio, y a los levitas sus propias ministraciones. El laico debe someterse a las ordenanzas para el laico". En esta última oración usa por primera vez en la literatura cristiana la palabra *laikos*, de donde proviene la palabra laico. Lo que él obviamente está haciendo es tomando la manera en que se adoraba a Dios en el Antiguo Testamento, *exclusivamente* a través de un sumo sacerdote, conjuntamente con muchos sacerdotes y levitas, y aplicándola a la iglesia del Nuevo Testamento. A pesar de que esto no era ciertamente lo que Clemente tenía en mente, la analogía rápidamente derivó en la creencia de que los obispos cristianos eran los "sacerdotes", y que *únicamente* ellos estaban calificados para realizar el ministerio de Jesucristo. El sacerdocio cristiano está diseñado para servir a Dios, y todos los demás cumplen una función inferior.

Otros llevaron esto incluso más lejos: El sacerdote de la iglesia en Roma (conocido ahora como el papa) es el sumo sacerdote mayor, el sumo sacerdote cristiano. A esto se lo conoce como "supremacía papal". El expapa Benedicto XVI encontró apoyo para esto en Clemente: "De este modo, podemos decir que la *Epístola de Clemente* fue un primer ejercicio de la primacía de Roma después de la muerte de San Pedro".[6] ¿Por qué dijo esto el papa Benedicto? Porque aunque Clemente era obispo de Roma, parecía estar ejerciendo autoridad sobre la iglesia en Corinto al decirles cómo debían lidiar con ciertos asuntos.

Conclusión

La preocupación principal de Clemente reflejaba la misma preocupación clara de otros escritores del Nuevo Testamento: preservar la unidad de la iglesia. Clemente también entendía, al igual que otros autores del Nuevo testamento, la importancia del liderazgo local de la iglesia en beneficio de la preservación de la verdad y la unidad bíblicas. Todo esto demuestra lo que aún *debería* ser importante para las congregaciones de hoy. Por otra parte Clemente ilustra el peligro de decir algo que sea tomado por otros y llevado mucho más allá de su propósito original. Esto es algo ocurrió muy a menudo en el fluir de la iglesia, como veremos.

2

IGNACIO DE ANTIOQUÍA

El mártir ansioso

Contexto

El evangelio de Jesucristo se difundió rápidamente después de la ascensión de Jesús (Hch. 2:41, 47; 6:7; 9:31), y el cristianismo se arraigó completamente por todo el Imperio Romano desde muy temprano. El cristianismo no estaba oficialmente prohibido; sin embargo, los cristianos enfrentaron inmediatamente una persecución significativa. Jesús había advertido de que esto ocurriría (Mt. 16:24; Jn. 15:20; 16:33; 17:14), al igual que Pablo (2 Tim. 3:12) y Pedro (1 P. 3:14–17; 4:16). El segundo padre apostólico que estudiaremos experimentó esto en carne propia. De hecho, murió como mártir.

Ignacio fue obispo de Antioquía en Siria, la cuidad en la que los seguidores de Jesús fueron llamados "cristianos" por primera vez (Hch. 11:26), el cual al principio era un término despectivo. Era como decir "pequeños Cristos". Las fechas en la vida de Ignacio son un poco inciertas, y su muerte ocurrió probablemente en la segunda década del siglo II. No se sabe mucho más sobre su vida, salvo lo que él mismo escribió de ella en sus cartas. Sabemos que fue arrestado debido a su fe en Cristo y que fue enviado de Antioquía, atravesando el Asia Menor (en lo que hoy en día es Turquía) hacia Roma, donde esperó se ejecutado.

Contribución

Durante su viaje a Roma escribió varias cartas: a las iglesias en Magnesia; Tralles; Éfeso (desde donde los cristianos habían venido a visitarlo); Filadelfia; y Roma, que fue su destino; así como una carta personal para Policarpo, el obispo de Esmirna. Un erudito del Nuevo Testamento afirma que estas cartas constituyen "una de las mejores expresiones literarias del cristianismo durante el siglo II".[1] A pesar de no ser profundamente teológicas, "es justo decir que estas cartas contienen la primera teología verdadera en el cristianismo [más allá de los propios escritos de los apóstoles]".[2] Como ya mencionamos, los padres apostólicos no eran teólogos, sino más bien pastores que dieron lo mejor de sí para animar a los cristianos de la iglesia primitiva, los cuales estaban en un ambiente muy adverso.

Un tema recurrente en las cartas de Ignacio es la firme afirmación de que Jesucristo es completamente Dios y (especialmente) completamente humano; y la premisa de que negar esta verdad, especialmente la humanidad genuina de Cristo, constituye una amenaza significativa para la verdad cristiana fundamental, así como para la unidad de la iglesia.

Al igual que Clemente, Ignacio entendía claramente que Jesucristo su Salvador no era otro sino Dios mismo. Él se refería a Jesús como "Cristo nuestro Dios" (A los esmirniotas 10). No hay reflexión alguna sobre *cómo* Jesús puede ser completamente Dios junto con el Padre y el Espíritu, pero esto tampoco representaba una preocupación apremiante en ese momento. Lo que importaba durante esos primeros tiempos de la iglesia era creerlo, más que poder explicarlo.

Lo que sí representaba una preocupación mayor para Ignacio era el hecho de que Jesús era genuinamente humano. Algunos cristianos habían llegado a creer que Jesús era verdaderamente Dios, pero no verdaderamente humano; que él solo tenía *apariencia* humana. A esto se le denominó *docetismo*, una de las "herejías cristológicas" de los primeros siglos. El término tiene su origen en la palabra griega *dokeō*, que significa "aparentar ser". Esto probablemente reflejaba la influencia de un aspecto de la filosofía griega conocido como dualismo, la suposición de que lo que es espíritu es por definición bueno, y lo que es físico o material es por definición malo. La implicación obvia es que Dios, que es espíritu y por lo tanto bueno, no sería ni podría ser asociado con lo que es físico y necesariamente malo. Dios *nunca* "encarnaría" (nacer en la carne) convirtiéndose en un humano genuino.

Sin embargo, Los apóstoles *no* enseñaron esto, ¡sino lo opuesto! Por ejemplo, el título "Hijo del hombre" es aplicado a Jesús más de ochenta veces en el Nuevo Testamento (y fue la manera favorita que tenía Jesús de referirse a sí mismo). Él nació de una mujer (Lc. 2:7) y tenía una genealogía (Mt. 1:1–16: Lc. 3:23–38). Jesús se refería a sí mismo como "hombre" (Jn. 8:40), y Pablo también lo llamaba así (Ro. 5:15; 1 Tim. 2:5). De hecho, el apóstol Juan ya había abordado el problema de la negación de la humanidad de Cristo. A esta tendencia la llamó "espíritu del anticristo" (1 Jn. 4:2–3; 2 Jn. 7–11). Ignacio transmitió esta enseñanza apostólica. Por ejemplo, escribió: "Hay un médico [Jesucristo] que está poseído tanto de *carne* como de *espíritu* [...] Dios existiendo en la *carne* [...], tanto de *María* y de Dios [...] [que] se *convirtió también en hombre*, de María la virgen. Porque *'el Verbo se hizo carne'* [citado de Jn. 1:14]. Siendo incorpóreo [carente cuerpo], Él estuvo *en el cuerpo*; siendo impasible [incapaz de sufrir y morir], estuvo en un cuerpo pasible; siendo inmortal, estuvo en un *cuerpo mortal*" (Efesios 7, énfasis añadido).

Una de las razones por las que esto fue abordado tan fuertemente por Juan e Ignacio es la esta: Si Jesús no era realmente humano, entonces realmente no sufrió, murió, y se levantó de los muertos con un cuerpo humano verdadero. Negar la humanidad de Jesús es negar el evangelio (1 Co. 15:1–4), y negar el evangelio es abandonar toda esperanza de salvación. Por esta razón, negar la negación de la humanidad de Jesús era una grave amenaza para los cristianos, e Ignacio tenía que alertar a sus lectores acerca de ella.

Al igual que Clemente, a Ignacio le preocupaba la unidad, y el docetismo atentaba significativamente contra ella. Por ello encontramos repetidamente en sus cartas advertencias a los cristianos a "huir de la división y de las doctrinas retorcidas" (A los filadelfios 2). También, igual que Clemente, Ignacio creía que el obispo jugaba un papel importante en la preservación de la unidad y la pureza doctrinal. Afirmaciones como la siguiente son repetidas una y otra vez por Ignacio: "No hagan nada sin el obispo" (*Ibíd.* 7), y "Fíjense que todos sigan al obispo, así como Jesucristo seguía al Padre [...]. Dondequiera que aparezca el obispo, allí debe estar [la iglesia]; mientras que también dondequiera que esté Jesucristo, está la Iglesia Católica"[3] [A los esmirniotas 8].

Aquí hay algo importantísimo. Los líderes de la iglesia juegan un papel fundamental en transmitir las verdades bíblicas y proteger a la Iglesia del error (2 Tim. 1:13; 4:2; Tit. 1:5, 9, 13; 2:1). Sin embargo, Ignacio parece regar la semilla plantada por Clemente, la cual resulta en la elevación de un obispo/supervisor sobre los muchos presbíteros/ancianos y otros líderes de la Iglesia. Él, por ejemplo, escribió: "Su obispo preside en el lugar de Dios, y sus presbíteros en el lugar de la asamblea de los apóstoles" (A los magnesios 6). El motivo de Ignacio era la preservación de la unidad y la verdad. El problema, no obstante, es que los obispos, así como todos los líderes de la Iglesia, son humanos falibles y pecadores, y como prontamente lo demostró la historia, podían ser los promotores de falsas enseñanzas y la fuente de la desunión. Los puntos de vista de Clemente e Ignacio continuarían evolucionando hasta producir una elevación del clero no bíblica que le otorgaba un poder y un estatus que Dios jamás tuvo la intención que tuviera.

Conclusión

Ignacio exhorta a sus lectores a creer en la verdadera humanidad de Cristo; sin embargo, este positivo consejo pastoral proviene de esta idea: Si Jesucristo además de ser Dios es también completamente humano, entonces los cristianos deberían identificarse de manera gozosa con Él, ser devotos suyos, e imitarlo, al punto de estar dispuestos y hasta ansiosos de sufrir y morir como Jesús. Este no era un compromiso teológico abstracto por parte de Ignacio. Él iba camino a su propio martirio y se sentía gozoso por ello; tanto, que no quería que ningún cristiano bienintencionado lo previniera de ninguna manera (A los romanos 4). "La concepción que tenía Ignacio de su muerte revela a un hombre que sabía bien que la creencia cristiana demanda un compromiso apasionado de toda la persona, al punto de la muerte".[4] La disposición de Ignacio y su voluntad de sufrir y morir demostraban que su fe en Cristo, quien también sufrió y murió, era sincera, y no una profesión vacía.

Ignacio nos recuerda varias cosas importantes: Primero, las falsas enseñanzas son peligrosas para la salud espiritual y deben ser rechazadas; y la verdad bíblica es vital y debe ser creída. Segundo, creer en la verdad bíblica va más allá de lo meramente intelectual. Debe afectar la manera en que vivimos, ¡e incluso la manera en que morimos!

Justino Mártir

El primer apologista

Contexto

Pronto, amenazas externas al cristianismo produjeron la siguiente categoría de escritores cristianos, los apologistas. A mediados del siglo II se tenía claro que el cristianismo era diferente al judaísmo, y este comenzó a ser una amenaza, no solo para el judaísmo, sino también para el Imperio Romano debido a su dedicado evangelismo y su crecimiento explosivo. Los cristianos eran vistos como idólatras por los judíos porque adoraban a un humano (a Jesús) en vez que al único y verdadero Dios invisible. Y eran visto como ateos por los romanos porque no adoraban al emperador o a los dioses romanos.

Nuevas amenazas a la iglesia comenzaron a surgir. Hubo ataques desde *afuera* del cristianismo en dos maneras: 1) Los filósofos paganos (no judíos ni cristianos) atacaron al cristianismo por razones religiosas o filosóficas, y 2) el Imperio Romano atacó al cristianismo por razones políticas o legales. También hubo ataques desde *adentro* del cristianismo de parte de aquellos que afirmaban ser cristianos pero que enseñaban cosas diferentes a las que habían enseñado los apóstoles. Debido a todas estas amenazas, no había tiempo para disputas teológicas entre los cristianos ortodoxos.[1] Eso aparecería en su momento, pero mientras tanto la propia sobrevivencia del cristianismo estaba en juego.

Por lo tanto, desde el año 150 d. C. al año 300 los esfuerzos del cristianismo estaban enfocados en defender al cristianismo de los paganos y las herejías. Esta actividad en general, llamada apologética, se refiere a la defensa razonada de la fe cristiana. Quienes hicieron esto durante este período histórico fueron conocidos como *apologistas*. Estudiaremos a cinco de ellos: Justino Mártir, Ireneo, Tertuliano, Clemente de Alejandría, y Orígenes.

Justino fue uno de los primeros apologistas más importantes. Nació alrededor del año 100 d. C. en Palestina, pero era hijo de griegos. Buscó la verdad en la filosofía, desde el estoicismo hasta el platonismo, y algunas otras. En medio de esa búsqueda, como él mismo narra en la historia, conoció a un anciano junto al mar que lo llevó a Cristo por medio del Antiguo Testamento. A Justino también le asombró la valiente manera en que los cristianos estaban dispuestos a morir por su fe. Como resultado, se hizo cristiano. Justino continuó estudiando y enseñando filosofía, pero ahora convencido de que el cristianismo era la filosofía superior. Terminó enseñando en Roma, donde fue arrestado por creer y enseñar una religión ilegal, así como por negarse a hacer sacrificios a los dioses romanos. Fue ejecutado en el año 165, y la iglesia llegó a conocerlo como Justino Mártir.

Contribución

Tres de sus obras sobrevivieron. La *Primera apología* (escrita alrededor del año 155) y la *Segunda apología* (alrededor del año 160) son defensas de la fe cristiana dirigidas al emperador Antonio y al Senado Romano, respectivamente. *Diálogo con Trifón*, un filósofo judío, en el que Justino trata de convencerlo de que el judaísmo anticipó al cristianismo, y de que el cristianismo cumplió y sobrepasó al judaísmo. En esta describe su propia conversión. Estas obras son un paso teológico gigante más allá de los de los padres apostólicos.

Nos enfocaremos en dos contribuciones teológicas de Justino, las cuales fueron tanto útiles como al mismo tiempo perjudiciales.

La primera es la manera en que usó la filosofía, generalmente en defensa al cristianismo. La segunda es la manera en que usó la filosofía para entender la persona de Jesucristo.

Justino continuó estudiando y enseñando filosofía después de su conversión, pero ahora abogaba por los cristianos desde una perspectiva cristiana. Como mencioné, Justino creía que el cristianismo era la filosofía superior, y que las filosofías previas solo anticipaban la verdad cristiana. El creía por ejemplo que Platón y otros filósofos habían tomado ideas del Antiguo Testamento, y por eso se sentía justificado a continuar utilizando la filosofía griega (aunque también era crítico hacia algunos aspectos de esta).

Justino trató de demostrar a través de la manera de pensar de los griegos que el cristianismo no era para nada insensato, sino todo lo contrario.[2] En cuanto a los romanos, Justino argumentaba que los cristianos no eran una amenaza para el Imperio, sino, también, todo lo contrario. Acusó al Imperio de perseguir a los cristianos por el simple hecho de ser cristianos, a pesar de su comportamiento.[3] Justino señaló que los que aceptaban el título de cristianos eran de hecho beneficiosos para el Imperio porque vivían bajo normas morales elevadas y, por lo tanto, eran ciudadanos excelentes que no representaban ninguna amenaza para Roma. De hecho, fue exactamente en este sentido moral que el cristianismo demostró ser la filosofía definitiva. En la filosofía griega virtudes como el amor y la verdad eran ideales abstractos. En el cristianismo, sin embargo, estos ideales se convirtieron en realidades concretas en la persona de Jesús mismo, quien es la realidad definitiva, y quien mostró virtudes como amor y verdad en la manera en que vivió. Fue gracias a Jesús que sus seguidores también vivieron vidas morales superiores e incluso estuvieron dispuestos a morir por lo que creían (*Primera apología*, 15; *Diálogo con Trifón*, 93).

Esta contribución de Justino fue útil porque mostró que el cristianismo es intelectualmente razonable, y que no solo puede ser defendido, sino mostrare superior en el campo de la filosofía.

Tampoco se disculpa por defender sus argumentos con las Escrituras. Más tarde los teólogos cristianos continuarían usando esta clase de pensamiento filosófico en su esfuerzo por entender y discutir conceptos desafiantes relacionados con Dios. Por otra parte, una dependencia demasiado grande de la filosofía puede dañar al cristianismo bíblico. Justino puede ser acusado correctamente de depender más de la cuenta del pensamiento filosófico. Después de todo, como dijo Pablo: "El mensaje de la cruz es una locura" para los griegos (1 Co. 1:18). Algunas de las cosas de Dios están más allá de la lógica humana. Como veremos, otros apologistas siguieron a Justino en su abundante uso de la filosofía en su teología (como Orígenes), mientras que otros se mostraron críticos a la filosofía en todas sus manifestaciones (como Tertuliano).

La segunda contribución teológica de Justino fue su uso de la filosofía para tratar de explicar quién era Cristo. El concepto del *Logos* era muy importante en la filosofía griega. Esta palabra griega significa "palabra", pensamiento", o "razón". Específicamente en la filosofía platónica (la cual Justino tendía a preferir), Dios es espíritu (no es un ser físico), y es infinito y perfecto. Es la forma más alta de existencia. Por consiguiente, está necesariamente separado de todo lo demás, especialmente de todo lo que es físico, finito, e imperfecto como el universo; y necesitaba algo "en el medio" que le permita relacionarse con todo esto. Este intermediario era el Logos que conectó a Dios con el mundo, y a través del cual pudo actuar en el mundo.

Justino tomó esta idea y la usó para explicar a Cristo. Fue su manera de decir: "Lo que los filósofos han considerado desde hace mucho tiempo como el logos es lo que nosotros los cristianos ahora entendemos específicamente que es Cristo". De hecho Justino aclara que este es un concepto bíblico: "En el principio ya existía el Verbo [*Logos*], y el Verbo estaba con Dios, y el Verbo era Dios" (Jn. 1:1). Pero, ¿qué significa esto exactamente? Para Justino, el logos era originalmente algo intrínseco de Dios, un aspecto de su ser; su sabiduría o razón. Cuando Dios creó por primera vez, esta sabiduría divina fue expresada. Su expresión en palabras era: "¡Que exista [...]!" (Gn. 1:3, 6). Justino cita Proverbios 8:25 como apoyo. La sabiduría (El logos) habla y dice: "Nací [o fui generado, expresado] antes que fueran formadas las colinas [en la creación], antes que se cimentaran las montañas". Fue entonces a través del Logos que Dios creó el mundo material. En la historia del Antiguo Testamento, fue el Logos el que apareció en situaciones *específicas*; como por ejemplo a Abraham (Gn. 18), a Moisés en la zarza ardiente (Éx. 3), y a los profetas hebreos. Finalmente, el Logos divino encarnó en la persona de Jesucristo: "Y el Verbo se hizo hombre y habitó entre nosotros" (Jn. 1:14). Antes de que existiera el tiempo, Dios era unidad; y la sabiduría, el Logos, era parte de su ser. En la obra de creación Él expresó por primera vez su sabiduría, su Logos (como un pensamiento que se expresa a través del habla) y se hizo trino a través de la expresión de su sabiduría (su Logos) y su Espíritu.

Fue Justino el que comenzó la polémica discusión que con el tiempo condujo a la teología trinitaria. Los cristianos ya creían que Jehová, el Dios del Antiguo Testamento, era Dios, y que también Jesucristo lo era. Pero, ¿cómo podía ser eso posible? ¿Cuál es exactamente la relación entre Jehová Dios y Jesús? ¿Cómo pudo el Dios infinito, que es espíritu, convertirse en un hombre finito con un cuerpo físico como Jesús? Los cristianos aún no se habían hecho estas preguntas difíciles, pero importantes. Justino puso a rodar la bola, lo cual fue bueno.

Sin embargo, hay algunos problemas con la manera en que Justino abordó esto. La filosofía griega, por ejemplo, enseñaba que la "semilla" del logo divino estaba presente en *todos* los seres humanos en las formas de razonamiento o sabiduría divina que poseyeran. Justino estaba de acuerdo con eso, pero distinguió a Cristo diciendo que el Logos únicamente se encontraba de manera *perfecta* en Él, mientras que era imperfecto e incompleto en otros humanos. Esto lo declara Justino en una de sus frases más conocidas: "Confieso que suplico a Dios y me esfuerzo denodadamente por ser hallado cristiano, no porque las enseñanzas de Platón sean ajenas a las de Cristo, sino porque no son del todo semejantes, como también las de los otros: estoicos, poetas, e historiadores. Porque cada hombre habló bien en proporción a la semilla del *Logos* que poseía, viendo lo que estaba relacionado con ella" (*Segunda apología*, 13). Según Justino, ¡Platón era básicamente un protocristiano! Solo que, como Cristo había venido, los creyentes en Él ahora tenían acceso a *toda* la verdad a través de Él. Pero, ¿puede la filosofía *pagana* ser categorizada como cristiana de alguna manera?

Otro problema con el pensamiento de Justino es que es inconsistente. La mayoría de las veces muestra a Dios como una unidad, siendo el Logos una mera extensión de Dios (de su sabiduría), e incluso como una creación de Dios (carente de divinidad). Otras veces muestra a Dios como una dualidad de Padre e Hijo; e incluso como una unidad de cuatro, incluyendo al Espíritu y los ángeles (*Primera apología*, 6). Ocasionalmente Justino habla de "dos Dioses".[4] En general, Justino tiende a subordinar el Logos, o el Hijo, al Padre. Muchos de los teólogos que estudiaremos continúan haciendo lo mismo.

Conclusión

Justino impulsó la causa de la verdad cristiana, especialmente en el polémico aspecto del trinitarismo, pero también causó algunos problemas teológicos con los que los cristianos tendrían que lidiar más adelante. Sin embargo, Justino también debe ser admirado por su defensa de la credibilidad y la confianza intelectuales del cristianismo y, al igual que Ignacio y muchos otros, por su disposición a morir por la verdad de la que estaba tan convencido.

4

IRENEO

Antignóstico fervoroso

Contexto

La filosofía tuvo una tremenda influencia en el cristianismo primitivo. Los filósofos paganos la usaron para atacar al cristianismo, y los filósofos cristianos (como Justino Mártir) para defender al cristianismo. La filosofía griega también infiltró al cristianismo, aunque con efectos devastadores. Una importante forma de filosofía griega del siglo II que afectó al cristianismo de manera perjudicial fue el gnosticismo. El término viene de la palabra griega gnōsis, que significa "conocimiento".

Los cristianos gnósticos creían que la salvación se obtenía a través de un conocimiento secreto que solo una pequeña élite podía obtener.[1] Otro aspecto del pensamiento gnóstico es el dualismo,[2] que cree que lo que es espiritual es bueno por definición, y lo que es material es malo por definición. Una implicación de esto es que Dios, que es espíritu y perfectamente bueno, no es el creador de ninguna cosa material y que, de hecho, está completamente alejado del mundo y ajeno a este. ¿Quién creó entonces el mundo? Según el pensamiento gnóstico, el creador es el "demiurgo".[3] Dios creó un ámbito de seres espirituales a los cuales los griegos llamaban "emanaciones" o "eones', que vendrían a ser como ángeles.[4] Estos seres eran como una serie de olas que surgían de Dios. Los más cercanos a Dios eran muy poderosos y buenos, y los más lejanos menos poderosos (aunque aún muy poderosos) e incluso capaces de maldad. El demiurgo era una de esas emanaciones más alejadas capaces de realizar actos de maldad, como crear el mundo material. El "Dios" del antiguo testamento era de hecho el demiurgo, no el ser supremo, perfecto, y eterno. Todo esto representaba un desafío significativo para la creencia cristiana ortodoxa, y la lucha en contra de esta tendencia fue asumida por otro apologista: Ireneo.

De Ireneo no sabemos mucho. Probablemente nació a mediados del siglo II en algún lugar de Asia Menor (actualmente Turquía). Parece ser uno de los primeros escritores cristianos importantes nacidos en el seno de una familia cristiana. Quizá es más conocido como discípulo del obispo Policarpo, quien fue discípulo del apóstol Juan. Con el tiempo Ireneo se mudó a Lyon, en la Galia (actualmente Francia), y llegó a ser obispo de Lyon. Según la tradición murió como mártir, tal vez a principios del siglo III, aunque la naturaleza exacta de su muerte se desconoce.

Contribución

Ireneo escribió varios libros, pero el único que sobrevivió (en la forma de una traducción en latín del original griego) lleva el complicado título de *Desenmascarar y refutar la falsamente llamada ciencia* [gnosis], pero se lo conoce como *Contra las herejías*. Se trata de una obra inconexa de cinco tomos que escribió cuando descubrió los efectos del gnosticismo en la iglesia de Lyon. Ireneo entendió claramente que el gnosticismo representaba una amenaza significativa para el cristianismo, pero también que era absurdo e insensato. Su refutación no solo incluye la razón sino el ridículo. De un maestro gnóstico, por ejemplo, escribe: "¡Lu, lu! ¡Fiu, Fiu! Es lo más que podemos exclamar ante la triste tarea de inventar nombres a la que se ha dedicado de manera tan desvergonzada, con el fin de tratar de concebir una nomenclatura para su sistema de falsedades" (1.11.4). ¿Cómo? Una paráfrasis más contemporánea sonaría más o menos así: "¡Asco! ¡Puag!

¡Agh! Esta es mi respuesta indignada ante el desvergonzado y despreciable atrevimiento de usar una retórica tan ridícula en su absurda propuesta". Ireneo describe el gnosticismo del siglo II con tanto detalle, que gran parte del conocimiento que tenemos de este se lo debemos a su libro.

Examinaremos tres de las contribuciones más importantes de Ireneo al pensamiento cristiano: su visión de Dios, especialmente sobre y contra la de los gnósticos; su visión de la humanidad, y sobre la humanidad de Jesús, especialmente en lo que concierne a la salvación; y su visión de las Escrituras, especialmente en lo relacionado con el tema de la autoridad de lo que debe ser enseñado y creído por los cristianos.

En contraste con el gnosticismo, Ireneo afirmaba que el Dios del cristianismo es el único y verdadero Dios creador de *todas* las cosas. A pesar de que no se extendió en el tema, también entendía que el Hijo y el Espíritu eran iguales al Padre en cuanto a su divinidad. Se refería a ellos como las "dos manos" del Padre mediante las cuales creó el mundo y continúa actuando en él. También se refería al Hijo como el Logos, pero a diferencia de Justino, *no* afirmaba que el Hijo era simplemente un intermediario entre Dios y el mundo; solo la expresión de la voluntad de Dios, más que Dios mismo. Una de las declaraciones más famosas de Ireneo es esta: "El Padre es lo invisible del Hijo, pero el Hijo es lo visible del Padre" (4.6.6). También, a diferencia de Justino, que consideraba que Dios estaba apartado del mundo, Ireneo usó la imagen de Dios sosteniendo el mundo en la palma de su mano para ilustrar su implicación íntima con ella, y su presencia cercana con todos sus habitantes (como puede verse en 4.19.2).

Ireneo creía en la divinidad y humanidad absolutas de Jesucristo. Es en el aspecto de la humanidad en general, pero también en la divinidad de Jesús específicamente que aporto varias ideas únicas. En el sexto día de la creación Dios dijo: "Hagamos al ser humano a nuestra imagen y semejanza" (Gn. 1:26).

Ireneo pensaba que esto significaba que Dios había creado a la humanidad inicialmente con la "imagen" divina, pero que la "semejanza" debía alcanzarse a través de un proceso de crecimiento, no solo durante la vida del individuo, sino durante todo el fluir de la historia humana.[5] De hecho, Adán y Eva habrían sido realmente creados como niños, especialmente en el aspecto moral. Eran inmaduros e infantiles. Todo lo que Dios hace tiene el propósito de ayudar a "crecer" a la humanidad, incluso las cosas malas como el sufrimiento y la muerte. Ilustró a Dios como un artesano que desea moldear a los seres humanos hasta que lleguen a ser "oro y plata puros" (4.39.2). Ireneo le restó importancia al significado del pecado inicial de Adán y Eva, colocándolo como una travesura infantil.

La humanidad de Jesús es presentada aquí de una manera más bien única. Él fue el medio más importante a través del cual Dios ayudaría a los humanos a alcanzar la madurez. De hecho, como Jesús era divino y al mismo tiempo humano, fue el medio que Dios usó para inyectarle divinidad a la humanidad, de manera que esta pudiera disfrutar de la imagen y semejanza divinas o, como escribió el apóstol Pedro, para "escapar de la corrupción que hay en el mundo debido a los malos deseos, [...] [y llegar] a tener parte en la naturaleza divina" (2 P. 1:4). Ireneo lo pone de esta manera: "Esta es la razón por la que el Verbo se hizo hombre, y el Hijo de Dios, Hijo del hombre: para que el hombre al entrar en comunión con el Verbo y recibir así la adopción, se convirtiera en hijo de Dios. A través de ningún otro medio podríamos haber alcanzado la incorruptibilidad y la inmoralidad, sino uniéndonos a la incorruptibilidad y la inmortalidad. Pero, ¿cómo podemos unirnos a la incorruptibilidad y la inmortalidad, si primeramente la incorruptibilidad y la inmortalidad no se convierte en aquello que nosotros también somos [...]?" (3.19.1). O dicho de manera más sucinta: "¿Cómo podría el hombre llegar al plano de Dios, si Dios no pasa al plano hombre?" (4.33.4). Esta es una expresión antigua de lo que llegó a ser conocido como la doctrina de la teosis, o de la deificación o divinización.

El pensamiento de Ireneo sobre este tema llegó a ser conocido como teoría de la recapitulación, la cual explica básicamente que Jesús se convirtió en la nueva cabeza de la humanidad. Todo esto contrastaba con la negación gnóstica de la verdadera humanidad de Jesucristo, cuyo dualismo los obligaba a negar la encarnación, es decir, a aceptar que Dios tomó la naturaleza humana, incluyendo un cuerpo físico. En la teología de Ireneo la encarnación no solo era real sino crucial. De hecho, toda la vida humana de Jesús forma parte del plan de salvación de Dios. Basado en Romanos 5:12–21, Ireneo enseñó que Adán era la cabeza original de la humanidad, pero debido a su pecado todo anduvo mal para los humanos. Sin embargo, gracias a que Jesús se convirtió en la nueva cabeza de la humanidad, y a su vida perfecta, ahora todo anda bien para los humanos. Lo que Adán dañó para nuestro perjuicio, Jesús lo arregló para nosotros. Cuando Adán fue tentado, cedió a la tentación. Cuando Jesús fue tentado, la venció. La muerte de Jesús fue solo la culminación de la obra de salvación que desarrolló a lo largo de su vida. Él demostró su voluntad de obedecer a su Padre a lo largo de su existencia, al punto de entregar su propia vida. "Dios recapituló en [Cristo, el Logos] la antigua formación del hombre, a fin de dar muerte al pecado, aniquilar la muerte y vivificar al hombre [...]" (3.18.7). El pensamiento de Ireneo sobre la vida y la obra de Jesús fue adoptado por muchos pensadores cristianos posteriores, y se convirtió en la idea predominante durante un buen tiempo.

Una crítica que podemos hacer a Ireneo es el haberle restado importancia al significado único de la muerte de Jesús. Él ciertamente no subraya lo suficiente este acontecimiento. Fue solo importante como una parte más de toda la vida de Jesús, la cual en su conjunto tiene valor salvador. Por otra parte, Jesús mismo dijo que Él no vino a *vivir* su vida, sino "para *dar* su vida en rescate por muchos" (Mr. 10:45; ver Mt. 26:28). Los apóstoles también subrayaron que es la *muerte* de Jesús lo que provee salvación (Ro. 3:23–25; Gl. 3:13; Ef. 2:13; Heb. 2:9; 13:12; 1 P. 1:18–19; 3:18; 1 Jn. 1:7).

La tercera contribución teológica que analizaremos de Ireneo está relacionada con la autoridad, la tradición, y las Escrituras. También con su refutación de los cristianos gnósticos, quienes afirmaban que su enseñanza se remontaba a Cristo y los apóstoles, pero que había sido transferida *secretamente*. La pregunta de Ireneo era: Si los apóstoles enseñaron el gnosticismo ¿por qué no lo comunicaron abiertamente a las iglesias que fundaron? En contraste, lo que estaba suficientemente claro era que todas las iglesias a lo largo del Imperio enseñaban de manera pública y consistente lo que los cristianos ortodoxos siempre habían creído (3.3.1). A esto se le denominó "tradición", o literalmente "lo que fue entregado" por los apóstoles y que fue transferido a través de las generaciones de iglesias y cristianos. Fue esta tradición oral la que finalmente fue registrada en las Escrituras. "El cristianismo ortodoxo y el gnosticismo son dos religiones con dos escrituras diferentes. La pregunta es: ¿Cuál de las dos religiones y cuál de las dos escrituras se remontan a Cristo y los apóstoles? Esta es la pregunta que responde el razonamiento de Ireneo, y que difícilmente puede ser respondida de otra manera".[6]

Ireneo fue uno de los primeros en denominar "Escrituras" a los documentos que conforman el Nuevo testamento; es decir, en equipararlos en veracidad y autoridad con las Escrituras hebreas (el Antiguo testamento). Fue también el primero en referirse a ellos como el "nuevo" pacto o testamento (4.9.1). Él menciona específicamente veintitrés de los veintisiete libros del Nuevo Testamento.[7] Estos nuevos libros aún no habían sido reconocidos "oficialmente" como la Palabra de Dios (y no lo serían durante varios siglos más), pero se necesitaba un basamento para la verdad a fin de enfrentar las falsas enseñanzas. Ireneo entendía que este basamento eran las enseñanzas apostólicas transmitidas tanto de manera oral como escrita.

Conclusión

Debemos elogiar a Ireneo por haber creado un "prototipo de teología cristiana, y la que es probablemente (a pesar de lo engorrosa) la explicación primitiva más meticulosa de la fe cristiana".[8] No tenemos claro qué influencia inmediata tuvo, especialmente en relación con la arremetida del gnosticismo, pero su pensamiento representó una contribución significativa a las teologías cristianas que pronto aparecerían.

5

Tertuliano

El abogado latino

Contexto

Este apologista es considerado uno de los mejores pensadores teológicos del siglo II. Fue el primero en escribir en latín en lugar de griego, y por tal motivo ejerció una enorme influencia en la teología de la iglesia latina u occidental. Como veremos, él también anticipó, y preparó el camino, para los grandes concilios Trinitarios, y credos que aparecerían varios siglos después.

Tertuliano nació a mediados del siglo II (entre los años 150 y 160) en el seno de una familia romana establecida en Cartago, al norte de África. Allí se hizo abogado y al llegar a la adultez se convirtió al cristianismo. Inmediatamente comenzó a hacer uso de su aguda mente legal para defender al cristianismo de los muchos detractores de la Iglesia, y también para criticar a aquellos con quienes tenía desacuerdos adentro de esta. Con el tiempo se unió a una secta cristiana conocida como montanismo (por Montano, su fundador) que se caracterizaba en la creencia en una revelación divina continua relacionada con el inminente regreso de Cristo aparte de la registrada en la Palabra de Dios, y en su compromiso con una moralidad vigorosa y ascética ante el determinante fin del mundo. Esta secta fue finalmente condenada por la Iglesia Católica Ortodoxa, y Tertuliano terminó canalizando su rabia contra la iglesia ortodoxa. La fecha (ca. 220-225) y la manera de su muerte es desconocida. Algunos sugieren que murió de causas naturales a una edad avanzada. Otros sugieren que murió como uno de los mártires a los que tanto admiraba. Una de sus declaraciones más famosas es: "Segando nos sembráis: más somos cuanto derramáis más sangre; que la sangre de los cristianos es semilla" (Apología, 50).

Contribución

Se ha dicho que el estilo de escritura y la retórica de Tertuliano tienen la exactitud de un documento legal, pero de él también se dice que era agudo, burlón, sarcástico, polémico, brutal, directo, e intransigente. Le era "imposible ser aburrido", y era "un apologista que nunca se disculpaba".[1] A pesar de su brillo, Tertuliano parece haberse quedado corto con quienes estaban en desacuerdo con él, como lo recomiendan las Escrituras (2 Tim. 2:24–25; Tit. 3:2; 1 P. 3:15). Un autor sugiere que lo que Tertuliano más deseaba poder disfrutar en el cielo era tener una buena vista de los enemigos del cristianismo sufriendo en el infierno.[2]

Fue una persona asombrosamente prolífica que escribió más de treinta libros sobre una amplia variedad de temas. Un tema importante fue el de la moralidad cristiana y cómo lidiar con aquellos cristianos que viven por debajo de esas normas morales. Este es el tema de *Sobre el arrepentimiento*, una obra que escribió cuando era aún leal a la Iglesia Católica Ortodoxa. Su aguda sensibilidad moral fue de hecho lo que lo atrajo al montanismo. Escribió *Sobre la modestia* después de entregar su lealtad a esta secta. También escribió numerosos libros sobre temas cristianos prácticos, como por ejemplo: *Sobre la oración*, *Sobre el bautismo*, *Sobre el ayuno*, y *Sobre el atuendo de la mujer*.

Como apologista continuó en la misma línea de Justino e Ireneo de defensa de los cristianos; pero también dio grandes pasos intelectuales por delante de ellos. En marcado contraste con Justino, Tertuliano condenó el uso de la filosofía por parte de los cristianos. En *Prescripciones contra todas las herejías*, hizo su famosa pregunta: "¿Qué tiene que ver Atenas con Jerusalén? ¿Qué relación hay entre la Academia y la Iglesia? ¿Qué tienen que ver los herejes y los cristianos?" (7). Fue tan lejos como sugerir que la filosofía siempre conduce a la herejía. La "prescripción" era evitar completamente la filosofía como un medio para entender las Escrituras y las cosas de Dios. En realidad, el propio pensamiento de Tertuliano estaba claramente influenciado por la filosofía, específicamente por el estoicismo. Aquí hay una lección que debemos aprender: La advertencia de Tertuliano es correcta. Debemos tener cuidado en no dejar que la simple sabiduría humana controle nuestra comprensión de las verdades bíblicas (Col. 2:8; 1 Tim. 6:20). Las Escrituras enseñan cosas que van más allá de cualquier entendimiento y explicación. Sin embargo, Tertuliano también demostró que hay factores en nuestras vidas que, aunque no lo queramos, influyen en nuestra interpretación de las Escrituras. Negar esto sería ingenuo. Reconocerlo es estar en guardia ante estos factores y depender del Espíritu Santo para vencerlos y dejar que este nos guíe hacia la verdad.

Al igual que Ireneo, Tertuliano atacó las falsas enseñanzas en general, especialmente el gnosticismo, como en *Prescripciones contra todas las herejías*, *Contra Hermógenes*, y *Contra los valentinianos*. La obra más larga de Tertuliano fue *Contra Marción*, de cinco tomos. En ella, el objeto del desprecio de Tertuliano fue un influyente maestro del siglo II cuya visión del cristianismo estaba influenciada por el gnosticismo. Marción, por ejemplo, hacía una diferenciación entre el Dios del Antiguo Testamento—airado, vengativo, favorable solo hacia los judíos, y no merecedor de ser adorado—; y el Dios del Nuevo Testamento, que era amoroso y lleno de gracia, el Padre de Jesucristo, y merecedor de alabanzas. Rechazó completamente el Nuevo Testamento, así como partes del Nuevo Testamento que le parecían demasiado judías, como por ejemplo los libros de Mateo, Marcos y Hebreos. Aceptó la mayoría de lo escrito por Lucas, así como las epístolas de Pablo, con excepción de las epístolas pastorales (1 y 2 Timoteo, y Tito).

Tal vez la mayor contribución de Tertuliano está relacionada con la doctrina de la Trinidad, de la que habla considerablemente en su libro *Contra Práxeas*. Práxeas se dedicó a difundir el monoteísmo—que existe un solo Dios—por sobre el diteísmo (que el Padre y el Hijo son dos Dioses), o el triteísmo (que el Espíritu es también un tercer Dios). Hace uso del término *monarquismo*; es decir, que hay un "único monarca" por sobre todas las cosas, y no dos o tres. Práxeas termina sugiriendo que el único Dios verdadero opera en tres diferentes roles o modos: el Padre, el Hijo, y el Espíritu. A esto se le conoce como "modalismo". Se trata de un concepto atractivo porque hace que el "misterio" de Dios sea menos misterioso. Como personas todos tenemos muchos roles. Yo soy hijo, hermano, esposo, padre, maestro, escritor, ayudante, etcétera. Pero, ¿es este un entendimiento correcto del Ser Supremo? ¿Una persona divina con múltiples roles?

Tertuliano acuñó el término *patripasianismo* para este punto de vista. Significa "el sufrimiento del Padre" y fue usado por Tertuliano para refutar esa idea. Si el modalismo es correcto, entonces el Padre fue el que sufrió y murió en la cruz, dado que el Padre es el mismo Hijo. El problema es que Dios no puede morir. Es más, según el modalismo, cuando Jesús gritó: "Dios mío, Dios mío, ¿por qué me has desamparado?" (Mt. 27:46) estaba realmente hablando consigo mismo, ya que el Hijo es el Padre (*Contra Práxeas*, 30). Cuando Jesús dijo: "No se cumpla mi voluntad, sino la tuya" (Lc. 22:42), estaba diciendo realmente "No se cumpla mi voluntad, sino la mía". El modalismo simplemente hace que esta cita y otras citas en las que las tres Personas de la Trinidad están presentes e interactúan no tengan sentido (como por ejemplo, el bautismo de Jesús y la oración sacerdotal de Jesús en Juan 17).

Pero Tertuliano hizo más que refutar los puntos de vista de Práxeas. También nos legó una doctrina positiva sobre la Trinidad. Al hacerlo, creó o presentó términos que no solo fueron útiles para explicar la doctrina, sino que se convirtieron en términos que seguirían siendo usados durante los siglos posteriores.

Tertuliano, por ejemplo, fue el primero en usar la palabra *trinitas* o Trinidad; y fue el primero en traer a la discusión la palabra *substantia* (sustancia), refiriéndose a las cualidades esenciales que hacen que algo sea lo que es. Tertuliano empleó también la palabra *persona*. Esta es una palabra latina que significa literalmente "máscara", como la que usa un actor para poder interpretar a un personaje en una obra de teatro. Los docetistas[3] usaban esta ilustración para afirmar que así como un actor podía interpretar múltiples papeles en una obra de teatro a través de diversas máscaras; Dios, que es una sola persona, también podía interpretar diversos papeles. Tertuliano, sin embargo, usó la palabra *persona* para distinguir a los diferentes personajes de la obra, no a *un* actor que los representa. La audiencia podía percibir que los personajes eran diferentes por como se *relacionan*, según se ve en la manera en que actúan e interactúan en el escenario. Un solo actor *no* podría haber interpretado dos papeles en el escenario *al mismo tiempo*; y eso es exactamente lo que vemos en el escenario de la creación, la historia, y la salvación; como lo demuestran las narrativas de los Evangelios señaladas anteriormente. Cuando Jesús estaba siendo bautizado; el Padre identificó verbalmente a Jesús como su Hijo amado, y el Espíritu descendió en forma de paloma sobre Jesús (Mt. 3:16–17). ¿Cómo podría un actor hacer estas tres cosas al mismo tiempo? Dios estaba demostrando que era una unidad, pero que había seres distintos en esa unidad; y esto se evidenciaba en la manera en que se relacionaban. Cada uno era una "persona". Esto está también implícito en los mismos términos Padre e Hijo. ¿Cómo puede un padre ser su propio hijo, o un hijo ser su propio padre? Pero Jesús dijo: "El Padre y yo somos uno" (Jn. 10:30).[4] Entonces, usando la útil terminología de Tertuliano, Dios es *una substantia, tres personae*: "una sustancia, y tres personas".

Tertuliano, sin embargo, no quería ser acusado de promover el triteísmo. Así que abordó la preocupación de los monarquistas modalistas como Práxeas, insistiendo en que ciertamente hay un solo Dios verdadero que gobierna sobre todo. Desafortunadamente, la forma en que lo hizo estableció el escenario para algunos problemas. Mientras que Justino parece implicar que el Hijo y el Espíritu son simplemente extensiones o expresiones de la sabiduría de Dios, despersonalizándolos; Tertuliano no muestra ambigüedad ni con la deidad eterna, ni con las personas del Hijo y el Espíritu. Pero para evitar acusaciones de que era triteísta, Tertuliano razonó que ambos, tanto el monoteísmo—que dice que hay un solo Dios—; como el monarquismo—que dice que hay un solo gobernante—, son verdaderos porque hay una fuente divina de todo, que es Dios el Padre. El Hijo y el Espíritu encuentran entonces su fuente en el Padre, y son los medios que usa el Padre para crear y obrar en su creación. La implicación desafortunada de esto es que el Hijo y el Espíritu están realmente subordinados al Padre, ya que el Padre como su fuente es realmente mayor que ellos. Pero Tertuliano argumentaba que únicamente el Padre es el "monarca". Esta manera de pensar llegó a ser conocida como *subordinacionismo*. Tertuliano usó la ilustración del Padre como la raíz, el Hijo como el árbol, y el Espíritu como el fruto (*Contra Práxeas*, 8). El problema era que esto sugería una desigualdad en el ser de Dios. Muchos teólogos siguieron a Tertuliano en esto, mientras que otros lo rechazaron de lleno.

Tertuliano usó la misma terminología que presentó en su discusión sobre la naturaleza de Dios y en su discusión sobre Jesucristo y, al hacerlo, clarificó más el asunto que aquellos que lo precedieron. Mientras que Dios es una "sustancia" y tres "personas": el Padre, el Hijo, y el Espíritu; Jesucristo es una "persona" y dos "sustancias": su deidad y la humanidad. Como Tertuliano sostuvo, una de las razones por las que necesariamente Jesús tuvo que ser humano fue porque Dios no puede morir. Solo un verdadero humano con un cuerpo físico puede morir. Si, como afirmaban los cristianos gnósticos, Jesús solo tenía *apariencia* humana, entonces su muerte solo *aparentó* ser real y, si fue así, entonces no hubo un verdadero sacrificio por el pecado y por ende no hay salvación. Fue la verdadera naturaleza humana de Jesús, y no su divina naturaleza, la que sufrió y murió en la cruz.

En su mérito, tertuliano admitió que gran parte de estas cosas estaban más allá de la comprensión humana, y que eso era exactamente lo que las hacía creíbles. "Después de todo, no serás 'sabio' a menos que te conviertas en un 'insensato' para el mundo, por creer las 'cosas insensatas de Dios' [...] El Hijo de Dios murió, lo que resulta inmediatamente creíble por cuanto es absurdo. Y luego de ser sepultado resucitó, lo que es cierto por cuanto es imposible" (*Sobre la carne de Cristo*, 5). Extraordinarias verdades como estas no podrían jamás ser la invención de la mente humana, y constituyen por lo tanto la realidad divina.

Conclusión

El pensamiento de Tertuliano fue brillante, pero no rindió frutos sino hasta varios siglos después. ¿Por qué? Primero, porque seguramente fue ignorado por los cristianos ortodoxos occidentales, dada su deserción del montanismo y su criticismo a la Iglesia Católica Ortodoxa. Segundo, fue ignorado por los cristianos orientales por haber escrito en latín en vez de griego. A pesar de ello, sus ideas y su terminología fueron utilizados en los grandes concilios de la iglesia, y se reflejaron en los grandes credos eclesiásticos, como veremos. A pesar de que el estilo de Tertuliano era más bien severo y mezquino, sus pensamientos fueron inmensamente importantes en el desarrollo de la teología, especialmente en todos los aspectos importantes de Dios como Trinidad, y de Jesucristo Dios hombre.

6

CLEMENTE DE ALEJANDRÍA

El académico alejandrino

Contexto

El gnosticismo estaba en su apogeo en el siglo II, especialmente
en Egipto; y tuvo una enorme influencia en el cristianismo en
ese momento y lugar. Como ya vimos, el gnosticismo surgió al
aplicar la filosofía griega al cristianismo. Justino Mártir pensaba
que la filosofía y el cristianismo se ajustaban bien. De hecho, dijo
que el cristianismo no era otra cosa que la filosofía mayor. Tertuliano fue en la dirección opuesta: El cristianismo y la filosofía
eran mutuamente excluyentes. De hecho, la filosofía llevaba a la
herejía. Nuestros siguientes dos pensadores de finales del siglo II
y comienzos del siglo III, Clemente y Orígenes, ambos egipcios,
siguieron la dirección de Justino. Ellos no solo permitieron que
la filosofía afectara su teología, sino que expresaron que esto era
algo bueno y necesario.

No tenemos muchos detalles sobre la vida de Titus Flavius
Clemens, quien llegó a ser conocido como Clemente de Alejandría. Al parecer nació en el seno de una familia pagana a mediados del siglo II, y se convirtió al cristianismo. Fue alumno
de varios maestros cristianos, siendo el último de ellos Panteno,
quien estaba al frente de la Escuela Cristiana de Alejandría, en
Egipto. Con el tiempo, Clemente lo sucedió en esta posición a finales del siglo II. Cuando la persecución amenazó a los cristianos

en Egipto durante los primeros años del siglo III, Clemente huyó y murió en Asia Menor un poco antes del año 216.

Contribución

Cinco de las obras escritas por Clemente han sobrevivido hasta hoy. *Exhortación a los paganos* es una obra apologética en contra del paganismo, pero en ella Clemente también razona sobre el uso apropiado de la filosofía en el pensamiento cristiano. *El Pedagogo* se centra en Jesucristo como el Logos, que es el Instructor divino. Se trata primeramente de una guía para los nuevos cristianos relacionada con la obediencia, la vida sencilla (en contra de los deseos incontrolados) y vivir de acuerdo a la razón, la sabiduría, y las cosas enseñadas por el Logos. En *Misceláneas*, (también conocida por el título griego, *Stromata*). Clemente mezcla la filosofía con muchas otras fuentes en una teología cristiana compleja y amplia. Se llama *Misceláneas* porque incluye un poco de muchas cosas, lo cual podemos notar al dar una mirada rápida a los títulos de los capítulos de sus ocho tomos. Estas son las tres obras principales de Clemente. De menor importancia son las obras *¿Quién es el rico que se salvará?*, que es una interpretación de las palabras de Jesús al joven rico en Mateo 19:16–26, y fragmentos de *Los escritos de Téodoto*.

En relación con la filosofía y el cristianismo, Clemente estaba particularmente enamorado del platonismo. Él reconoció la advertencia de Pablo en contra de la filosofía en Colosenses 2:8, pero no la aplicó a la filosofía en general sino a la *mala* filosofía, como el epicureísmo, que desafiaba el pensamiento platónico negando cualquier relación de los dioses con los asuntos humanos, negando la inmortalidad de los humanos, y afirmando al placer como el bien mayor. Clemente, por el contrario, creía que había muchos paralelos entre la filosofía platónica y la verdad bíblica, como por ejemplo la creencia en el ser supremo absoluto, la inmortalidad del alma, y la prioridad de las realidades espirituales sobre las realidades materiales.

Al igual que Justino, Clemente vio que la filosofía griega contenía ciertas verdades divinas tomadas de las Escrituras hebreas, y que anticipaban las Escrituras cristianas:

"Antes de la venida del Señor, la filosofía era necesaria a los griegos para la justicia; ahora, en cambio, es útil para conducir las almas al culto de Dios, pues constituye como una propedéutica para aquellos que alcanzan la fe a través de la demostración. [...] Porque Dios es la causa de todas las cosas buenas: de unas es de una manera directa, como del Antiguo y del Nuevo Testamento; de otras indirectamente, como de la filosofía. Y aun es posible que la filosofía fuera dada directamente a los griegos; porque era un pedagogo para conducir a los griegos a Cristo, como la ley [el Antiguo Testamento] lo fue para los hebreos. La filosofía es una preparación que pone en camino al hombre que ha de recibir la perfección por medio de Cristo" (*Misceláneas*, 1.5).

Además, la filosofía es buena porque provee un camino de pensamiento—tanto lógico como crítico—que puede ser aplicado de manera beneficiosa a ideas en general y específicamente a la interpretación de las Escrituras:

"Así también la filosofía contribuye a la comprensión de la verdad, no como la causa de la comprensión, sino como una causa unida a otras, colaboradora; tal vez como una causa conjunta [...]. Aunque una sola es la verdad, muchas cosas contribuyen a su investigación. Pero su descubrimiento es a través del Hijo [...]. Si la filosofía contribuye, aunque sea a distancia, al descubrimiento de la verdad, esforzándose de múltiples maneras por estar unida estrechamente a la verdad que nosotros reconocemos; ella coopera ciertamente con el que se empeña en estar unido a ella, en concordancia con la Palabra, para adquirir conocimiento [...]. Así, la claridad de estilo contribuye a la transmisión de la verdad, y la dialéctica ayuda a no caer en las asechanzas de la herejía. La enseñanza del Salvador es perfecta, nada le falta, porque es "fuerza y sabiduría de Dios"; en cambio, la filosofía griega con su tributo no hace más sólida la verdad, pero haciendo impotente el ataque de la sofística e impidiendo las emboscadas fraudulentas contra la verdad, se dice que es con "propiedad empalizada y muro de la viña" (*Misceláneas*, 1.20).

Roger Olson afirma: "¡Esto resulta irónico a la luz de la acusación de Tertuliano de que la filosofía es la *causa* de las herejías entre los cristianos! Para Clemente, la filosofía podía ser útil como una cura contra las herejías que había en su medio".[1]

Otro efecto de la filosofía griega en el pensamiento de Clemente fue la tendencia a denigrar el ámbito físico y material, y exaltar el ámbito espiritual, del alma. Era en este último que se encontraba la racionalidad de la persona. Esto sin embargo no hizo que Clemente llegara al extremo del dualismo. Él creía que Dios había creado el mundo material, y no un "demiurgo" menor; y negaba que el mundo material fuera malo por definición. Tampoco optó por el docetismo. Reconoció claramente la divinidad absoluta de Jesús y también su humanidad física absoluta. Su elevado punto de vista sobre la persona de Jesucristo se hace patente en esta cita de *El Pedagogo*: "Mis niños, nuestro instructor es como su Dios del padre, cuyo hijo Él es, libre de pecado, libre de culpa, y con un alma desprovista de la pasión; *Dios en forma de hombre*, inoxidable, el ministro de su Padre y la palabra [*Logos*] *que es Dios*, que está en el padre, que es la mano derecha del padre, y con la forma de Dios *es Dios*" (1.2, itálicas añadidas). Fíjese en su descripción de que Cristo tiene "un alma desprovista de la pasión". Esto refleja la influencia de la filosofía griega, y es una parte importante del ideal de Clemente para todos los cristianos.

Este cristiano ideal fue llamado por Clemente el "verdadero gnóstico". Con esto no estaba reconociendo el gnosticismo, sino expresando que todos los cristianos debían superar completamente la búsqueda de los placeres físicos y la satisfacción de los deseos materiales, y alcanzar un estado de existencia puramente racional en el que el ejercicio de la sabiduría resultara en bondad y virtud. Clemente define el término como sigue: "Él es el gnóstico, quien busca la imagen y semejanza de Dios tanto como es posible, que imita a Dios, deficiente en ninguna de las cosas que contribuyen a dicha imagen hasta donde le sea posible, practicando la moderación y la resistencia, viviendo con rectitud, reinando sobre las pasiones, otorgando de lo que tiene en la medida de lo posible, y haciendo el bien tanto en la palabra como en la obra" (*Misceláneas*, 2.19). Cuando él dice: "Reinando sobre las pasiones" se refiere a eliminar completamente las pasiones o las emociones. ¿Por qué? Porque Dios es así, al menos según la filosofía griega. El término para esto, como ya hemos visto anteriormente, es "impasibilidad". El ser supremo de la filosofía griega era solo esto: un ser sin emociones, inquebrantable, sereno, completamente en control de sí mismo, y perfectamente racional en todo. Esta era también la concepción de Dios de Clemente. Pero, ¿qué podemos decir entonces de las descripciones bíblicas de, por ejemplo, la ira o el amor de Dios? Clemente las explicó como figuras del lenguaje que no describen a Dios como realmente es, sino como lo perciben los humanos. En realidad Dios no tiene esas emociones.

Jesucristo es nuestro "pedagogo" en el sentido de que él personifica este ideal y nos lleva a él. Esto es muy parecido al concepto de "deificación"—compartir la naturaleza divina—que se convertiría en un sello distintivo del pensamiento cristiano ortodoxo.[2]

Conclusión

¿Cuánto debe entonces la filosofía con la teología? Tal vez lo ideal sería un equilibro entre Tertuliano y Clemente. Como dijo Tertuliano, los pensamientos y loas acciones de Dios no son completamente comprensibles por las pequeñas mentes humanas (Is. 55:8–9). Así que debemos ser cuidadosos para evitar rebajar las verdades bíblicas a las categorías de la comprensión humana, o forzar las verdades bíblicas hacia las categorías o ideas filosóficas (En ciertos aspectos Clemente es culpable de esto último). Por otra parte, como Clemente correctamente declara, Dios nos ha dado una mente (aunque limitada) que podemos usar, y una verdad para pensar y entender (aunque de manera imperfecta). La filosofía puede ayudarnos a agudizar nuestras capacidades mentales y es útil para ese beneficio.

El debate sobre la filosofía y la teología continuaría generando polémica. La inclinación de Clemente hacia la filosofía griega fue transmitida y profundizada por quienes la estudiaron, especialmente por nuestro próximo pensador cristiano: Orígenes.

7

ORÍGENES

El enigma egipcio

Contexto

¿Héroe teológico o hereje? Esa es la pregunta en relación con Orígenes. Él es reconocido universalmente como un intelectual asombroso, pero hay división entre si su intelecto lo llevó por el camino correcto o por el camino equivocado. De cualquier manera, tuvo una enorme influencia sobre la teología. A diferencia de la mayoría de los que hemos considerado hasta ahora, sabemos mucho sobre la vida de Orígenes. Nació en una familia cristiana en Alejandría, Egipto, alrededor del año 185. Recibió una excelente educación y desde muy joven se destacó por su capacidad intelectual. Fue también muy devoto a su fe cristiana. Cuando su padre fue arrestado por sus creencias y ejecutado, el joven Orígenes quiso unírsele en el martirio, pero su madre escondió su ropa, evitando que saliera de la seguridad de su hogar.[1] Su modestia evitó su martirio. Cuando la persecución forzó a Clemente a abandonar Alejandría, le pidió a Orígenes que lo sucediera como líder de la Escuela Cristiana. ¡Aceptó el reto teniendo apenas dieciocho años! Él también fue víctima de persecución y llegó a ser conocido como *Adamantius*, que significa "inflexible" o "inquebrantable".

Su fama como intelectual y maestro comenzó a propagarse rápidamente. Él había estudiado muchos sistemas filosóficos y los dominaba, pero con el tiempo decidió dedicarse estrictamente al estudio de las Escrituras. No solo estaba dedicado al cristianismo en el sentido intelectual, sino también en el sentido espiritual y moral. Llevó un estilo de vida estricto y ascético, en parte por la pobreza, pero también con el propósito de agradar a Dios. Eusebio, un historiador antiguo, registra que en su deseo de ser santo, Orígenes tomó Mateo 19:12 de manera literal y se convirtió en eunuco para el Reino de los cielos.[2]

Con el tiempo, Orígenes se mudó a Cesarea de Judea donde fue ordenado como sacerdote. Esto hizo que Demetrio, el arzobispo de Alejandría y exalumno de Orígenes, se pusiera en contra de su maestro, tal vez motivado por la envidia al ver la creciente fama e influencia de Orígenes. Persuadió a sus colegas obispos egipcios a condenar a Orígenes debido a algunas de sus enseñanzas, y a excomulgarlo. El obispo local de Judea, sin embargo, continuó apoyando a Orígenes, continuó su obra, y su fama y e influencia continuaron expandiéndose. En el año 249 el nuevo emperador Decio inició una nueva ola de persecución contra los cristianos, dirigida particularmente a sus líderes. Como resultado, Orígenes fue arrestado y torturado para forzarlo a retractarse. Sin embargo, "inquebrantable" continuó inquebrantable. Fue liberado, pero la tortura tuvo un alto precio a nivel físico, y Orígenes murió en el año 254.

Las ideas de Orígenes causaron mucha controversia durante su vida. Después de su muerte, los "origenistas" continuaron promoviendo sus puntos de vista, algunos llevándolos más allá que el mismo Orígenes. Otros, sin embargo, continuaron calificando las ideas de Orígenes como poco ortodoxas, e incluso heréticas. En el Segundo Concilio de Constantinopla en el año 553, se dio la orden de destruir sus obras escritas, y se le declaró hereje. Como resultado, la gran mayoría del esfuerzo literario de Orígenes (que era muy amplio) se perdió para siempre.

Contribución

Los escritos de Orígenes se beneficiaron enormemente de un amigo acaudalado que se convirtió al cristianismo gracias a su influencia, y que luego básicamente pagó para que un equipo de taquígrafos, escribas, y calígrafos registraran lo que Orígenes dictaba y lo convirtieran en material publicable. Como resultado de la mente productiva de Orígenes y de sus eficientes medios de escritura, se convirtió en uno de los escritores más prolíficos del mundo antiguo, si no de todos los tiempos. Ochocientos títulos han sido asociados con Orígenes, desde pequeñas cartas, ensayos, y sermones; hasta extensos volúmenes, incluyendo comentarios detallados sobre muchos libros de la Biblia. Orígenes fue uno de los primeros en escribir comentarios sobre los libros de la Biblia. Fue un pionero del estudio cristiano del Antiguo Testamento, y aprendió a leer hebreo para lograrlo.

Orígenes primeramente quería ser un teólogo *ortodoxo* y *bíblico*. Quería que sus creencias se basaran en la tradición apostólica y en la Palabra de Dios escrita. Sin embargo, él también estaba claramente influenciado por la filosofía. En su *Carta a Gregorio*, Orígenes recomienda el uso de la filosofía y del aprendizaje secular en general para la comprensión de las Escrituras, y usa la analogía de lo que los hebreos les hicieron a los egipcios justo antes del Éxodo (Éx. 12:36). Como resultado, la frase: "Despojo de los egipcios" comenzó a aplicarse al uso de las ideas seculares en la teología cristiana. Esto, como veremos, tuvo un profundo efecto en el pensamiento y la teología de Orígenes.

Las dos obras más importantes de Orígenes son *Contra Celso* y *Sobre los principios*. El primero, que es el único de los escritos de Orígenes en griego que sobrevive hasta hoy, es probablemente la mayor obra cristiana apologética que tenemos de los primeros siglos. Celso era un filósofo pagano que había atacado al cristianismo en una obra de nombre *El discurso verdadero*, en la que el "discurso verdadero" era la filosofía griega. El libro *Contra Celso*, de Orígenes, más que cualquier otra obra apologética anterior, le confiere respeto al cristianismo, al menos en el sentido intelectual.

La otra gran obra de Orígenes, *Sobre los principios*, disponible solo en traducciones del latín, se trata de la primera teología cristiana sistemática. En ella, Orígenes trata de producir una teología o filosofía cristiana amplia.

Comenzaremos con su visión de las escrituras, ya que él trató de basar todas sus creencias en ella, y la citó ampliamente en sus escritos. Él creía claramente que se trataba de la misma Palabra de Dios inspirada por el Espíritu Santo. Y precisamente por ello fue que escribió tantos comentarios sobre los libros de la Biblia.

Sin embargo, de Clemente, su predecesor en Alejandría, Orígenes adoptó la idea de que solo los "verdaderos cristianos gnósticos" tienen la capacidad de alcanzar la parte más importante de las Escrituras, que no es el texto literal, o lo que se dice en la superficie. Lo que importaba era su "significado más profundo". Orígenes encontró que este "significado más profundo" era útil para lidiar con los críticos paganos como Celso, quien ridiculizaba algunas de las cosas que la Biblia tachándolas de ilógicas o de ridículas; como por ejemplo las descripciones de Dios teniendo emociones, especialmente ira. A Orígenes esto también le parecía ilógico y ridículo en la superficie. Pero el significado real y profundo previsto por el Espíritu Santo estaba debajo de lo superficial. El objetivo del exégeta, entonces, consistía en buscar el significado más profundo, pleno, y real escondido en el texto. Todo esto estaba disponible en la Biblia para todo cristiano que estuviera dispuesto a buscarlo, aunque solo unos pocos lo encontraban.

¿Cómo se descubre este significado más profundo? Según Orígenes, a través de la interpretación alegórica, una aproximación a la literatura que era común en su época. Este método involucraba tomar cada palabra del texto bíblico, específicamente de las narrativas, e interpretarla según el uso que se le da en el resto de las Escrituras. Eso fue lo que él hizo en sus comentarios, ¡y es por ello que son tal extensos! Él creía que las Escrituras tenían tres niveles de significado que en los humanos corresponderían al cuerpo, el alma, y el espíritu. El sentido literal o superficial correspondía al cuerpo, y era el menos importante. El sentido moral y ético correspondía al alma, y nos indicaba cómo debíamos vivir. Y el sentido doctrinal o teológico correspondía al espíritu, e indicaba qué debíamos creer.[3]

La interpretación alegórica es ciertamente válida. Los escritores del Nuevo Testamento entendieron que muchas de las figuras del Antiguo Testamento señalaban a Jesucristo (como por ejemplo el tabernáculo y el templo, los sacrificios de animales, o la vida de David como anticipación de Jesús). El apóstol Pablo mismo usó la interpretación alegórica en Gálatas 4:21–31. Sin embargo, la bien conocida debilidad del uso de la interpretación alegórica yace en la manera en que esta facilita que uno importe sus propias ideas y creencias y las aplique al texto bíblico. Si algo en las Escrituras no parece apropiado para la noción de Dios (como la representación de Dios teniendo emociones, algo que los filósofos griegos negaban), entonces obviamente significa otra cosa. Pero, ¿no está esto al revés? ¿No debería la Palabra de Dios moldear nuestra comprensión de Dios y no lo contrario, incluso cuando lo contrario no necesariamente tiene sentido para nosotros? La alegorización de Orígenes aparece especialmente en su teología de Dios, como veremos a continuación.

De manera apropiada, para Orígenes el "primer principio" era Dios, pero su noción de Dios estaba muy influenciada por la filosofía platónica (aunque esta no era la intención voluntaria de Orígenes). Esta influencia se hace palpable en la siguiente declaración: "Dios, por lo tanto, no debe ser concebido como un ser corpóreo, o que existe en un cuerpo; sino como una *naturaleza intelectual pura* [. . .]. Él es en todas sus partes Unidad, y por decirlo de alguna manera, Uniformidad; y es la mente y la fuente de la que toda la naturaleza o mente intelectual toma su principio". La naturaleza divina es "simple y enteramente intelectual" (*Sobre los principios*, 1.1.6, itálicas añadidas). Según Orígenes, Dios es básicamente razón/mente y unidad/uniformidad.

Orígenes también creía en la Trinidad, pero de una manera diferente: el Padre, el Hijo, y el Espíritu Santo eran Dios, pero no iguales a Dios. Tal vez debo explicar esto un poco. Orígenes reconocía que las Escrituras enseñan la deidad de Jesucristo y del Espíritu Santo. Es decir, para él eran tres personas que compartían la naturaleza divina por igual. Sin embargo, esto presentaba un problema, ya que al igual que Celso y otros filósofos griegos, Orígenes enfatizaba la perfecta unidad o uniformidad de Dios. ¿Cómo podía Dios, que es uno, ser también tres? Para resolverlo, sugirió (de una manera similar a Tertuliano) que la unidad de Dios debía ser hallada en Dios el Padre, que es la fuente divina de todas las cosas, incluyendo el Hijo y el Espíritu. Con esto no estaba sugiriendo que hubo un tiempo en el que el Hijo y el Espíritu no existían. Para ser Dios, necesariamente tenían que ser eternos. Orígenes explicó esto a través de la doctrina de la "generación eterna": el Padre es eterno e *ingénito*, mientras que el Hijo es eterno, y *engendrado*, o *generado*. Después de citar Juan 1:1, Orígenes comenta: "Dejemos, entonces, que quien asigna un principio al Verbo [el *Logos*] o la sabiduría de Dios [el Hijo], tenga cuidado de no ser culpable de impiedad contra el Padre *ingénito*, viendo que Él *siempre* ha sido Padre, habiendo [siempre] *generado la Palabra*" (*Sobre los principios*, 1.2.3, itálicas añadidas). Lo mismo se aplica al Espíritu Santo. Por consiguiente, Dios es uno en el hecho de que el Padre es la fuente de todo. Y Dios es tres en el sentido de que el Hijo y el Espíritu comparten la misma naturaleza o esencia del Padre como su fuente eterna.

El problema, sin embargo (al igual que con Tertuliano) es que esto prácticamente subordina al Hijo y al Espíritu Santo al Padre. Crea una desigualdad en la Trinidad. Por ejemplo: en su comentario sobre el Evangelio de Juan, Orígenes escribe: "[Por lo tanto] decimos que el Salvador, y el Espíritu Santo sobrepasan a toda criatura, no en grado, sino en su trascendencia, que va más allá de toda medida. Pero [el Hijo, así como el Espíritu Santo] es superado por el Padre, tanto o más como él o como el Espíritu Santo superan a las otras criaturas, incluso a las mayores".[4] A pesar de que en todas partes Orígenes parece hablar como si el Hijo y el Espíritu Santo fueran completamente iguales al Padre (él no se mostraba congruente en esto, así como en otros asuntos), parece ser culpable de subordinar de manera general al Hijo y al Espíritu Santo al Padre. Para él, el Padre, el Hijo y el Espíritu Santo eran Dios, pero no iguales a Dios. Irónicamente, Orígenes sería usado para apoyar lados opuestos en grandes controversias teológicas que pronto surgirían.

Algunas otras ideas únicas de Orígenes, las cuales también reflejan el pensamiento griego, son las siguientes: él creía en la preexistencia de las almas, es decir, que Dios las había creado antes de que estas estuviesen unidas a un cuerpo físico. Estas almas preexistentes reflejan la naturaleza racional de Dios y son esencialmente "mentes" con libre albedrío. Con el tiempo estas almas usaron su libre albedrío (¡Aparentemente aburridas de adorar a Dios!) para rebelarse contra Dios y caer a diferentes niveles, siendo el peor el de Satanás y los demonios, y en otros niveles los santos ángeles y los seres humanos. El alma humana de Jesús era una de ellas. Sin embargo, esta permaneció cerca de Dios y no se rebeló.

La salvación es la obra divina de revertir esta caída, y de regresar todo a una unidad con Dios; algo a lo que el apóstol Pablo se refirió cuando escribió: "Para que Dios sea todo en todos" (1 Co. 15:28; *Sobre los principios*, 3.6). Esta es la doctrina distintiva de Orígenes de la *apokatastasis* o "reconciliación" final. Dado que todo tiene un solo origen, que es Dios, todo debe regresar a ese origen. Orígenes fue incluso acusado de enseñar que Satanás podía o sería parte de este reconciliación final. ¡Satanás se "salvaría"! Aparentemente Orígenes negó creer esto, aunque él parecía adoptar de cualquier manera el universalismo, aceptando que *todo* finalmente se reconciliaría con Dios. Si él era entonces congruente (lo cual no era), debía necesariamente creer en la salvación final de Satanás. Orígenes creía en el concepto del infierno, pero no creía que era eterno o que se trataba del castigo final por el pecado. Más bien era un castigo temporal y con el propósito de purificar del pecado, de manera que el alma pudiera reunirse nuevamente con Dios. ¿Y qué de la resurrección? Este concepto era repugnante para los griegos, quienes consideraban al cuerpo como algo maligno que representaba una prisión para el alma. Para los griegos la salvación era la liberación del cuerpo físico para siempre. Orígenes parecía cubrirse asegurando que habría resurrección, pero que el cuerpo resucitado sería "espiritual" como dice Pablo en 1 Co. 15:44, y no material.

Es más, la salvación implica alejarse de deseos carnales y ser como Dios a través de la contemplación de Dios a través de las Escrituras. Como Dios es esencialmente intelecto, según Orígenes, la salvación y la santificación, que son una y la misma, son primariamente intelectuales, un proceso de por vida. Como ya vimos, esta es esencialmente la doctrina de *Teosis* o de la *deificación*.

Conclusión

De Orígenes podemos aprender que la gente brillante (como Orígenes) no siempre tiene la razón. Por lo tanto, todos nosotros (especialmente los que no somos brillantes) necesitamos ser humildes en nuestra búsqueda de entender la Palabra de Dios. También podemos aprender que el compromiso de creer solo lo que dicen las escrituras (como hizo Orígenes), no garantiza que otros factores no influyan en nuestra comprensión de ellas. Hay otros factores culturales, como por ejemplo nuestra propia visión del mundo, así como la influencia de otras visiones del mundo, que afectan la manera en que interpretamos la Biblia. Por lo tanto, necesitamos depender completamente del Espíritu de Dios para vencer esos factores, y para que este nos guíe hacia la verdad de su Palabra. Tercero, podemos aprender de Orígenes que el compromiso de ser cristianos intelectuales no es mutuamente excluyente de ser cristianos espirituales. Debemos usar nuestras mentes para conocer a

Dios y su Palabra, pero no hemos de parar allí. Lo que sabemos y creemos de la Biblia debe afectar la manera en que vivimos y en lo que nos convertiremos. Orígenes demostró eso con la manera en que vivió y en que murió.

8

CIPRIANO DE CARTAGO

Liderazgo en medio de la persecución

Contexto

Tascio Cecilio Cipriano nació a comienzos del siglo III en el seno de una familia pagana acaudalada, de clase alta, en la ciudad de Cartago, al norte de África. Disfrutó de los placeres de la abundancia y de privilegios antes de convertirse al cristianismo siendo ya mayor de cuarenta años.[1] Rápidamente fue ordenado como sacerdote, y poco después se convirtió en obispo de Cartago. Murió como mártir unos diez años después, en el año 258, en la persecución del emperador Valeriano.

Escribió en el marco de los desafíos pastorales que enfrentó como obispo. Para él, los problemas eran más que todo de carácter práctico y no intelectuales. El problema más apremiante era el de la nueva ola de persecución instigada por el emperador Decio, la cual comenzó en el año 249 y terminó varios años después. Como vimos en el capítulo anterior, esta estuvo dirigida inicialmente a los líderes de la Iglesia, como Orígenes. Cipriano también fue amenazado, pero huyó al desierto del norte de África, donde fue protegido. Algunos criticaron a Cipriano por haber huido de la persecución, pero otros lo defendieron ya que, durante su tiempo en el exilio, continuó liderando a la Iglesia a través de cartas. Más de ochenta de estas cartas forman parte de su legado, la mayoría escritas por él pero también algunas escritas para él.

Otro aspecto de la persecución era el requerimiento de que todos los cristianos debían ofrecer sacrificios a los dioses so pena de ser ejecutados. Desafortunadamente, muchos cedieron a esta demanda y, al menos por esta acción, renunciaron a su fe en Cristo. Estos fueron conocidos como los *lapsi*, o los que han "tropezado" o "caído". La práctica previa de la Iglesia había sido sacar a esta gente de la Iglesia sin permitirles que pudieran volver a unirse a ella. Sin embargo, dado de que *muchos* de los caídos buscaron ser readmitidos en la Iglesia, el procedimiento tuvo que ser reconsiderado.

El dilema enfrentado por Cipriano y otros líderes de la Iglesia era, primero, ¿cómo debía manejarse este asunto? ¿Debían ser readmitidos los caídos inmediatamente, una vez después de haberse arrepentido, o solo después de un período de penitencia más largo? Segundo, ¿quién debía decidir y llevar a cabo la decisión? De esta situación surgieron las dos contribuciones literarias más importantes de Cipriano.

Contribución

En relación con *la manera* en que debía manejarse el asunto, Cipriano escribió en *De lapsis*. El tomó la posición más moderada. Ellos podían ser readmitidos en la Iglesia, pero solo después de un período de penitencia o de muestras de arrepentimiento. Como era de esperarse, otros querían un tratamiento más estricto, como negarles completamente la posibilidad de ser readmitidos. También había los que se mostraban muy tolerantes y se inclinaban por el perdón y la restauración inmediata.

Esto llevó a la siguiente pregunta: *¿Quién* debe decidir y llevar a cabo la decisión? Es decir, ¿quién tiene la autoridad para otorgar el perdón y la restauración? La respuesta de Cipriano aparece en su segundo libro más importante: *Sobre la unidad de la Iglesia*, donde afirma que la decisión debía ser tomada y llevada a cabo por las autoridades legítimas de la iglesia, específicamente por los obispos. Otros, sin embargo, decían que muchos de estos obispos habían también "caído" o huido de la persecución (como lo había hecho el propio Cipriano), y que eso los privaba de autoridad. Por lo tanto, aquellos que sufrieron persecución pero no cayeron, a quienes se los denominó "confesores", eran las autoridades legítimas de la Iglesia, y solo ellos tenían la capacidad de declarar el perdón de los "caídos" y de readmitirlos.

La posición de Cipriano resultó en una estructura de autoridad eclesiástica que no sería desafiada hasta la Reforma Protestante en el siglo XVI. Ya vimos como Clemente de Roma e Ignacio de Antioquia subrayaron la importancia de los obispos, quienes debían proteger la confianza cristiana y la unidad de la Iglesia en beneficio de la "sucesión apostólica"; es decir, de la autoridad recibida de los apóstoles, que a su vez la recibieron de Jesús. En el más o menos un siglo que los separaba de Cipriano, el obispo (*episkopos* o "supervisor") había pasado de ser un líder de iglesia local a un líder de muchas iglesias en un área determinada ("sede" o "diócesis"). Cipriano coincidió de manera entusiasta con Clemente e Ignacio y llevó esta idea mucho más allá. Esta se convirtió en el fundamento de su respuesta a la pregunta: "¿Quién tiene el derecho de perdonar y restaurar a los cristianos caídos?". Su respuesta fue: Solo aquellos que han recibido autoridad espiritual a través de las generaciones de obispos, remontándose hasta los apóstoles, y cuya autoridad es reconocida por la mayoría de los otros obispos. La mayoría de los "confesores" no podían afirmar tener esta herencia o reconocimiento, y por lo tanto no tenían derecho a perdonar ni a restaurar a nadie.

Cipriano llevó el concepto de la sucesión apostólica un paso más allá: la Iglesia estaba *identificada* esencialmente en sus obispos, y la unidad de la Iglesia se encontraba en la unidad de sus obispos. Después de citar Mateo 16:18–19, donde Jesús le dice a Pedro que edificaría su Iglesia "sobre esta piedra", Cipriano escribe: "De aquí, a través de los cambios de tiempos y sucesiones, el ordenamiento de los obispos y el plan de la Iglesia fluye hacia delante; de modo que *la Iglesia está fundada sobre los obispos*, y cada acto de la Iglesia está controlado por estos mismos gobernantes" (Epístola 26, *De lapsis*, 1, itálicas añadidas). Es decir, según Cipriano, las iglesias fundadas y dirigidas por los "confesores", que eran las iglesias "alejadas" para ese momento, no eran legítimas porque no eran dirigidas por autoridades espirituales legítimas.

El asunto de la autoridad también se extendió a las funciones de la Iglesia, como por ejemplo, a la administración de los sacramentos como el bautismo y la cena del Señor. ¿Quiénes podían llevarlos a cabo? La respuesta de Cipriano fue: Solo los obispos y aquellos ordenados por los obispos, específicamente los sacerdotes. Quienes habían sido bautizados por alguien que no haya sido un obispo o sacerdote no habían sido realmente bautizados. La posición de Cipriano contribuyó a algo que ya estaba ocurriendo, y lo cimentó: la elevación de los obispos sobre los sacerdotes y otros cargos en la Iglesia, quienes estaban por encima del "laicado". De esta manera se perdió la enseñanza del Nuevo Testamento del "sacerdocio del creyente", es decir, de que *todos* los cristianos somos sacerdotes, y no solo una categoría exclusiva en el pueblo de Dios, como en el Antiguo Testamento (1 P. 2:9). Esta verdad fue en el futuro rescatada y retomada por los reformistas protestantes.

Otra disputa surgió entre Cipriano y Esteban, el obispo de Roma. Este último afirmaba de manera enérgica lo que otros (como Clemente de Roma) ya habían sugerido anteriormente: que los obispos de Roma, como sucesores de Pedro, eran superiores a todos los demás obispos. Cipriano opinaba que todos los obispos eran iguales aunque superiores al resto del clero, y más que el laicado. Su opinión prevaleció en el oriente y en la que con el tiempo se convertiría en la Iglesia católica apostólica ortodoxa, en donde el nivel más alto del liderazgo consistía en el trabajo conjunto e igualitario de los obispos. La opinión de Esteban prevalecería en occidente, y en la que con el tiempo se convertiría en la iglesia católica romana, en donde el nivel más alto de liderazgo descansó en el papa, el obispo de Roma, el obispo de obispos. Así que, a pesar de que Cipriano creía firmemente que los obispos eran fundamentales para la unidad y existencia de la Iglesia, no creía que un obispo era superior a los demás.[2]

Las opiniones de Cipriano sobre la iglesia influyeron en su posición sobre la salvación. Él fue realmente el primero en declarar de manera categórica que no hay salvación fuera de la Iglesia (si uno es dirigido, por supuesto, por obispos legítimos en la sucesión apostólica). Él, por ejemplo, escribió: "Todo aquel que, separado de la Iglesia, se junte con una adúltera, se separa de las promesas de la Iglesia; y no alcanzará las recompensas de Cristo. Es un extraño, un profano, un enemigo. No puede tener a Dios por Padre quien no tiene a la Iglesia como madre" (*Sobre la unidad de la Iglesia*, 6).[3]

No solo según Cipriano no había salvación fuera de la Iglesia, sino que la salvación era un proceso de toda la vida que solo ocurría dentro de la Iglesia. Esta comenzaba con el bautismo, particularmente de infantes. El bautismo de infantes no se originó en el pensamiento de Cipriano. Este ya estaba firmemente establecido como una práctica en la Iglesia. Sin embargo, en su *Carta a Fido sobre el bautismo de infantes* recomienda *insistentemente* esta práctica, y afirma que esta produce el perdón del "pecado original", o la creencia de que todos nacemos culpables por el pecado de Adán.

Según el plan de Cipriano, el bautismo también resultaba en el "nuevo nacimiento" a través de la obra del Espíritu Santo. Fue uno de los primeros en afirmar claramente lo que fue denominado como doctrina de la "regeneración bautismal". Su lógica puede sonarnos familiar: Jesús le dio a Pedro y al resto de los apóstoles la autoridad para perdonar pecados (Jn. 2:23). Esta autoridad fue transferida a través de la sucesión de obispos. Por lo tanto, los obispos y los sacerdotes elegidos por estos tenían la autoridad de perdonar pecados, y eso es exactamente lo que hacían al realizar el sacramento del bautismo. Según las propias palabras de Cipriano: "Se manifiesta en y mediante aquel que la remisión de pecados pueda ser dada; a saber, la que se da mediante el bautismo" (*A Jubayano, Sobre el bautismo de los herejes*, 7).

Además, el bautismo es solo el comienzo de un proceso de salvación que dura toda la vida, y que incluye la participación en todos los sacramentos de la Iglesia, como hacer penitencia cuando se comete pecado. Este "sistema de penitencias" caracterizó a la Iglesia Occidental durante los siglos venideros. El mismo Cipriano creía que todo esto era por la gracia de Dios, y no para crédito de la persona. Los pecadores no pueden salvarse a sí mismos ni contribuir a su propia salvación mediante buenas obras. *Todo* es un acto de Dios. Sin embargo, el énfasis de Cipriano en la importancia de obedecer a Cristo participando en el sacramento, haciendo penitencia por el pecado, y más, contribuyó a la aceptación del concepto de "justificación por las obras"; es decir, que los individuos contribuyen para su propia salvación, y colaboran con Dios para asegurar que serán aceptados en la presencia de Dios al final de sus vidas.

Conclusión

Cipriano es recordado como un líder cristiano muy influyente en medio de circunstancias muy adversas. Su legado surgió de ese contexto histórico, y es principalmente en el ámbito de la Iglesia, específicamente sobre la importancia de la unidad, que esta se encuentra en los obispos, y que aparte de la Iglesia y la función de los obispos no hay salvación. Este legado permaneció durante más de mil años, pero fue desafiado en una variedad de formas durante la Reforma Protestante.

ATANASIO

El adversario arriano

Contexto

Para establecer el contexto de nuestro siguiente pensador cristiano, debo señalar algunos acontecimientos históricos importantes que se pueden resumir con los términos *Constantino*, *controversia* y *concilio*.

Primero, Constantino se convirtió en emperador en el año 312, y decretó el Edicto de Milán en el año 313, en el cual se declaró que el cristianismo debía ser tolerado por el Imperio. Esto rápidamente ocasionó que el cristianismo fuera favorecido por sobre otras religiones, y representó un completo giro a lo que la Iglesia había experimentado hasta entonces. De hecho, el deseo de Constantino era unir al imperio bajo la bandera del cristianismo (seguramente más por razones políticas que espirituales), lo que significaba que él mismo se uniría al cristianismo.

Segundo, una importante controversia se desarrolló en Alejandría, Egipto, que amenazó la unidad que Constantino tanto deseaba. Arrio, un sacerdote de Alejandría, reaccionó enérgicamente contra el sermón sobre la Trinidad que fue predicado por su obispo Alejandro. Arrio suponía, como la mayoría de los teólogos de la época, que Dios era uno (unidad), eterno ("ingénito") y perfecto. Además, Dios no podía cambiar porque lo que es perfecto no puede cambiar. Cualquier cambio significaría que la perfección se convirtiera en imperfección, lo cual era imposible. Para Arrio, la doctrina de la Trinidad amenazaba la unidad de Dios, así que concluyó que *solo* el *Padre* era verdaderamente Dios. También afirmó que la idea de que el Hijo es *completamente* Dios amenazaba la naturaleza perfecta e invariable de Dios. El Hijo se hizo humano a través de la encarnación, pero es imposible que Dios cambie, específicamente que se vuelva humano. Además, Arrio *aceptaba* el punto de vista de Orígenes de que el Hijo estaba subordinado al Padre, pero *negaba* la opinión de Orígenes de que el Hijo había sido "eternamente concebido" *por la naturaleza o sustancia divina del Padre*. El punto de vista de Orígenes llevaba a la conclusión de que el Hijo es completamente Dios, lo que significaría entonces que hay dos Dioses. Arrio concluyó que el hijo no era *completamente* divino porque había sido creado *de la nada* en *algún momento* por el Padre, al igual que el resto de la creación. Arrio supuestamente dijo: "Si el Padre engendró al Hijo, el que fue engendrado tuvo un comienzo en su existencia, lo cual evidencia que hubo un tiempo en el que el Hijo no existía. Por lo tanto, de ello resulta necesariamente que recibió su existencia de la nada".[1] El Hijo entonces no era eterno sino una criatura más, aunque muy cercano a Dios. Una "supercriatura". Solo esta clase de Hijo, según el pensamiento de Arrio, podría tomar la naturaleza *humana* paralelamente a su naturaleza casi divina y encarnar en la persona de Jesucristo. Arrio también creía que tenía apoyo bíblico para esta suposición. Jesús dijo, por ejemplo: "El Padre es más grande que yo" (Jn. 14:28). Jesús se llamó a sí mismo el "Unigénito" del Padre (Jn. 3:16, 18; ver 1:14, 18), y Pablo se refería a Cristo como el "Primogénito de toda la creación" (Col. 1:15).

Arrio tenía una personalidad muy persuasiva, y arrastró a muchos cristianos de Alejandría a apoyar su posición y oponerse a la del obispo Alejandro de que el Hijo era completamente Dios. Como respuesta, el obispo Alejandro convocó a un sínodo en Alejandría en el año 318 para examinar las opiniones de Arrio.

El resultado fue que Arrio fue condenado por hereje, y obligado a abandonar Alejandría, pero él continuó promoviendo sus puntos de vista y convenciendo a muchos, incluyendo a obispos y sacerdotes.

Tercero, esta controversia fue tan perjudicial para la unidad de la Iglesia y el imperio, que el emperador Constantino se vio obligado a convocar al primer concilio ecuménico[2] en Nicea en el año 325, cerca de la capital de Constantinopla. El resultado fue que las opiniones de Arrio fueron nuevamente condenadas como herejías, y se redactó un credo conocido como el credo niceno, el cual fue firmado por todos menos dos de los obispos asistentes (aunque muchos firmaron bajo presión o sin estar completamente convencidos del contenido del credo, incluso entendiendo el significado de los temas involucrados). El credo fue redactado claramente para rechazar al arrianismo. Dice, por ejemplo: "Creemos en [...] un Señor Jesucristo, el Hijo de Dios, unigénito del Padre, es decir, de la sustancia del Padre, [...] *engendrado, no hecho*; *consubstancial al Padre*" (itálicas añadidas).[3] Pero nuevamente esta condena al arrianismo no solucionó el problema, porque el arrianismo no desapareció. Los historiadores y teólogos han catalogado este trance como una de las crisis teológicas más grandes en la historia de la Iglesia.

Alejandro, el obispo de Alejandría a quien Arrio específicamente atacaba, asistió al Concilio de Nicea para testificar en contra del arrianismo, y llevó consigo a su asistente Atanasio. Este joven nació cerca de Alejandría, Egipto, cerca del año 298. Estaba al final de su segunda década de vida cuando acompañó a Alejandro a Nicea. Él pudo observar los procedimientos del concilio pero no pudo participar de ellos porque no era un obispo. Sin embargo, rápidamente se convirtió en obispo cuando Alejandro murió en el año 328 y Atanasio lo reemplazó, casi a sus treinta años de edad. Atanasio sirvió como obispo de Alejandría durante aproximadamente cuarenta y cinco años. Debido a intrigas políticas y religiosas, todas relacionadas directa o indirectamente con su lucha incansable contra el arrianismo, se exilió cinco veces en un período de diecisiete años. A pesar de sus exilios, la gente de su diócesis lo apoyó fielmente como su obispo. Atanasio murió a los setenta y cinco años, en el año 373.

Contribución

Las principales obras escritas de Atanasio son *Sobre la encarnación del Verbo* [el *Logos*], su argumento a favor de la completa deidad del Hijo, y *Discursos contra los arrianos*, en la que refuta los puntos de vista de Arrio sobre el Hijo.

A su favor podemos decir que Atanasio se basó más en las Escrituras que en la filosofía. Por consiguiente, rechazó las pretensiones filosóficas de que la unidad de Dios (en la que creía) implicaba que Dios (el Padre) no podía compartir su sustancia o naturaleza con nadie. Más bien, la misma naturaleza de Dios es *comunidad* en la unidad. ¿Cómo lo sabemos? Porque así es como las Escrituras describen a Dios. Dios *siempre* ha sido el Padre (algo que Arrio negaba), lo que implica que el Hijo *siempre* ha sido Dios. De hecho, *engendrado*, que es una característica del Hijo (ver Jn. 3:16), no significa "traído a la existencia" o "creado en algún lugar del tiempo". Es por ello que el credo niceno reza: "Engendrado, no hecho". "'*Hecho*' produce algo de una clase *diferente*, mientras que 'engendrado' produce algo de la *misma* clase".[4] Dios hace humanos, y por eso son solo humanos, una *clase* de ser diferente. Dios el Padre engendró al Hijo, y por lo tanto este es completamente Dios, la misma *clase*.

El credo niceno y Atanasio, en su defensa del credo, utilizaron la crucial palabra griega *homoousios* para comunicar esta verdad. Significa "de la misma naturaleza, ser, esencia o sustancia". El credo afirma que el Hijo era "de una sustancia [*homoousios*] con el Padre". Esto es exactamente lo que Tertuliano había argumentado (en Latín) más de un siglo antes: el Padre y el Hijo (y el Espíritu) tienen *una substantia* (una sustancia) compartida. Los arrianos rechazaron esta palabra y afirmaron que no era bíblica. Atanasio reconoció que no era una *palabra* bíblica, sino un *concepto* bíblico (como lo es la Trinidad).

Atanasio también creía que Dios era inmutable por naturaleza, pero argumentó que la encarnación no ponía esto en peligro. ¿Por qué? Porque la naturaleza totalmente divina del Hijo no fue cambiada a través de la encarnación; más bien, se le añadió una naturaleza humana a su inmutable naturaleza divina. ¿Y qué podemos decir de la afirmación de Jesús: "El Padre es más grande que yo" (Jn. 14:28), o cuando se describe a Jesús hambriento o cansado? Atanasio dijo que esto se aplicaba a su naturaleza humana, no a su naturaleza divina.

La razón principal por la que esto era tan crucial para Atanasio, se debe a que sin la *plena* deidad de Jesucristo la salvación es imposible. ¿Por qué? Porque solo Dios puede salvar. Incluso un supercriatura no puede proporcionar la salvación de otras criaturas, ya que, después de todo, no es más que otra criatura. El resultado del pecado es la muerte. Así que la verdadera salvación requiere (entre muchas otras cosas) dar vida. ¿Quién puede dar vida? Solo la fuente de vida, que es Dios mismo. Al igual que otros antes que él, Atanasio creía que la salvación era una participación en la naturaleza divina—*Teosis* o deificación—; es decir, la unión de la humanidad y la deidad, que había sido separada por el pecado. Nuevamente, ¿quién puede lograr esto? Solo Dios, específicamente, Aquel en quien tanto la deidad como la humanidad se reunieron: Jesucristo. Una de las declaraciones más conocidas de Atanasio es: "Él [el *Logos*, el Hijo] se hizo hombre para que nosotros fuésemos hechos Dios" (*Sobre la Encarnación de la Palabra*, 54.3). Atanasio no estaba diciendo que la salvación resulta en humanos convertidos en Dios. Él *quiso* decir lo mismo que Pedro quiso decir: "Su divino poder [...] nos ha concedido todas las cosas que necesitamos para *vivir* como Dios manda. Así Dios nos ha entregado sus preciosas y magníficas promesas para que ustedes [...] lleguen a tener parte en la naturaleza divina" (2 P. 1:3-4). Este era el objetivo que Jesús tenía en mente cuando oró: "Para que todos [los creyentes] sean uno. Padre, así como tú estás en mí y yo en ti, permite *que ellos también estén en nosotros* [...], yo en ellos y tú en mí" (Jn. 17:21-23). Este es un aspecto asombroso de nuestra salvación, pero Atanasio claramente entendió que sin la encarnación, la unión del verdadero Dios y el verdadero hombre, esto sería imposible. ¡No podría haber salvación para nadie!

Conclusión

Algunos han llamado a Atanasio el teólogo que salvó el cristianismo. Esto, por supuesto, no pasa por alto el hecho de que Dios es el único que en *última instancia* protege al cristianismo. Pero sí resalta la increíble amenaza que el arrianismo representaba para el evangelio y la verdad cristiana, y cuán vital fue la tenaz defensa de Atanasio. Muchas cosas tendrían que pasar antes de que sus puntos de vista fueran reconocidos como cristianismo "ortodoxo", pero lo que seguiría se fundamentó en su obra y la llevó hasta su finalización.

Basilio, Gregorio y Gregorio

Los padres capadocios

Contexto

El credo niceno lo condenó, y los escritos de Atanasio lo refutaron, pero el arrianismo continuó y se propagó. Sin embargo, la obra de Atanasio no fue en vano. Esta fue tomada por tres teólogos de Capadocia (en el centro de la actual Turquía): Basilio de Cesarea; su hermano, Gregorio de Nisa; y su amigo, Gregorio Nacianceno. Juntos, son conocidos como los capadocios, y son reconocidos como unos de los teólogos más influyentes en el siglo IV.

Basilio (nacido hacia el año 330) y su hermano Gregorio (nacido alrededor del 335) formaban parte de una familia cristiana adinerada. Basilio fue enviado a Atenas para su educación, y fue allí donde conoció a Gregorio de Nacianzo (también nacido alrededor del año 330), quien se convertiría en su amigo más cercano. Basilio comenzó rápidamente a distinguirse como teólogo, especialmente por su apoyo a la teología de Nicea y en contra de la teología arriana. En el año 370 fue nombrado obispo de Cesarea, la ciudad más importante de Capadocia, lo que le dio una influencia significativa en la iglesia. Valente, el emperador para ese momento, era un arriano que había intentado limitar la influencia de Basilio. Como respuesta, Basilio nombró aliados en puestos clave. Su buen amigo Gregorio fue nombrado obispo en un pequeño pueblo (y al parecer no estaba muy emocionado con la idea). Basilio también designó a Gregorio, su hermano menor, como obispo. Este Gregorio no había seguido los pasos religiosos de su hermano. Era un maestro secular de retórica cuando Basilio lo nombró obispo de Nisa.

Una de las obras más importantes de Basilio fue *Sobre el Espíritu Santo*, y gran parte de su teología se revela en más de trescientas cartas que escribió. Basilio murió relativamente joven, en el año 379. Debido a sus contribuciones teológica, así como a sus éxitos significativos como obispo y líder de la iglesia, ha llegado a ser conocido como Basilio el Grande. Después de su muerte, los dos Gregorio fueron capaces de salir de su relativo anonimato y brillar por sí mismos.

Gregorio Nacianceno se hizo famoso por predicar sus *Cinco oraciones teológicas* en apoyo a la teología nicena. También produjo muchos otros discursos y cartas. En el año 380, en gran parte debido a las *Cinco oraciones teológicas*, fue nombrado obispo de Constantinopla, la ciudad más importante en la parte oriental del imperio. Una vez más, Gregorio no quería el cargo, pero igualmente lo aceptó. Murió unos diez años después. Ha llegado a ser conocido como Gregorio el Teólogo, mayormente por la influencia de sus *Cinco oraciones teológicas*.

El otro Gregorio, el hermano de Basilio, llevó la obra antiarriana de Basilio más allá. Irónicamente, a pesar de que no tenía formación teológica, acabó eclipsando a su hermano y amigo quien, a diferencia de él, había estudiado teología. Se le reconoce como el mayor pensador de los dos. Además de sus escritos teológicos, es también conocido por sus trabajos sobre filosofía y vida espiritual. Murió en el año 394.

Contribución

Los tres capadocios estaban en constante comunicación, y sus contribuciones teológicas lo demostraban. Su teología muchas veces es examinada junta, y eso es lo que haremos aquí.

En relación con la amenaza arriana, Basilio comenzó a hacer

una importante distinción entre lo general y lo particular. Por ejemplo: Tom, Dick, y Harry son tres personas particulares en la categoría general de los seres humanos. En cuanto a Dios, el Padre, el Hijo y el Espíritu Santo, son tres personas particulares en la categoría general de la deidad. La palabra griega que los capadocios utilizaban para particular era *hypostasis*, que significa "persona". La palabra que usaron para general era *ousía*, que significa "ser", "sustancia" o "esencia". Esto fue útil en la lucha contra los arrianos, ya que ellos pensaban en una sola categoría. Así que tener dos (o tres) personas en la misma categoría implicaba que había dos (o Tres) dioses: el Padre y el Hijo (y el Espíritu Santo), en violación del monoteísmo. De fomentar esta idea era exactamente de lo que los arrianos acusaban al credo niceno. Basilio proporcionó una manera de decir que la Trinidad no eran tres y uno *de* la misma cosa. Más bien, la Trinidad eran tres de una misma cosa (la categoría particular) y uno de otra cosa aparte (la categoría general). El monoteísmo quedaba así protegido en la categoría general.

Esto, sin embargo, aún podría llevar a decir que el Padre y el Hijo son dos dioses. Después de todo, Tom y Dick son dos seres humanos en la categoría de los seres humanos. ¿No sería necesario entonces decir que la Padre y el Hijo son dos dioses en la categoría de Dios? Los capadocios señalaron que es posible hacer distinciones entre los *seres humanos* según características como el género, la edad, la forma, etcétera. Estas cosas varían en cada ser humano individual. Pero este no es el caso con respecto a las tres personas de la Trinidad, porque la tres personas de la Trinidad comparten exactamente las mismas características.

¿Cómo podemos distinguirlas entonces? ¿Qué las hace *diferentes* si comparten las mismas características? La respuesta de los capadocios fue que se distinguían por sus relaciones mutuas. En otras palabras, la única cosa que distingue al Padre del Hijo es que es el padre y no el Hijo, y la única cosa que distingue al Hijo del Padre es que es el Hijo y no el Padre. Otra forma de decirlo es la siguiente: Solo el Padre es "ingénito"; solo el Hijo es "engendrado del Padre"; y solo el Espíritu "procede del Padre".

Basilio lo puso de esta manera: "Si usted me pide que dé mi propio punto de vista, diré que *ousía* tiene la misma relación con *hipóstasis* que lo general tiene con lo particular. Cada uno de nosotros compartimos la existencia por el término común de "esencia" (*ousía*), y por nuestras propias características somos tales o cuales. De la misma manera [...], el término *ousía* es común, como la bondad, o como la Trinidad, o cualquier atributo parecido; mientras que *hipóstasis* se contempla en la propiedad especial de la cualidad de Padre, de Hijo, o el poder de santificar [el Espíritu]" (*Al conde Terencio*, Carta 214.4). Esta forma de pensar fue un importante avance en la teología trinitaria.

Pero los capadocios no solo luchaban con los arrianos, que negaban que el Hijo era plenamente Dios. Ellos también estaban luchando contra un grupo conocido como los macedonios o pneumatómacos, que afirmaba que el Hijo era plenamente Dios, pero el Espíritu no lo era. Más bien, el Espíritu era un ser creado o el poder impersonal de Dios. Basilio abordó este tema en uno de sus libros más importantes: *Sobre el Espíritu Santo*. Esta fue la primera obra escrita por un cristiano dedicada completamente al tema del Espíritu de Dios. En este extenso trabajo, Basilio aboga de manera convincente por la deidad del Espíritu, y que este debe ser objeto de adoración al igual que el Padre y el Hijo.

Todo esto fue tratado en el Concilio de Constantinopla. Este fue convocado en el año 381 por el emperador Teodosio, que era de creencia nicena y que quería acabar con el arrianismo de una vez por todas. Los dos Gregorios jugaron un papel importante en el consejo. Aunque Basilio ya había muerto, su influencia continuaba muy presente a través de su amigo y hermano. El consejo también completó el trabajo que Atanasio dejó incompleto al morir. El Concilio de Constantinopla fue el segundo concilio ecuménico, y produjo lo que se conoce comúnmente como el credo niceno, uno de los más importantes y ampliamente utilizados en casi todas las expresiones y tradiciones de la Iglesia. El título más apropiado es credo niceno constantinopolitano, ya que expandió el credo niceno y aclaró la deidad del Espíritu.[1] En lo negativo, el consejo y el credo colocaron fuera de los límites de la ortodoxia dos formas de creencia que, a fin de preservar la unidad de Dios, negaban la Trinidad: El modalismo, que a pesar de afirmar creer en la Trinidad, básicamente la negaba al concluir que el Padre, el Hijo, y el Espíritu Santo son tres modos de funcionamiento en lugar de tres personas; y el arrianismo, que negaba la Trinidad afirmando que el Hijo y el Espíritu eran seres creados, y no totalmente Dios.[2] En lo positivo, el Consejo, a través del credo, expresó en griego lo que Tertuliano había expresado en latín un siglo y medio antes: *Tres personae, una substantia*: Dios es tres personas (*hipóstasis*) en una sola esencia (*ousía*): la Trinidad.

Otra cosa importante a tener en cuenta con respecto a los capadocios es que uno de sus argumentos contra el arrianismo (y otras formas de herejía) privó a Dios de su misterio. Hizo que lo Divino encajara fácilmente en las pequeñas mentes humanas. Simplificó a la Deidad. O sea, era arrogante. Los capadocios lucharon para proteger la majestad de Dios e insistieron en la humildad de los seres humanos al tratar de entender a Dios, así como en todo lo demás.[3]

La majestad y el misterio de Dios significa que nunca alcanzaremos el objetivo de entenderlo perfectamente. Un error es la arrogancia de pretender que podemos entenderlo; y otro error, que por desgracia demasiados cristianos cometen, es darnos por vencidos y dejar de tratar de entender a Dios. Los capadocios pensaban que debía ser todo lo contrario. Gregorio de Nisa lo expresó de manera hermosa: "Esta verdaderamente es la visión de Dios: jamás sentirnos satisfechos en nuestro deseo de verlo. Pero al ver lo que vemos, debemos avivar nuestro deseo de ver más. Así que no puede haber ningún límite que interrumpa nuestro crecimiento en ascender a Dios, porque no hay límite para el Bueno [para Dios], y nuestro deseo por el Bueno no se termina estando satisfechos" (*La vida de Moisés*, 2.239).[4] ¡Amén! Que el misterio de Dios no nos repela, sino que irresistiblemente nos atraiga cada día de nuestras vidas.

Conclusión

Los capadocios jugaron un papel importante en lo que llegó a ser la comprensión ortodoxa de la Trinidad. Pero para ellos, la ortodoxia (la creencia correcta) y la ortopraxis (el recto vivir) van de la mano. Es por eso que la doctrina es tan importante y vale la pena luchar por ella. Si no creemos lo que es verdad de Dios, no podremos vivir de una manera que sea agradable a Dios.

Teodoro de Mopsuestia

El abogado antioqueno

Contexto

El Concilio de Constantinopla estableció la ortodoxia en relación con la doctrina de la Trinidad: el Padre, el Hijo, y el Espíritu Santo son igual y totalmente Dios. Sin embargo, la controversia acababa de cambiar a otro tema: Si Jesucristo era plenamente Dios, ¿cómo podía ser también totalmente humano? El individuo que presentamos aquí puede ayudarnos a entender este asunto, así como otro asunto que se estaba debatiendo en ese momento: ¿Cómo deben interpretarse las Escrituras?

Teodoro de Mopsuestia nació en Antioquía (Siria) alrededor del año 350. Crisóstomo, otro líder cristiano importante en ese momento, convenció a Teodoro a perseguir el ministerio eclesial y a estudiar teología. Fue ordenado como sacerdote en la iglesia de Antioquía, y en el año 394 se convirtió en obispo de Mopsuestia (en la actual Turquía, no muy lejos de Antioquía). Su reputación como teólogo y predicador se estableció y extendió por toda la iglesia oriental rápidamente. Murió en el año 428.

En ese tiempo, los importantes centros de aprendizaje cristiano en Antioquía; Siria; y Alejandría, Egipto, eran rivales teológicos, pero también rivales por el poder político y eclesiástico. Estos también representan dos visiones diferentes de la interpretación de la Escritura. En el capítulo sobre Orígenes conocimos el enfoque practicado en Alejandría, a saber, el método alegórico. Este enfoque minimizaba el significado literal del texto y prefería encontrar su significado "más profundo" o "espiritual". Por ejemplo, la ciudad de Jerusalén representaba a la iglesia o el cielo. Adán representaba a Cristo. En términos generales, los cristianos que practicaban este método veían a Cristo y a la Iglesia en casi todo, incluso en el Antiguo Testamento. Un ejemplo clásico es que el Cantar de los cantares trata realmente sobre el amor de Cristo por la iglesia. Ellos justificaban esto afirmando que incluso Pablo practicó la interpretación alegórica en Gálatas 4:21-31. Este método también era común en la filosofía griega; y la escuela de Alejandría, como hemos visto en las personas de Clemente y Orígenes, estaba muy influenciada por esta filosofía.

Contribución

Teodoro y otros en la escuela de Antioquía creían que el significado literal era el significado importante, y que las Escrituras debían interpretarse primeramente en su contexto histórico. También tendían a empezar a hacer teología con las Escrituras en lugar de la filosofía. Reconocían que había alegoría y simbolismo en el texto bíblico, pero solo lo reconocían cuando el sentido literal justificaba plenamente un significado espiritual. Teodoro escribió muchos comentarios sobre las Escrituras usando este método (como Orígenes usó el método alegórico). Él incluso fue único en ese tiempo por considerar que el Cantar de los cantares era un poema de amor que no trataba principalmente sobre el amor de Cristo por la Iglesia. En su comentario sobre Gálatas, aborda la apelación alejandrina con el ejemplo de Pablo en esa misma epístola: "Innumerables estudiantes de las Escrituras han manipulado el sentido llano de la Biblia y han pretendido robarle el significado que contiene. De hecho, han creado fábulas ineptas y llaman 'alegorías' a sus sandeces. También han abusado del paradigma del apóstol haciendo que los textos sagrados resulten incomprensibles y sin sentido [...] [Pablo] no rechaza las narraciones históricas ni añade nuevas cosas a una vieja historia. Más bien, Pablo narra los acontecimientos tal y como sucedieron, y luego presenta la historia de esos acontecimientos para su actual comprensión".[1]

¿Qué método es preferible? Ambos son válidos. El apóstol Pablo usó la interpretación alegórica, como se señaló anteriormente. Otros escritores del Nuevo Testamento entendían que las cosas del Antiguo Testamento señalaban a Jesucristo (como por ejemplo: el tabernáculo y el templo, los sacrificios de animales, y la vida de David). Pero la debilidad de este método es lo fácil que permite ver lo que queremos ver en las Escrituras (como ocurrió con Orígenes). También resulta muy fácil excederse cuando se buscan alegorías y encontrarlas donde no las hay.

Una posible debilidad de la interpretación literal es irnos al extremo opuesto y ver poco o ningún simbolismo, alegoría, o presagio en las Escrituras. De hecho, Teodoro mismo reconoció solo cuatro Salmos como mesiánicos y negó que Isaías 53 fuera una profecía de la crucifixión de Cristo.[2] Así que el equilibrio es la clave, pero el método literal parece el mejor para comenzar a protegernos de la sobrealegorización. El significado espiritual solo debe reconocerse cuando hay evidencia suficiente de lo literal, o del significado histórico del texto bíblico. El método alegórico continuó siendo popular durante la Edad Media, pero el método literal e histórico se hizo finalmente dominante, al menos en el cristianismo occidental.

Estos métodos contrastantes de interpretación también dieron lugar a diferentes maneras de responder a la pregunta acerca de Jesucristo: Si él es plenamente Dios, ¿cómo puede ser también totalmente humano? Así como los alejandrinos miraron más allá del significado literal de la Escritura para encontrar su verdadero significado, también miraron más allá de la humanidad de Jesús y enfatizaron su deidad como el verdadero significado de su existencia. Por otro lado, los antioquenos tendían a enfatizar el significado histórico de las Escrituras, así como la realidad histórica de Jesús: su humanidad. En relación con las naturalezas de Jesús, su deidad y su humanidad, tanto en la teología alejandrina como en la antioquena la diferencia era de énfasis, no de negación. La negación de la humanidad o la deidad de Cristo, ya habían sido declaradas heréticas.

La escuela de Alejandría tendía hacia una cristología del "Logos" o de la "carne". La humanidad de Jesús fue simplemente un medio utilizado por el Logos, el Hijo, después de la encarnación para completar su obra. Por lo tanto, la humanidad de Jesús era más "carne" humana que experiencia y existencia humanas. Apolinar (310-390), un teólogo alejandrino y obispo de Laodicea (actualmente Turquía), fomentó esta visión. Según Apolinar, Jesús era "Dios en un cuerpo".[3] Es decir, Jesucristo tuvo un cuerpo humano, pero este era solo una extensión de su humanidad. El Logos reemplazó la mente y el espíritu humanos, que son realmente las partes importantes del individuo. La humanidad de Jesús era simplemente una envoltura física de su deidad. Jesús era un cuerpo carnal relleno de deidad. Para los alejandrinos como Apolinar, si Jesús tenía una mente (y voluntad) humana, entonces *pudo* haber pecado (como cualquier otro ser humano), y eso sería inconcebible ya que, según creían, habría puesto en riesgo el logro de la salvación. También para Apolinar la posibilidad de dos naturalezas en Cristo parecía amenazar la unidad de Cristo, la cual era muy importante en la teología alejandrina debido a la influencia de la filosofía griega. Así que los alejandrinos tendían a pensar en Jesucristo en términos de *una* sola naturaleza, y no en dos, después de la encarnación. La cristología de Apolinar fue de hecho declarada herética por el Concilio de Constantinopla, en gran parte debido a la obra de los dos gregorios capadocios, ya que negaba la *plena* humanidad de Jesucristo.

Teodoro fue un gran defensor de la visión antioquena de Jesucristo, la cual puede ser denominada cristología del "Logos-hombre". Él razonó que si Jesús no era totalmente humano; no solo que tenía un cuerpo humano, sino también voluntad, conciencia, y personalidad—*todo* lo que hace que un humano sea humano—; entonces no se identificó *plenamente* con la humanidad ni experimentó *plenamente* lo que los seres humanos experimentan. Por consiguiente, no pudo haber proporcionado salvación para los seres humanos. Así que de acuerdo a Teodoro, Jesucristo tuvo una naturaleza plenamente divina (algo que ya era ortodoxia) y una naturaleza completamente humana. Dos naturalezas completas.

Es importante señalar que tanto la cristología alejandrina como la teología antioquena están estrechamente relacionadas con la soteriología, que es la doctrina de la salvación. Ambos lados estaban preocupados de que la otra visión de Jesucristo pusiera en peligro su capacidad de ser el Salvador. Esta no era una discusión porfiada sobre ideas teológicas abstractas. Ambas partes estaban plenamente convencidas de que la salvación, ¡el Evangelio!, estaba en juego. Esto hizo que fuera un asunto importante.

Conclusión

A pesar de que el Concilio de Constantinopla se puso del lado de la cristología de Teodoro, la cristología alejandrina continuó desarrollándose, aunque reconociendo que la humanidad de Jesús era en verdad completa. Aunque Teodoro era muy respetado por muchos de sus contemporáneos, él mismo fue condenado como hereje unos cien años después de su muerte. Esto se produjo debido a los esfuerzos de aquellos que favorecían la cristología alejandrina, quienes se aprovecharon de algunas explicaciones desafortunadas de la visión de Cristo de Teodoro. En vez de decir que el Logos tomó una *naturaleza* humana general, Teodoro decía que el Logos tomó a un *ser* humano específico. En su obra *De la encarnación* habla de la encarnación como "una cohabitación en la que Él [el *Logos*] se unió con aquél [un hombre, un ser humano específico] a quien asumió completamente para sí, y lo preparó para compartir todo el honor que Él como morador y como Hijo por naturaleza, comparte. De esta manera él [el Logos] constituyó una sola persona mediante la unión con este [el hombre] y lo hizo un socio en toda su autoridad". Esto hacía ver a la encarnación como una especie de "posesión".[4] De la misma manera en que un demonio puede tomar el control de un ser humano, el Logos había tomado control de un hombre. Este problema en la comprensión que tenía Teodoro de la encarnación nos lleva a la siguiente etapa de la controversia, concretamente entre uno de los estudiantes de Teodoro, Nestorio, el cual llevó la opinión de Teodoro un paso más allá; y uno que estaba más alineado con la cristología alejandrina, Cirilo de Alejandría. Esta siguiente etapa del conflicto condujo al Tercer Concilio Ecuménico de la iglesia en Éfeso.

Cirilo de Alejandría

El rival alejandrino

Contexto

Una palabra llevó a otro nivel el conflicto entre los centros cristianos de aprendizaje en Antioquía y Alejandría y sus cristologías rivales: *Theotokos*. Esto significa "portadora de Dios", y fue un término utilizado de manera común en el siglo V para referirse a la Virgen María. Se trataba de una manera de reconocer la plena deidad de Jesucristo afirmando que el bebé nacido de María no era otro que el mismo Dios. Pero para sorpresa de muchos, el obispo de Constantinopla, en un sermón de Navidad (428) y más tarde en una carta de Pascua (429), condenó de manera pública la práctica de referirse a María en esa forma. Su nombre era Nestorio. Él había sido alumno de Teodoro de Mopsuestia y mantenía la cristología antioquena de Teodoro. Según Nestorio, Jesucristo tuvo dos naturalezas: la divina y la humana; pero la que María llevó y dio a luz fue la naturaleza humana, no la naturaleza divina. Por lo tanto no era correcto referirse a ella como Madre de Dios (el término *Christokos* era más apropiado). Por otra parte, el término parecía enfatizar la deidad de Cristo y restarle énfasis su humanidad, en perjuicio del apolinarismo y de la cristología alejandrina.

El rival personal y teológico de Nestorio era Cirilo, el obispo de Alejandría. Poco se sabe de su vida, pero se convirtió en obispo en el año 412 y continuó en ese cargo hasta su muerte en el 444. Cuando Cirilo se enteró de las proclamas de Nestorio sobre el *Theotokos*, respondió inmediatamente, ansioso de defender el prestigio de la teología alejandrina (y también buscar un poco de venganza contra un antioqueno). Él primero afrontó a Nestorio por correspondencia, pero Nestorio se negó a cambiar sus opiniones. Cirilo entonces buscó el apoyo del Patriarca en Roma y el emperador, los cuales recibió. El resultado fue el tercer Concilio Ecuménico de Éfeso en el año 431.

Ambos obispos opinaban que la cristología debía apoyar la soteriología, que afirmaba que Jesucristo era lo que tenía que ser a fin de ser verdaderamente Salvador. Pero además de esa preocupación válida, también sin duda tenían motivos políticos.[1]

Contribución

Lo que Nestorio y Cirilo tenían en común era la fe de Nicea: Un solo Señor, Jesucristo, con dos naturalezas: una naturaleza totalmente divina y una naturaleza totalmente humana. Tanto Nestorio como Cirilo rechazaban la idea de Apolinar, el predecesor Alejandrino de Cirilo, de que Jesús tenía una mente divina en lugar de una mente humana. Ambos estaban de acuerdo en que Jesús era *completamente* humano. Pero lo que los dividía era la respuesta a la pregunta: ¿Cómo puede "uno" y "dos" ocurrir al mismo tiempo? Como vimos en el capítulo anterior, la diferencia era el énfasis, y no la negación. Nestorio tendía a querer enfatizar el "dos", y Cirilo tendía a querer enfatizar el "uno".

La teología de Nestorio se ha conservado en un par de cartas, sermones, citas suyas en los escritos de sus adversarios, y en una obra importante, *Bazar de Heráclides de Damasco*, que escribió cerca del final de su vida (436) a fin de defenderse a sí mismo y defender sus puntos de vista. Al igual que su mentor Teodoro, Nestorio destacó las dos naturalezas de Jesucristo, su divinidad y su humanidad, pero fue incluso más allá que Teodoro. Nestorio parecía afirmar que las dos naturalezas estaban unidas a dos personas: Cristo era la persona divina, y Jesús la persona humana (nuevamente la idea de la "posesión"). En respuesta a las acusaciones de sus oponentes alejandrinos de que esto destruía la unidad de Cristo (que Nestorio afirmaba creer), trató de argumentar que las dos naturalezas o personas se reunieron en la "conjunción" más cercana posible. Es decir, que estaban unidas en todos los sentidos, pero que seguían siendo distintas. Lo que él se negó a hacer fue reconocer que la naturaleza o persona divina podía nacer (por lo tanto, no había *Theotokos*), ser débil, sufrir, o morir (Dios no puede hacer esas cosas, solo los seres humanos pueden), y que la naturaleza o persona humana pudiera hacer milagros (los humanos no pueden hacer esas cosas, solo Dios puede). En otras palabras, la naturaleza divina no puede pasar a un ser humano porque es divina, y la naturaleza humana no puede pasar a Dios porque es humana. Por esto fue que Nestorio se opuso apolinarismo tan fuertemente. Alegó que la mente divina había reemplazado a la mente humana de Jesús. Esto era imposible según Nestorio porque la mente humana forma parte de la naturaleza humana. Si usted no tiene una mente humana usted no es un ser humano. Así pues, la cristología nestoriana reconoce básicamente dos naturalezas y dos personas (aunque él no lo habría dicho de forma tan explícita): Jesús es la naturaleza o persona humana, y Cristo es la naturaleza o persona divina.

En la cristología de Cirilo no era tanto que el Hijo divino era *agregado* a un ser humano, sino más bien que el Hijo divino se había *convertido* en un ser humano. "Nestorio habló de Jesús y Dios el Verbo, mientras que Cirilo creía que Jesús era el Verbo".[2] Por lo tanto, María es verdaderamente *Theotokos*, porque el niño Jesús es Dios.[3] Por otra parte, Cirilo quería preservar la unidad de Cristo, que era central en la cristología alejandrina, y el pensamiento de Nestorio parecía destruir eso (a pesar de que Nestorio no pensaba que lo hacía). Cirilo era consistentemente alejandrino en su comprensión de la encarnación como una naturaleza divina y una naturaleza humana unidas en una sola naturaleza, y no dos. El término teológico asociado con esto es *unión hipostática*. La palabra griega *hipóstasis* significa "persona", por lo que el término significa una unión de dos naturalezas en una persona. Cirilo añadiría que la persona tenía una naturaleza y no dos después de la unión. Como veremos, esto terminó en otra controversia, herejía y otro consejo. Cirilo cree que su cristología reafirmó la encarnación: "El Verbo se *hizo* hombre" (Jn. 1:14), mientras que la cristología de Nestorio realmente la negó.

Una vez más, no se trataba de un simple juego de palabras teológicas (aunque algo había de eso también). Tanto Nestorio como Cirilo creían que nuestra salvación estaba en juego. Podemos ver la preocupación de Cirilo en la siguiente declaración: "Si alguno no confiesa que la carne del Señor[4] es *vivificante* y propia del mismo Verbo de Dios Padre, sino que pretende que pertenece a otro [Jesús] que está unido a Él [Cristo] por dignidad, o que solo tiene la inhabitación divina; y si alguno no confiesa que su carne da vida porque es la carne del Verbo, *que tiene poder para vivificarlo* todo, sea anatema" (*Anatema* 11, itálicas añadidas). En otras palabras, si Nestorio tenía razón, fue solo un humano (Jesús) el que sufrió y murió en la cruz, y no Dios (Cristo). Por lo tanto, su muerte no tiene más valor salvífico que la muerte de cualquier otro ser humano. Solo Dios puede dar la salvación dando vida espiritual a pecadores muertos espiritualmente. Ningún simple humano puede lograr eso.

El emperador Teodosio convocó el Concilio de Éfeso en el año 431 para resolver la controversia entre Nestorio y Cirilo. El consejo se reunió antes de que Nestorio y sus colegas antioquenos llegaran, y Nestorio y sus opiniones fueron condenados. A los pocos días llegaron los antioquenos, convocaron su consejo, y condenaron a Cirilo. Unas semanas más tarde llegaron más obispos de la parte occidental del imperio, apoyaron el consejo inicial, y el nestorianismo fue oficialmente rechazado como herejía.

Teodosio seguía preocupado por la tensión entre los antioquenos y los alejandrinos, así que insistió en un compromiso llamado Fórmula de Reunión (433). Los antioquenos acordaron enviar a Nestorio al exilio, y Cirilo (digamos que) acordó reconocer dos naturalezas y no una en Jesucristo después de la encarnación, mientras que esto fuera reconocido como una "distinción" en lugar de una "división" (¡La semántica!).

Conclusión

El detalle, sin embargo, es que el problema de si después de la encarnación había una sola naturaleza (la visión alejandrina) o dos naturalezas (la visión antioquena) aún estaba sin resolverse. Eso ocurrió en el Cuarto Concilio Ecuménico de Calcedonia.

13

LEÓN EL GRANDE

El campeón calcedonio

Contexto

Jesucristo es plenamente Dios. El Concilio de Nicea había declarado que esto era ortodoxia, y el arrianismo herejía.[1] Jesucristo es plenamente humano. El Concilio de Constantinopla había declarado que esto era ortodoxia y el apolinarismo herejía.[2] Jesucristo no era dos personas, sino una sola persona. El Concilio de Éfeso había declarado que esto era ortodoxia y el nestorianismo herejía.[3] Pero después de la encarnación, ¿tuvo Jesucristo una sola naturaleza (como creían los teólogos alejandrinos) o dos (como creían los teólogos antioquenos)?

Eutiques era un monje anciano pero muy respetado en Constantinopla que se alió con la visión alejandrina de Cristo. Poco se sabe de él, aparte del papel que jugó en la siguiente etapa de las controversias cristológicas. Él llevó un pasó más allá la posición de Cirilo y declaró lo que Cirilo había sugerido: Antes de la encarnación había dos naturalezas (deidad y humanidad), pero después de la encarnación hubo solo una naturaleza, una naturaleza nueva. La naturaleza divina ya no era divina, y la naturaleza humana ya no era humana. Más bien, la naturaleza de Jesucristo era híbrida (así como el sodio y el cloruro cuando se combinan se convierten en sal). Esto por sí solo no resultaba nada espectacularmente nuevo, pero Eutiques también dio un paso

93

atrás hacia el apolinarismo (y probablemente también más allá del docetismo[4]) y afirmó que la nueva naturaleza única de Jesucristo tenía una gran cantidad de deidad con apenas una pizca de humanidad. Así como los alejandrinos aprovecharon la oportunidad para condenar a Nestorio y sus compañeros antioquenos, ahora los antioquenos saltaron ante la oportunidad de condenar a Eutiques y sus compañeros alejandrinos. Su preocupación era la misma: Si Jesucristo no era verdadera y plenamente humano (así como verdadera y plenamente divino), ¿cómo pudo haber podido identificarse y proveer salvación para los seres humanos?

Eutiques fue llevado a juicio por herejía y condenado (448). Dióscoro, el Patriarca de Alejandría, acudió en su ayuda y apeló al emperador para que realizara un consejo, el cual tuvo lugar en Éfeso (449). Dióscoro pudo ejercer su influencia y el resultado fue que Eutiques fue restaurado mientras que algunos obispos de Antioquía fueron depuestos (¡Qué clase de telenovela!). Estos obispos apelaron al obispo de Roma, León I.

León se convirtió en el obispo de Roma en el año 440 y llegó a ser conocido como León el Grande. Sus poderes influyentes quedaron demostrados cuando persuadió a Atila el Huno a no atacar Roma (452), y más tarde (455) cuando convenció a los vándalos, después de haber conquistado Roma, a no sacrificar a los residentes de la ciudad.

Contribución

León es conocido por dos cosas: por su implicación en la controversia cristológica, y por su enseñanza con respecto al papado romano. En relación con esto último, ya vimos cómo los obispos habían sido elevados sobre la mayoría de los otros miembros del clero y los laicos; cómo los obispos de ciudades como Roma, Constantinopla, Antioquía y Alejandría habían sido elevados aún más como "patriarcas"; y cómo el patriarca de Roma era visto por algunos como el mayor obispo de todos. León fue el primer obispo romano que discutió abiertamente el caso de que el obispo de Roma era de hecho el "heredero indigno",[5] pero heredero no obstante del apóstol Pedro, en quien Jesús estaba edificando su iglesia (basado en la interpretación de León de Mt. 16:18-19).

La participación de León en la controversia eutiquiana se dio a través de su obra escrita, *El Tamus*, y por medio de su obra eclesiástica en el cuarto concilio ecuménico. En el *Tomus*, también conocido como *Carta* (28) *a Flaviano* (obispo de Constantinopla y superior de Eutiques), Leo resume la cristología ortodoxa a ese punto: Jesucristo tenía que ser plenamente Dios y plenamente humano para poder ser el Salvador. Si Él no era plenamente humano (como Eutiques afirmaba en ese momento), entonces no pudo haberse identificado con el ser humano y morir en su lugar. Si no era plenamente Dios, su muerte no habría sido suficiente para los seres humanos, y no habría podido perdonar los pecados como resultado. Por lo tanto, una naturaleza híbrida en Jesucristo, que no era ni humana ni divina, habría sido insuficiente para la salvación. Él por ejemplo escribió:

"Porque no solo se cree que Dios es todopoderoso y es el Padre, sino que el Hijo es coeterno con Él, difiriendo en nada del Padre, porque Él es Dios de Dios, Todopoderoso de Todopoderoso, y habiendo nacido del Eterno es coeterno con Él; no más tarde en el tiempo, ni inferior en poder, ni diferente en la gloria, ni dividido en esencia: pero al mismo tiempo, unigénito del Padre eterno nacido eterno del Espíritu Santo y de la Virgen María. Y *esta natividad que tuvo lugar en el tiempo*, no le quitó nada ni le añadió nada a ese nacimiento divino y eterno, pero se entregó completamente en la restauración del hombre que había sido engañado, para que pudiera vencer la muerte y derrocar mediante su fuerza al Diablo, que poseía el poder de la muerte. Porque no seríamos capaces de derrotar al autor del pecado y de la muerte *si Él no hubiese tomado nuestra naturaleza y la hubiese hecho suya*, ese a quien ni el pecado podía contaminar ni la muerte podía retener" (2, itálicas añadidas).

León apodó al concilio de Éfeso que restauró a Eutiques, el "latrocinio de Éfeso" y lo condenó. Pero no fue sino hasta que Marciano (quien se inclinaba por la teología antioquena) se convirtió en el nuevo emperador, que León fue capaz de encontrar un oído amigo y recibir permiso para la realización de otro consejo. Este se celebró en Calcedonia, al otro lado del Bósforo desde Constantinopla, en el año 451, y es conocido como el Cuarto Concilio Ecuménico de la Iglesia. El *Tomus* de León fue leído al consejo y se convirtió en parte de la documentación oficial de las conclusiones del consejo, junto con el credo niceno y la Fórmula de Reunión.[6] Los obispos antioquenos que habían sido depuestos en el latrocinio de Éfeso fueron restaurados. Eutiques, que había sido depuesto y luego restaurado en el latrocinio de Éfeso, fue ahora nuevamente depuesto, junto con Dióscoro, su defensor (un anotador de goles habría sido de gran ayuda).

El producto más importante de este consejo se llama el credo de Calcedonia.[7] Estaba basado en el *Tomus* de León, pero también reflejaba el pensamiento de Cirilo de Alejandría, específicamente sus cartas a Nestorio y Juan de Antioquía:

"Nosotros, siguiendo a los santos Padres, todos estamos de acuerdo en que el Hijo unigénito, nuestro Señor Jesucristo, es completo en Deidad y completo en humanidad, verdadero Dios y verdadero hombre, de cuerpo y alma racional [contrario a Apolinar]; de una sustancia (*homoousios*) con el Padre de acuerdo a la Deidad [**contrario a Arrio**], y al mismo tiempo de una sustancia (*homoousios*) con nosotros de acuerdo a la humanidad; en todas las cosas como nosotros, pero sin pecado [**contrario a Apolinar**]; engendrado del Padre antes de todas las edades [**contrario a Arrio**], pero sin embargo nacido de la virgen María (*Theotokos*) de acuerdo a la humanidad; uno y el mismo Cristo, Hijo, Señor, Unigénito, para ser reconocido en dos naturalezas, inconfundibles e inmutables [**estos dos términos son contrarios a Eutiques**]; sin división, sin separación [**estos dos términos son contrarios a Nestorio**]; por ningún medio la distinción de naturalezas desaparece por la unión [**contrario a Eutiques**], más bien es preservada la propiedad de las dos naturalezas, concurrentes en una Persona y una Hipóstasis, no partida ni dividida en dos personas [**contrario a Nestorio**], sino uno y el mismo Hijo, Unigénito, Dios el Verbo, el Señor Jesucristo; como los profetas desde el principio lo han declarado con respecto a Él, y como el Señor Jesucristo mismo nos lo ha enseñado, y el credo de los santos padres que nos ha sido dado".

Lo que es notable de esta declaración es que está redactada principalmente en términos de negación con el propósito de descartar explícitamente las cuatro herejías cristológicas (como las señalé en el texto). Pero en otro sentido, la definición hace que la encarnación siga manteniendo su misterio. En otras palabras, es más fácil decir lo que la encarnación no es, que decir lo que es. La definición esencialmente dice: "No se puede ir más allá de estos límites en el análisis de Jesucristo, pero hay mucho espacio dentro los límites para una posterior reflexión, análisis, y especulación. Después de todo, es un misterio".

Conclusión

León el Grande fue un personaje clave para reunir el pensamiento teológico previo, así como para desafiar los más recientes pensamientos amenazadores con respecto a la persona de Jesucristo. El resultado fue un "credo de Calcedonia" que se puede resumir de esta manera: La encarnación resultó en dos naturalezas, la deidad y la humanidad, en una persona que era Jesucristo. Al combinar esto con el credo niceno, puede caracterizarse de la siguiente manera: Dios es tres "quienes" (personas), y un "que" (naturaleza); Jesucristo es un "quien" (persona) y dos "que" (naturaleza). Hubo unos cuantos grupos que no aceptaron las declaraciones de Calcedonia. Algunas iglesias del área de Siria siguieron la teología nestoriana. Algunas iglesias en Egipto siguieron la teología eutiquiana, y llegaron a ser conocidas como iglesias "monofisitas" (de una sola naturaleza). La iglesia copta de hoy en día es un ejemplo. Sin embargo, hablando en términos generales, la cristología de Calcedonia ha sido aceptada como ortodoxia en la Iglesia occidental y en la mayor parte de la iglesia oriental.

14

AGUSTÍN

El doctor de la Iglesia

Contexto

A pesar de que las controversias trinitarias y cristológicas continuaron a la orden del día, otro tipo de controversias se desarrollaron; como por ejemplo con relación al estado de la humanidad después de la caída, y las funciones divinas y humanas en la salvación. El escenario político y cultural también estaba cambiando. El Imperio Romano estaba en declive y a punto de caer, y la "Edad Temprana" le fue dando paso a la Edad Media. La figura clave de transición en ese momento intervino en las continuas controversias, y abordó también las controversias en desarrollo. Hoy en día se lo reconoce como uno de los más grandes teólogos de la historia.

Aurelius Augustinus nació en Tagaste (Argelia moderna, norte de África) en el año 354. Su padre era un incrédulo, pero su madre era una cristiana devota que se encargó de que su hijo fuera educado en el cristianismo, el cual Agustín aceptó (al menos intelectualmente) como verdadero. Continuó su educación en las cercanías de Cartago, donde estudió filosofía y, como resultado, rechazó el cristianismo. En su lugar llegó a abrazar el maniqueísmo, una filosofía-religión que supone dos principios eternos e iguales de bien y de mal en pugna constante.[1]

En el año 384 se trasladó a Italia, y terminó en Milán

enseñando retórica. Su madre lo había seguido a Milán y estaba tratando desesperadamente de persuadirlo de regresara a la fe cristiana. De hecho, Agustín se habían desilusionado con el maniqueísmo y andaba nuevamente en la búsqueda de la verdad en la filosofía neoplatónica, pero había comenzado a leer las Escrituras de nuevo. El obispo de Milán, Ambrosio, era bien conocido como un gran predicador, y Agustín comenzó a escuchar sus sermones, más por interés por las habilidades retóricas de Ambrosio que por sus creencias bíblicas o teológicas. Pero Agustín también descubrió que la interpretación alegórica practicada por Ambrosio proporcionaba una manera de reconciliar el Antiguo Testamento con la filosofía griega.

En medio de esto, Agustín estaba viviendo en pecado grave—específicamente sexual—y luchaba con la culpa, la inseguridad, y la infelicidad. Él describe su propia conversión en su obra *Confesiones*: Un día fue a un jardín donde terminó llorando debido a su condición miserable. De repente oyó la voz de un niño diciendo: "Toma, lee. Toma, lee". Abrió su Biblia al azar, y lo primero en lo que sus ojos se posaron fue en: "Vivamos decentemente, como a la luz del día, no en orgías y borracheras, ni en inmoralidad sexual y libertinaje, ni en disensiones y envidias. Más bien, revístanse ustedes del Señor Jesucristo, y no se preocupen por satisfacer los deseos de la naturaleza pecaminosa" (Ro. 13:13-14). En sus propias palabras: "No quise leer más, ni fue necesario; pues apenas leí esta oración, como si una luz de seguridad se hubiera difundido en mi corazón, todas las tinieblas de la duda se desvanecieron" (*Confesiones*, 8.12.29). Agustín se arrepintió de todo corazón y abrazó el cristianismo en el año 386, y fue bautizado el siguiente domingo de Pascua por el obispo Ambrosio.

Agustín regresó a África en el año 388, y tres años más tarde fue ordenado sacerdote en Hipona (más bien en contra de su voluntad). En el 396, a la edad de cuarenta y dos años, fue promovido a obispo de Hipona. Sirvió en ese cargo hasta su muerte en el 430, en los tiempos en que los bárbaros vándalos estaban sitiando la ciudad de Hipona y el Imperio Romano fenecía.

Contribución

Agustín fue un escritor prolífico, solo superado por Orígenes en su legado literario. Después de su ordenación, se dedicó al estudio y la predicación de la Palabra de Dios; y dejó un legado de muchos sermones, así como de ensayos sobre numerosas cuestiones teológicas y morales, comentarios sobre muchos de los libros de la Biblia, y más de doscientas cincuenta cartas. Agustín tuvo una muy alta opinión de la autoridad y la veracidad de la Biblia. Sus escritos estaban impregnados de las Escrituras. Por otra parte, Agustín confiaba en una traducción latina algo inexacta de la Biblia (porque no sabía griego), y practicó la interpretación alegórica (aunque con limitaciones cuidadosas).

Uno de los primeros libros escritos por él después de que llegó a ser obispo fue su famosa obra *Confesiones*. Se trata esencialmente de la historia de su vida, una de las primeras autobiografías escritas en forma oración, en la que fue tremendamente honesto sobre su propia pecaminosidad. Este libro ha tenido una enorme influencia. No solo muchos han podido relacionarse con la experiencia de Agustín, sino que gracias a *Confesiones* han podido cambiar la forma en que piensan de sí mismos. En ese momento, la gente pensaba de sí misma mayormente en un sentido corporativo, como miembros de la raza humana, o, para los cristianos, como miembros de la iglesia. Pero gracias a *Confesiones*, al menos en el pensamiento occidental, la gente comenzó a pensar en sí misma a nivel individual. El cristianismo también se hizo más individualista en su énfasis.[2]

Uno de los principales libros de Agustín es *La Trinidad*. En él resume el desarrollo de la doctrina hasta este punto: Dios es uno en esencia y trino en personas. Sin embargo, Agustín, a diferencia de casi todos los teólogos anteriores a él, rechazó la idea de que el Padre es la fuente de la naturaleza divina del Hijo y el

Espíritu.[3] Más bien, la deidad es una naturaleza distinta que el Padre, el Hijo y el Espíritu comparten de manera igual y eterna. Cualquier distinción entre las personas de la Trinidad solo puede ser vista desde una perspectiva histórica—en relación con su obra en el mundo—, y no desde una perspectiva eterna—anterior a la creación. Es solo en este sentido que Jesús pudo decir: "El Padre es más grande que yo" (Jn. 14:28) y someter su voluntad a la voluntad de su Padre. Por lo tanto, Agustín rechazó el más mínimo indicio de subordinacionismo del Hijo o el Espíritu al Padre, algo que había acechado la teología de muchos, incluso de los teólogos más ortodoxos hasta ese momento.

Fue exactamente esta línea de pensamiento de Agustín lo que también condujo a la controvertida cláusula *Filioque* en el credo niceno. La pregunta era: ¿Procede el Espíritu solo del Padre (como el credo niceno original declaraba), o del Padre "y del Hijo"? Basado en Juan 20:22, donde Jesús sopló sobre sus discípulos y les dijo: "Reciban el Espíritu Santo", Agustín sostuvo que el Espíritu procede tanto del Hijo como del Padre. Él reconoció que el Espíritu procede del Padre principalmente (Jn. 15:26), pero el Padre dio el Espíritu al Hijo, y el Hijo dio el Espíritu a sus seguidores. Nada de esto implica que una persona de la Trinidad es mayor que cualquier otra; solo ilustra las relaciones de las personas de la Trinidad.

Como resultado de la influencia de Agustín en el Concilio de Toledo, en el año 589 la Iglesia Occidental (Latina) añadió al final de la frase del credo niceno: "Creemos en el Espíritu Santo, el Señor, dador de vida, que procede del Padre", la frase: "Y el Hijo". La palabra latina en esta adición es *filioque*, y ha llegado a ser conocida como la cláusula *filioque*. La Iglesia Occidental (griega) tenía un problema (por decirlo de alguna manera) con esto, por dos razones: En primer lugar, porque no fueron consultados sobre la adición de la frase. Lo consideraron un desaire. En segundo lugar, porque degradaba al Espíritu Santo, haciéndolo un miembro joven de la Trinidad, menor que el Padre y el Hijo, lo cual era una herejía según su punto de vista. Esto se convirtió en un tema tan importante que fue uno de los motivos que llevaron a la escisión entre la Iglesia Católica (Romana) Occidental, y la Iglesia Oriental (Ortodoxa) en el año 1504, conocida como el Gran Cisma.

Agustín es probablemente más conocido por sus analogías psicológicas de la Trinidad. Su razonamiento era que las reflexiones de la naturaleza Dios, específicamente su ser trinitario, se podía encontrar en el nivel más alto de su creación, en aquellos que llevan su imagen: los seres humanos. Así, por ejemplo, vio la Trinidad reflejada en los aspectos del amor humano—en el amante, en el objeto del amor, y en el amor mismo—; y en las facultades de la mente humana—la memoria, el entendimiento, y la voluntad. Agustín ha sido criticado por su uso de estas analogías, pero también reconoció que la Trinidad es en última instancia un misterio que está más allá de la comprensión humana, y cualquier analogía se queda corta.

Probablemente el libro más conocido de San Agustín es *La ciudad de Dios*. Roma había caído frente a los bárbaros en el año 410, y el cristianismo fue culpado por ello. El cristianismo había sido proclamado como la religión oficial del imperio, y al parecer los dioses de Roma estaban enojados. Como respuesta, Agustín escribió esta gran disculpa por el cristianismo. Él traza dos ciudades contrastantes la de Dios (o celestial, la Iglesia) y la de la humanidad (o terrenal, el estado), desde la creación hasta la eternidad. *La ciudad de Dios* fue inmensamente influyente en el pensamiento cristiano a partir de ese momento.

Agustín tuvo que lidiar con dos controversias significativas, y de ellas surgieron dos importantes series de escrito.

La primera controversia surgió de un grupo de cristianos conocidos como los donatistas. Sus raíces se remontan a la persecución que causó que muchos cristianos, incluyendo a miembros del clero, traicionaran el cristianismo de una manera u otra. Las preguntas eran: ¿Cómo debían ser tratados estos cristianos y el clero que habían caído? ¿Debía admitírselos de nuevo en la Iglesia? Algunos respondieron a esta última pregunta con un no y se apartaron de la Iglesia Católica Ortodoxa a fin de seguir siendo "puros" (según lo entendían). Otros respondieron a la pregunta con un sí, pero con salvedades. Recuerde que Cipriano se encontraba en el centro de esta controversia, y argumentaba que el cisma o la división de la iglesia siempre sería perjudicial y que los cristianos caídos podían y debían ser perdonados y readmitidos en ella.[4]

Los donatistas fueron una de esas sectas que rompieron con la Iglesia Católica Ortodoxa, alegando que era ilegítima y que todo lo que su clero hacía era corrupto y sin valor. Durante el tiempo de Agustín los donatistas superaban en número a los cristianos ortodoxos en el norte de África y eran una profunda amenaza para la Iglesia Católica, la cual los rechazó. Al igual que Cipriano, Agustín condenó a los donatistas por el pecado de destruir la unidad de la iglesia. Además, en su respuesta a este movimiento, Agustín expuso una comprensión de la naturaleza de la Iglesia y la práctica de los sacramentos que aún forma parte de la teología católica.

Agustín fue el primero en reconocer que la Iglesia católica "visible" estaba integrada por algunos que no eran verdaderos cristianos, a pesar de que profesaban ser cristianos verdaderos. Usó las parábolas de Jesús en Mateo 13 para mostrar que en la Iglesia visible hay santos y pecadores (por ejemplo, la parábola del trigo [los santos] y la cizaña [los pecadores]). También desarrolló la doctrina de la Iglesia "invisible', compuesta solo de aquellos que (solo) Dios sabe que son verdaderos creyentes. Todos los verdaderos creyentes forman parte de la Iglesia católica visible (Agustín aceptó la doctrina de Cipriano de que no hay salvación fuera de la iglesia), pero no todos los miembros de la Iglesia católica son verdaderos creyentes.

La controversia donatista también llevó a Agustín a tratar el tema las funciones de la Iglesia y sus sacerdotes, específicamente los sacramentos como el bautismo y la Cena del Señor o Eucaristía. Los donatistas creían que los sacerdotes indignos no podían realizar los sacramentos y, si lo hacían, los sacramentos no eran válidos. Agustín por el contrario sostuvo que la validez de los sacramentos no se encuentra en el ser humano que los administra, sino en la gracia de Cristo que fluye a través de ellos. De hecho, es el mismo Cristo quien administra el sacramento a través del sacerdote.[5] Esta idea se expresa en la frase latina *ex opere operato*, "del trabajo que se realiza". Solo los sacerdotes pueden administrar los sacramentos, e idealmente los sacerdotes son merecedores de ese privilegio, pero incluso si no lo son, los sacramento, por su observancia, logran lo que Dios quiso que lograran. Esta se convirtió en la comprensión de la Iglesia Católica Romana, así como de la mayor parte de los Reformadores mucho después.

La segunda y tal vez la más importante controversia que enfrentó Agustín fue motivada por Pelagio. Este monje británico llegó a la ciudad de Roma y se sorprendió por la inmoralidad rampante, mucha de ella justificada teológicamente: "Yo nací, pecador y por lo tanto no puedo hacer nada al respecto". Más molesto se puso cuando leyó las *Confesiones* de Agustín, específicamente sus famosas declaraciones dirigidas a Dios: "Concede [la gracia de hacer] lo que mandas y luego manda lo que quieras" (*Confesiones*, 10.29). Para Pelagio, esto parecía hacer de Dios un gran titiritero de las personas, quitándole al hombre la responsabilidad por el pecado.[6]

En contraste, Pelagio argumentó que Dios no nos habría dicho: "Manténganse santos, porque yo soy santo" (Lv. 11:44-45; 1 P. 1:15-16) si no fuera posible para nosotros obedecer esa orden. De hecho, es posible, dijo Pelagio, porque todos los descendientes de Adán nacen exactamente de la misma manera que Adán fue creado: sin pecado y capaces de ser obedientes a Dios. Pelagio creía fervientemente en el libre albedrío de todos los seres humanos. Por otra parte, el pecado de Adán no afectó a más nadie, aparte de representar un mal ejemplo. Pelagio llegó incluso a afirmar que era posible vivir una vida sin pecado sin la ayuda de Dios. Esto era muy difícil de lograr debido a la corrupción del mundo y de los muchos malos ejemplos en todo nosotros, pero era hipotéticamente posible. Para cualquier persona, el pecado no era algo inevitable. Pelagio enseñó entonces que somos pecadores porque pecamos por el ejercicio de nuestra propia voluntad y no por nada que Adán haya hecho. Si pecamos, el bautismo lavará esa falta, y entonces podemos vivir sin pecado a partir de ese momento. Parece que Pelagio no descartó la necesidad de la gracia de Dios, pero en su mente esta solo aparecía en la creación de seres humanos con libre albedrío, y luego dándoles leyes que orientaran la voluntad para tomar buenas decisiones. La gracia de Dios no es un tipo de capacitación interna espiritual o moral para la voluntad.

Agustín estaba convencido de cosas muy distintas, y por lo tanto se opuso vigorosamente a las enseñanzas de Pelagio, mientras refinaba aún más sus propios puntos de vista en una serie de tratados, como: *La naturaleza y la gracia, La gracia y el libre albedrío*, y *La gracia de Jesucristo y el pecado original*. Los puntos de vista de Agustín sobre estos temas se pueden reducir en dos ideas básicas: en primer lugar, los seres humanos son pecadores culpables desde que nacen, y son totalmente incapaces de hacer algo al respecto; y en segundo lugar, Dios es totalmente soberano y solo su gracia hace que la salvación de los pecadores sea posible.

Principalmente por las epístolas de Pablo, pero también reflejando su propia lucha personal con el pecado, Agustín creía que debido al pecado de Adán, todos los hombres son pecadores y culpables de pecado desde el momento en que nacen (Ro. 5:12-19). A esto se le conoce como la doctrina del pecado original. Agustín creía que *pecamos porque somos pecadores* por naturaleza, lo que proviene de Adán (Ef. 2:03). Esto significa que el pecado es inevitable para todos, porque todos los hombres nacen con la predisposición a pecar. Agustín no niega el libre albedrío, sino más bien el libre albedrío absoluto. Todas las personas nacen totalmente libres de hacer lo que *quieren* (complacerse a sí mismos, pecar), pero no lo que *deben* (agradar a Dios, obedecer). La famosa frase latina es *no posse no peccare*: no es posible no pecar. Este es el polo opuesto de la posición de Pelagio: *posse no peccare*: es posible no pecar.

La doctrina agustiniana del pecado original lleva necesariamente a la absoluta necesidad de la gracia de Dios para la salvación. En contraste con la posición de Pelagio sobre la gracia divina, Agustín entendía que se refería a la obra interna de Dios a través de su Espíritu Santo para encender primero nuestra voluntad de manera que *queramos* hacer lo que es bueno, y luego capacitarnos para que seamos *capaces* de hacer lo que queremos hacer, que es el bien. Lo único que tenemos es un regalo de la gracia de Dios (1 Co. 4:7), incluyendo la fe salvadora, la cual es dada, no a todos, sino solo a los elegidos por Dios para la salvación. El Espíritu Santo persuade, no coercitivamente, sino más bien convenciendo al pecador elegido a creer en el evangelio de manera gozosa y voluntaria. Pero la gracia de Dios no termina allí; continúa ayudando a los cristianos a crecer en la fe y la obediencia. Los cristianos siguen siendo incapaces por sí solos de vivir como cristianos. La gracia de Dios es necesaria de principio a fin, desde la conversión hasta la glorificación. Uno de los versículos favoritos de Agustín era Juan 15:5, donde Jesús dice: "Separados de mí no pueden ustedes hacer nada". Por lo tanto, la salvación *no* es un esfuerzo cooperativo entre Dios y el cristiano—sinergismo—sino más bien la obra absoluta de Dios—monergismo. Esta fue una idea nueva que Agustín introdujo en el flujo del pensamiento cristiano, y que continuó en la teología de la Reforma, como veremos más adelante.

Aunque la visión más bien optimista de Pelagio sobre los seres humanos fue condenada como herética por el Concilio de Éfeso en el año 431, la visión más pesimista de Agustín no fue aceptada por todos. La mayoría de los teólogos tomaron una posición intermedia. Y la historia continúa.

Conclusión

No todos están de acuerdo con la teología de Agustín, pero todos coinciden en que fue uno de los más grandes e influyentes teólogos de la historia. Su pensamiento no puede ser subestimado ni pasado por alto. Este no solo influyó enormemente en la teología, sino también en la teoría política y sicológica. "No resulta exagerado decir que toda la historia de la Iglesia occidental durante los últimos mil quinientos años, es la historia de la influencia de Agustín".[7]

15

GREGORIO MAGNO

Otro doctor de la Iglesia

Contexto

Después de la muerte de Agustín y de la caída del Imperio Romano, el pensamiento cristiano se estancó un poco durante lo que se conoce como el Oscurantismo. La mayoría de la interacción teológica surgió para evaluar la teología de Agustín, tanto a favor como en contra. La visión de Pelagio, el monergismo *humano*,[1] no fue más una opción después de su condena en el año 431. Pero tampoco lo era la visión de Agustín, el monergismo *divino*. Muchos trataron de encontrar una posición intermedia en el sinergismo: cierto grado de cooperación entre el ser humano y Dios en la obra de la salvación.

A pesar de que Juan Casiano (360-432) es más conocido por su promoción del monacato cristiano en occidente, también encarna una visión que ha llegado a ser conocida como semipelagianismo. Esta afirma que la salvación es por la gracia de Dios, pero que esa gracia divina solo es extendida cuando el ser humano toma la iniciativa de buscarla al pedir la ayuda de Dios. Casiano, por ejemplo, escribió: "Y cuando [Dios] ve en nosotros *el inicio de una buena voluntad*, la ilumina y la fortalece, y la insta a la salvación, aumentando lo que Él mismo implantó o que ve que han surgido *a partir de nuestro propio esfuerzo*" (*Conferencia* 13.8, itálicas añadidas). Él aclara que la gracia de Dios es necesaria para la salvación y que el esfuerzo humano o el libre albedrío por sí solo es insuficiente. Sin embargo, incluso la más mínima pretensión de esfuerzo humano *antes* de la gracia divina golpeaba a los partidarios de Agustín como pelagianismo.

Esto llegó a su punto culminante en el año 529 en el Sínodo de Orange (en la actual Francia), que condenó el semipelagianismo y revalidó la absoluta necesidad de la gracia de Dios en la salvación. En cierta medida esta fue básicamente una revalidación de la comprensión de Agustín: la gracia de Dios es anterior, y es la causa de la salvación y la justificación humanas. Sin embargo, el sínodo no ratificó el monergismo de Agustín, prefiriendo en su lugar una forma más leve de sinergismo, un intermedio entre los agustinos y los semipelagianos como Casiano: Los pecadores son tan afectados por el pecado, que no pueden tomar ninguna iniciativa de buscar la ayuda de Dios. Así que Dios debe tomar la iniciativa (en contraste con el semipelagianismo) y extender la gracia. Una vez que se recibe la gracia, entonces el hombre puede cooperar con ella el resto del camino (en contraste con el agustinismo). Esta perspectiva es a veces denominada semiagustinismo y está representada por uno de los papas más importantes del catolicismo romano.[2]

Gregorio nació en una familia rica pero devota en Roma en el año 540. Al igual que su padre, se convirtió en administrador de la ciudad, pero pronto decidió dedicarse a la vida monástica. El monacato le atraía más, pero debido a su experiencia administrativa, el obispo de Roma, el papa,[3] lo envió como su representante a Constantinopla, donde vivió durante cinco años. Cuando regresó a Italia, habría preferido reanudar la vida de estudio y ascetismo, pero cuando el Papa murió en el año 590, Gregorio fue escogido unánimemente para sucederlo. Después de la caída del imperio, hubo un vacío de poder en Italia, y Gregorio aceptó esa posición a regañadientes. Fue papa en Roma durante solo catorce años, y murió en el 604. Históricamente se le conoce como

Gregorio Magno, y es el último de los cuatro grandes "doctores" de la Iglesia[4] Católica Romana.

Contribución

Gregorio fue un prolífico escritor de cartas (aún existen alrededor de ochocientas cincuenta de ellas), en las que expresó sus puntos de vista sobre una amplia gama de asuntos eclesiásticos, morales y teológicos. También escribió una serie de homilías; y su serie sobre Ezequiel y los Evangelios han sobrevivido. Su trabajo más extenso es el *Manual de moral*, que es un comentario sobre el libro de Job examinado, como era típico en aquella época, en términos del significado histórico y literal, el significado alegórico y típico, y el significado moral y ético. El *Libro de los diálogos* narra la vida de los "santos" que vivían en ese momento, o que habían recientemente fallecido, para ilustrar la posibilidad de una vida santa, incluso en los días difíciles. Su libro más influyente fue la *Regula pastoralis*, un conjunto de directrices para los obispos, escrito durante su primer año como Papa.

Gregorio es mejor conocido por importantes contribuciones eclesiásticas. No es de sorprender que, a causa de su propia formación y sus preferencias personales, Gregorio haya sido un gran impulsor de la vida monástica, especialmente de la forma establecida por Benito de Nursia (cuya historia en contada en el libro 2 de *El libro de los diálogos*) y su famosa Regla de San Benito. También fue responsable de iniciar un gran esfuerzo misionero dirigido a los paganos en el antiguo Imperio Romano. Finalmente, Gregorio promovió diversas prácticas religiosas, tales como la observación de una gran variedad de Días festivos, la veneración de los santos y las reliquias, y los actos de penitencia. Estos se convertirían en un lugar común en el catolicismo romano, y formarían parte del motivo por el cual surgió la reforma protestante cerca de mil años después.

La principal contribución teológica de Gregorio estuvo en el debate que se desarrolló sobre la teología agustiniana. Por extraño que parezca, Gregorio afirmó apoyar la teología de Agustín, pero lo hizo de una manera muy sinérgica. Cuando Gregorio consideraba las cosas desde la perspectiva de Dios, se mostraba muy agustiniano: Dios es soberano y su gracia es crucial y decisiva. Cuando consideraba las cosas desde un punto de vista humano, sonaba un poco pelagiano, en el sentido de que instaba a los cristianos a tomar seriamente el llevar una vida moral. Esta fue la razón por la que Gregorio aprobó de buena gana prácticas como la oración, la penitencia, asistir a misa, participar en los sacramentos, dar a los pobres, e incluso el ascetismo. Para él estas eran maneras de cooperar con la gracia divina. De hecho, *aparte de estas obras humanas no había certeza de la salvación sino a través de dichas obras humanas. Uno podía tener certeza de la elección que había hecho.* Debido a este énfasis en lo que hacen los seres humanos (que Gregorio siempre puso por encima de la gracia divina), se expuso a sí mismo al calificativo de legalista. Esta posición ambivalente en relación con los aspectos divinos y humanos de la salvación caracterizaron básicamente la soteriología de la Iglesia Católica en la Edad Media. Fue un monje agustino en la tradición teológica de Gregorio el que reaccionó fuertemente en contra de este énfasis, y puso en marcha la Reforma. Su nombre fue Martín Lutero.[5]

Conclusión

Gregorio representa una buena parte de lo que se convirtió en el pensamiento general y en la práctica de la Iglesia Católica Romana durante un gran período de la Edad Media. Teológicamente representa un punto intermedio entre la línea dura agustiniana y el pelagianismo herético. La salvación se logra a través de un esfuerzo cooperativo entre Dios y el ser humano, sin duda con prioridad en la gracia de Dios, pero aún haciendo mucho énfasis en las obras humanas. En la práctica popular, por desgracia, el aspecto de la gracia se vio ensombrecido por el aspecto humano.

Gregorio debe ser reconocido por su énfasis en la importancia de la humildad. Especialmente en el estudio de las Escrituras. Según el Papa Benedicto XVI, Gregorio creía que "La humildad intelectual es la regla primaria para aquel que busca [...] en el libro sagrado". Se requiere de estudio concienzudo, "pero para asegurar que los resultados son espiritualmente beneficiosos [...] la humildad sigue siendo indispensable".[6] La humildad también era necesaria en los obispos y el clero. La última sección de la *Regula pastoralis* tiene que ver con la humildad. Nos dice: "Es necesario que, cuando la abundancia de virtudes nos adulen, el ojo del alma regrese a sus propias debilidades y se humille profundamente para que mire, no las cosas correctas que ha hecho, sino aquello que ha dejado de hacer; de manera que, mientras el corazón está herido por el recuerdo de la fragilidad, pueda ser fuertemente confirmado en virtud delante del autor de la humildad" (Parte 4).

Fue este tipo de humildad la que caracterizó a Gregorio. Él rechazó explícitamente el título de "papa universal", afirmando que una etiqueta de este tipo solo sería inflar su ego. Por el contrario, insistió en ser llamado "siervo de los siervos de Dios", un título que transmitiría a sus sucesores. Esto me hace preguntarme si él mismo habría querido el título de "Magno" junto a su nombre.

JUAN DAMASCENO

El *último* padre griego

Contexto

El Imperio Romano de Occidente se desmoronaba en el siglo V debido a las invasiones bárbaras, pero el Imperio de Oriente no se vio afectado y sobrevivió, llegando a ser conocido como el Imperio Bizantino.[1] Esto contribuyó a la divergencia cada vez mayor entre la iglesia occidental y la iglesia oriental. Estas siempre habían estado divididas por el idioma (latín en occidente y griego en el oriente), y ahora también estaban divididas políticamente. Después del Concilio de Calcedonia en el año 451, la propia iglesia oriental se dividió entre los que creían en las dos naturalezas de Cristo (la cristología calcedoniana) y los que creían en una sola naturaleza de Cristo (el monofisismo). A fin de lograr la unidad de la iglesia oriental, el emperador Justiniano convocó a un quinto concilio ecuménico en la ciudad de Constantinopla en el año 553. Dos de los resultados de este concilio fueron los siguientes: la condenación de Orígenes y sus enseñanzas,[2] y la revalidación del credo de Calcedonia en una forma que pudiera apaciguar a los monofisitas (lo que no logró).

Otro intento de aplacar a los monofisitas fue sugerir que Jesús no tenía una naturaleza, sino una *voluntad*—la capacidad de toma de decisiones de una persona—y que esa voluntad era divina. A esta visión de las cosas se le denominó *monotelismo*. Una figura importante en lo que llegó a ser conocida como ortodoxia oriental o teología bizantina fue Máximo el Confesor. Este se opuso enérgicamente al monotelismo, afirmando que negar que Jesús tenía una voluntad *humana*, así como una voluntad divina, no difería de negar la naturaleza humana de Jesús en su totalidad. Sin una voluntad humana no podía haber una naturaleza humana. Esto también equivaldría a una negación de la encarnación y a invalidar la salvación a través de Jesucristo. A Máximo se le dio el título de "Confesor" porque fue torturado hasta la muerte como consecuencia de su oposición al monotelismo. Todo esto resultó en el sexto concilio ecuménico, nuevamente en Constantinopla (680-681), en el que se condenó al monotelismo y se afirmó que Cristo tenía una voluntad humana y una voluntad divina, cada una como una característica necesaria de sus respectivas naturalezas.

Esto nos lleva al tema central de este capítulo, el teólogo que es considerado por la Iglesia Ortodoxa como el último de los grandes Padres de la Iglesia griega, y la culminación de la teología bizantina.

Juan Mansour nació en Damasco, Siria, en la segunda mitad del siglo VII, y murió a mediados del siglo IIX. Aparte de que se hizo un monje, no sabemos mucho más sobre su vida.

Contribución

Las obras teológicas escritas por Juan no son originales, sino más bien una compilación y un resumen de las enseñanzas de los padres y de los teólogos de la Iglesia hasta ese entonces. Su libro más famoso es *Fuente del conocimiento*, que consta de tres partes, siendo la más importante la tercera: "Una exposición exacta de la fe ortodoxa", la cual se centra en el trinitarismo y la cristología (incluyendo las dos voluntades de Cristo).

Juan de Damasco desempeñó un papel significativo en un aspecto importante de la ortodoxia cristiana: los íconos. Esta es una palabra griega (*eikon*) que significa "imagen". Los iconos son pinturas de Cristo y de los santos que se utilizaron como un medio para atraer al creyente a la adoración y que a veces eran descritas como ventanas al reino espiritual. Cristo, por supuesto, es el foco de la adoración, pero los santos eran considerados intercesores: los que transmiten peticiones a Dios. Los iconos no eran ídolos. Estos nunca debían ser adorados, sino más bien eran una ayuda para la adoración. Desafortunadamente, esto no siempre fue entendido por los cristianos orientales comunes.

En el siglo VIII, las iglesias bizantinas estaban llenas de iconos, al punto de que el emperador León III estaba preocupado de que su uso estaba siendo excesivo, por lo que ordenó su destrucción. Esto dio lugar al siguiente gran enfrentamiento bizantino: La controversia iconoclasia, entre aquellos que promovían el uso de iconos (iconódulos, o veneradores de íconos) y los que se oponen a ellos (los iconoclastas, o destructores de iconos). Estos últimos argumentaban que los iconos eran una forma de idolatría y por lo tanto debían ser prohibidos.[3]

En esta refriega intervino Juan de Damasco, que proporcionó justificación teológica para el uso de iconos en sus *Discursos contra los iconoclastas*. Contra el argumento de que los iconos violaban el segundo mandamiento que prohíbe los ídolos (Éx. 20:4-5), Juan escribió: "En los viejos días [del Antiguo Testamento], el Dios incorpóreo y sin forma nunca fue representado. Ahora, sin embargo [después de la encarnación], cuando Dios se ve revestido de carne y conversa con la humanidad, hago una imagen del Dios que veo. Yo no adoro la materia; yo adoro al Dios de la materia, que se convirtió en materia por mí y fue preparado para habitar la materia, que trabajó en mi salvación a través de la materia. No voy a dejar de honrar esa materia que obra mi salvación. La venero, aunque no como Dios".[4]

Fíjese en algunos detalles cruciales de esta cita. En primer lugar, la palabra veneración es importante, ya que proporciona una distinción de la adoración. Los íconos son venerados (honrados, respetados), pero solo Dios es adorado. En segundo lugar, la salvación está en juego, así como estaba en las controversias cristológicas y trinitarias anteriores. La salvación solo podía darse a través de una encarnación genuina, la deidad eterna tomando plena naturaleza humana. Los íconos eran legítimos porque Dios ciertamente se convirtió en materia cuando Cristo se hizo humano. Así que de la misma manera en que pintamos cuadros de los seres humanos para representarlos, podemos pintar cuadros de Jesucristo para *representarlo*. Por otro lado, negar los íconos es negar la encarnación. Los iconoclastas eran realmente culpables de docetismo.[5] Una vez más, no se trataba de una competencia teológica esotérica caprichosa. Asuntos importantes estaban en juego.

La controversia iconoclasta llevó al séptimo concilio ecuménico en Nicea en el año 787, que exoneró al uso de íconos y condenó a los iconoclastas. La definición del Concilio de Nicea (787), en parte, dice: "Cuanto más ven los hombres [a los iconos de Cristo, María, los ángeles, y los santos] en representaciones artísticas, con más facilidad se despertará en ellos el recuerdo de los originales y los anhelará. Las imágenes deben recibir la reverencia y el respeto debidos, pero no la verdadera adoración de fe que se debe solo a la naturaleza divina [...]. El honor dado a una imagen se remonta al modelo original. El que venera una imagen venera en ella a la persona que en ella está representada".[6]

Conclusión

Juan de Damasco es una figura útil para resumir el cristianismo ortodoxo oriental. Como mencioné anteriormente, él es considerado la culminación de la teología ortodoxa o bizantina oriental. Fue también la mayor influencia teológica en el restablecimiento del uso de íconos, algo que sigue siendo un aspecto fundamental de la adoración ortodoxa. El séptimo concilio ecuménico, que confirmó esto, fue el último consejo de la iglesia en ser reconocido por la Iglesia Ortodoxa. De hecho, a esta se le conoce como la "La iglesia de los siete concilios".[7] Las declaraciones de estos consejos son una faceta esencial de la tradición teológica ortodoxa, y se considera que tienen igual o mayor autoridad que la Biblia. "La Iglesia Oriental se hizo intensamente tradicional. Después de la era de los padres [que finalizó con Juan de Damasco], la principal preocupación fue la preservación de la tradición ortodoxa, sin la menor variación. Esto se aplicaba tanto al dogma o creencia, como a la liturgia o la adoración".[8] Esto no quiere decir que no hubo más teólogos ortodoxos. Más bien, teólogos ortodoxos como Gregorio Palamás (fallecido en 1359) simplemente replantearon o clarificaron la teología ortodoxa tradicional en y para sus propias épocas.

17

ANSELMO DE CANTERBURY

El primer escolástico

Contexto

El antiguo Imperio Romano era cosa del pasado, y la Iglesia Católica Romana entró en ese vacío de poder, trayendo cierta unidad a lo que quedaba del imperio de occidente. Al igual que Gregorio Magno, los diversos papas se convirtieron en los líderes civiles, políticos, militares, y por supuesto religiosos de occidente. Incluso los reyes que con el tiempo surgieron fueron nombrados y coronado por el Papa, como el rey Carlos de Francia, que fue coronado por el Papa León III en el año 800. Este llegó a ser conocido como Carlos el Grande o Carlomagno, y con su coronación se dio inicio a lo que conocemos como el Sacro Imperio Romano. El término *Sacro* es significativo debido a la estrecha relación entre la iglesia y el estado que caracterizó a la Edad Media en Europa.

Los centros de educación durante el denominado Oscurantismo fueron los monasterios. Alrededor del año 1000 (más o menos el final de la Edad Media), Europa había sido "cristianizada" y estabilizada políticamente. Esto sentó las bases para un renacimiento del estudio teológico, pero bajo la influencia (una vez más) de la filosofía, o más específicamente, de la razón o la lógica. Como resultado, la teología medieval se centró en la relación entre la fe y la razón. ¿Cómo puede ser mostrado el cristianismo para que "tenga sentido"? *Escolasticismo*[1] es el término que se aplica a este enfoque filosófico de la teología en este período (hasta el siglo XV).

Si hubo alguien que llevó a la Edad Media a su culminación e impulsó la teología escolástica, ese fue Anselmo. Anselmo nació en Italia en el año 1033. Desde muy temprana edad quiso ser un monje, y finalmente lo logró en un monasterio en Bec, Normandía (actualmente Francia), que era un conocido centro de aprendizaje. Anselmo se dedicó al estudio de la Biblia y de los padres de la Iglesia y se hizo conocido por sus capacidades intelectuales, así como por su madurez espiritual y estilo de vida ascético. En 1078 se convirtió en el director (el abad) del monasterio. Debido a su considerable reputación, en 1093 Anselmo fue nombrado arzobispo de Canterbury, Inglaterra, pero solo después de haber sido llevado literalmente cargado a la iglesia, donde se vio obligado a aceptar el nombramiento. Al parecer, cuando se le dio el báculo pastoral como símbolo de su posición, se negó a tomarlo y finalmente otros tuvieron que presionarle los dedos para que lo hiciera. Gran parte de su tiempo en esa posición lo pasó en el exilio debido a sus enfrentamientos con varios reyes en Inglaterra por asuntos de autoridad política y eclesiástica. Se le permitió regresar a Canterbury en 1106, y murió allí tres años después.

Contribución

Los libros más famosos de Anselmo son *Monologio* (*Monólogo*), *Proslogio* (*Discurso*), y *Cur Deus Homo* (¿*Por qué Dios se hizo hombre?*). Estos son considerados los primeros libros de "teología natural", o el estudio filosófico de Dios. Anselmo estaba tratando de defender y explicar las creencias cristianas apelando únicamente a la razón, aparte de las Escrituras. Su intención no era ignorar o eliminar las Escrituras del método teológico. Más bien, estaba tratando de fortalecer la fe cristiana que se deriva de las Escrituras, agregándole la evidencia de la razón. De hecho, el título original de *Proslogio* fue *Fe que busca comprensión*. Escribió: "Yo no busco comprender para creer, pero creo a fin de poder entender. Por ello también creo que, a menos que crea, no entenderé" (1). A pesar de que suena contradictorio, esta fue siempre la disputa de los teólogos cristianos (como claramente también lo fue para Agustín). Normalmente pensaríamos que primero debemos entender algo, y luego decidimos si ese algo merece ser creído o no. Pero las cosas de Dios deben ser primero aceptadas por la fe, y solo entonces pueden entenderse más plenamente a través del uso de la razón humana. En el pensamiento de Anselmo, la razón o la lógica es el vínculo dado por Dios entre nuestros pensamientos y sus pensamientos.

En el *Proslogio*, Anselmo expresó su famoso argumento ontológico[2] a favor de la existencia de Dios. Él estaba intrigado por las palabras del salmista en el Salmo 14:1: "Dice el necio en su corazón: 'No hay Dios'". ¿Por qué era el ateísmo inherentemente necio? Supuestamente, la respuesta le llegó en medio de la noche (y desde entonces probablemente ha mantenido a muchos despiertos en medio de la noche). Su argumento es más o menos así: Incluso los ateos tienen que imaginar a un ser llamado Dios a fin de negar la existencia de Dios. Anselmo creía que cualquier ateo estaría de acuerdo en que "Dios" podía ser definido como "un ser sobre el cual nada mayor puede ser concebido"; es decir, es más grande de todos los seres que se puedan imaginar. De hecho, todo ser que existe en la realidad es mayor que todo ser que solo existe en la imaginación. Así que si la existencia es mayor que la no existencia, entonces un Dios que existe es mayor que un Dios imaginario. Y si Dios es el *más grande* de todos los seres imaginables, entonces Dios debe realmente existir. Según Anselmo, este argumento muestra que los ateos son necios, porque el ateísmo es irracional. Muchos han tratado de refutar el argumento, pero aun hoy en día es utilizado.

El *Cur Deus Homo* de Anselmo está escrito en forma de un diálogo entre él y un monje llamado Boso. Como su título indica, Anselmo está tratando de responder a la pregunta: ¿Por qué Dios se hizo hombre? Su respuesta, de nuevo basada en la razón, busca principalmente resolver el problema del pecado. Su punto de vista ha llegado a ser conocido como la visión de la "satisfacción" de la expiación de Cristo.

En primer lugar debemos entender cómo el contexto cultural de Anselmo—el feudalismo medieval—, influyó en este punto de vista. Después del colapso del poder centralizado del Imperio Romano, se levantaron estados naciones. En esta estructura, el rey de la nación poseía todas las tierras que gobernaba. Nombraba señores para supervisar esas tierras, que a su vez nombraban a otros para manejar sus tierras, y así sucesivamente hasta llegar a los siervos, que era quienes trabajaban la tierra. Esta jerarquía estaba basada en la lealtad jurada a un señor, y la desobediencia a ese señor era considerada como robarle su honor. En caso de tal deshonor, el señor exigía "satisfacción", es decir, la reparación del daño hecho, más algo adicional por la desgracia personal. Si esta "reparación adicional" no podía ser cumplida, entonces había castigo.

De la misma manera, Dios es el Rey, nuestro pecado lo deshonra, y Él exige satisfacción. Sin embargo, los seres humanos pecadores son incapaces de proporcionarla debido a que el honor de Dios es infinito, y solo algo "extraordinariamente infinito" sería suficiente para proporcionar satisfacción. Obviamente, únicamente Dios podría proporcionar algo así. Los seres humanos deben proporcionar la satisfacción, porque fueron ellos los que pecaron. Pero solo Dios puede proporcionarla porque solo él es infinito. ¿Conclusión? El Dios-hombre es necesario para proporcionarle satisfacción de Dios con respecto al pecado humano. Jesucristo, siendo Dios, puede ofrecer su vida que es de valor infinito y, siendo humano, puede pagar el precio por los seres humanos.

Recuerde que en el sistema feudal, solo si la satisfacción—la reparación adicional—, *no* se llevaba a cabo, era que el castigo se realizaba. En la muerte de Jesús *se llevó a cabo* la satisfacción, y por eso en la teoría de Anselmo Jesús no fue castigado por nuestros pecados. Más bien, Él proveyó esa "satisfacción adicional".

Hay varias cosas que son correctas en esta percepción: en primer lugar, nuestro pecado deshonra a Dios. En segundo lugar, esta visión de la expiación de Cristo prácticamente sustituyó a la opinión predominante en ese momento; a saber, que la muerte Cristo fue un rescate pagado a Satanás. Anselmo no podía soportar esta idea (con razón) porque implicaba que el poder de Satanás era igual, si no mayor que el de Dios. ¿Cómo podía ser esto posible si Dios es el ser más grande imaginable? En tercer lugar, Anselmo buscaba hacer que la teología fuera comprensible para la gente de su época, cuya existencia era el feudalismo.

También hay varias cosas equivocadas aquí: Primero, la Biblia no dice que Jesús murió en nuestro lugar como castigo por nuestros pecados (ver 2 Co. 5:21; Gl. 3:13; 1 P. 3:18). Anselmo parece considerar al pecado más como una deuda que debe ser pagada que como una transgresión que debe ser castigada. El honor de Dios está en juego, pero también lo está su justicia o la justificación (Ro. 3:25-26). En segundo lugar, cuando el feudalismo terminó, esta forma de explicar la muerte de Cristo comenzó a tener menos sentido para los cristianos. Se hizo anticuada.

Conclusión

Anselmo es considerado uno de los teólogos más grandes de la Edad Media. Él tiene gran parte del mérito de haber puesto en marcha el pensamiento cristiano creativo después del Oscurantismo. Además, su punto de vista de la expiación fue el que llegó a ser adoptado por la mayor parte de la teología medieval. Los reformadores se fundamentarían en este para enfatizar que la muerte de Cristo fue también un pago sustitutivo por nuestros pecados. Como mencioné, su argumento ontológico para la existencia de Dios sigue siendo objeto de mucho pensamiento y debate. Como broche de oro, "Anselmo parece haber sido una de las personas más agradables de la Edad Media".[3] Ojalá de todos los teólogos pudiera decirse lo mismo.

18

PEDRO ABELARDO

El orgulloso provocador

Contexto

Se sabe mucho sobre la vida de este pensador del siglo XII, ya que, al igual que Agustín, escribió una autobiografía (algo raro en aquellos días) llamada *Historia de mis calamidades*. Pedro Abelardo nació en 1079 en Bretaña, Francia y estudió teología con una variedad de profesores de bien conocidos. Abelardo era todo un inconformista y tenía la tendencia a estar en desacuerdo con sus profesores, humillarlos en el debate, iniciar conferencias rivales, y alejar a muchos de sus alumnos de ellos y atraerlos a sí mismo. Con el tiempo empezó a enseñar en París, y su reputación como un espíritu libre teológico continuó atrayendo a muchos estudiantes.

Mientras que los monasterios eran los centros de enseñanza en la Edad Media, las grandes catedrales que se estaban construyendo a lo largo y ancho de Europa después de ese período también incluyeron escuelas, las cuales fueron finalmente abiertas a los laicos, así como a los aspirantes a clérigos. Con el tiempo, grandes maestros en estas escuelas catedralicias atraerían a estudiantes de todos los lugares. Esto dio origen a lo que hoy llamamos "universidades". Pedro Abelardo fue uno de esos maestros de escuela "magnéticos", y la Universidad de París fue establecida en gran parte debido a su notoriedad.

Abelardo se enamoró de Eloísa, una adolescente que era su alumna. Como lo describió en su autobiografía (entre otras descripciones más tórridas que no sería apropiado detallar aquí): "El amor atrajo nuestros ojos el uno hacia otro mucho más que la lección los atraía a las páginas de nuestro texto". Su descuido de una lección resultó en el nacimiento de un bebé. En secreto se casó con Eloísa para hacer que el bebé fuera legítimo, pero su tío y protector les pagó unos matones para que atacaran a Abelardo y lo dejaran, por decirlo de alguna manera, incapacitado para engendrar otro bebé. Eloísa terminó en un convento, y Abelardo en un monasterio. A pesar de que se enviaban correspondencia nunca volvieron a reunirse, excepto en una fosa común en París. Su correspondencia hizo que su aventura amorosa se popularizara en ese tiempo y desde entonces.

Abelardo fue finalmente condenado en el Concilio de Sens en 1140, debido en gran parte a Bernardo de Claraval, quien con vehemencia se mostró en desacuerdo con la teología de Abelardo y escribió un libro titulado *Los errores de Pedro Abelardo*. Abelardo murió varios años después. El título de su autobiografía no pudo haber sido más apropiado.

Contribución

La obra más extensa escrita por Abelardo es *Sic et Non* (*Sí y no*), en la que registra aparentes textos contradictorios de las Escrituras y de los padres de la iglesia, y luego trata de armonizarlos o explicarlos. A pesar de que Abelardo era un provocador en muchos aspectos, con esto no estaba tratando de desacreditar las fuentes autorizadas, sino más bien mostrando problemas que necesitaban ser abordados. Luego intentó resolver los problemas de una manera típicamente escolar: a través de la razón. Pero así como Anselmo asumió la teología cristiana partiendo de la fe: "Creo a fin de poder entender" (*Proslogio*, 1), Abelardo los hizo desde la dirección contraria: "La duda nos lleva a preguntar, y preguntando alcanzamos la verdad" (*Sic et Non*, prefacio).

Digamos que ni el método ni el motivo de Abelardo en este libro le ganaron el favor de las autoridades religiosas establecidas.

A pesar de que Abelardo se consideraba un filósofo más que un teólogo, su contribución más duradera fue en el área de la teología, y también en algo de lo que habló relativamente poco: el motivo por cual Jesús murió. Sus ideas fueron expresadas principalmente en su *Exposición de Romanos* y se las conoce como teoría de la influencia mora de la expiación.

Abelardo creía que el pecado no era el acto en sí, sino más bien el motivo que llevaba al acto. Un pecado es solo aquel se hace en contra de la propia conciencia. Rechazó la noción del pecado original. Somos pecadores *porque pecamos*, no por lo que hizo Adán. El problema del pecado, por lo tanto, necesita ser resuelto dentro del pecador.

Abelardo rechazó tanto la visión de la expiación del rescate de Satanás, así como la visión de la satisfacción de Anselmo. Razonó que si la salvación es un don *gratuito* de Dios, ¿cómo podría requerírsenos cualquier tipo de pago a Dios para conseguirla? Por otra parte, el honor o la justicia de Dios no era el problema, sino el amor de Dios. Dios ama a los pecadores y quiere perdonarlos si tan solo se arrepienten. Él envió a su Hijo a demostrar su amor por los seres humanos a través de su muerte.[1] Cuando los pecadores entran en contacto con este gran amor, este es inculcado en ellos, lo que resulta en el arrepentimiento y el perdón de Dios. Este amor también rompe el poder del pecado y produce obediencia. Como él mismo dijo: "En nuestra redención a través del sufrimiento de Cristo ese amor supremo en nosotros no solo nos libera de la esclavitud del pecado, sino también nos confiere la verdadera libertad de los hijos de Dios" (*Comentario sobre Romanos*).

Hay algo muy innovador en este punto. Hasta Abelardo, la expiación era vista como *objetiva* en el sentido de que su efecto primario estaba *fuera* del pecador. En la teoría del rescate de Satanás hubo una transacción entre Dios y Satanás que resultó en nuestra salvación. En la teoría de la satisfacción de Anselmo, la transacción era entre el Hijo y el Padre, lo que resultó en su satisfacción y en nuestra salvación. Pero en la teoría de Abelardo, la expiación se entiende por primera vez como *subjetiva*; es decir, esta produce un cambio *en* el pecador—amor y obediencia—lo que resulta en la salvación.

Los puntos de vista de Abelardo fueron rechazados en su día por una variedad de razones: En primer lugar, el carácter de Dios es mal representado. ¿Es Dios amor? Absolutamente (1 Jn. 4:8). ¿Ama Dios a los pecadores? Absolutamente (1 Jn. 4:9-10). Pero Dios también es santo y justo. Desde que los pecadores quebrantaron sus leyes él está enojado con ellos (Ro. 1:18) y esa ira necesita ser apaciguada.[2] En segundo lugar, la opinión de Abelardo realmente hace que la muerte de Cristo sea innecesaria. Dios *pudo haber* mostrado su amor por los pecadores en muchas otras formas, y Jesús no habría *tenido* que morir. En tercer lugar, este punto de vista implica que Jesús no es realmente nuestro Salvador, sino más bien el que influye en nosotros para que cambiemos nuestro comportamiento, lo que resulta en la salvación. En otras palabras, somos salvos por lo que *hacemos* por Dios (amarlo y obedecerle) en lugar de por lo que Cristo ha hecho por nosotros (morir en nuestro lugar). Esto conduce al cuarto problema, y es que la muerte de Cristo cambia lo que *hacemos* (nuestro comportamiento), pero no lo que *somos* (nuestra naturaleza). Estos dos últimos problemas son la razón por la que visión de Abelardo fue acusada de ser pelagiana; es decir, de afirmar que tenemos la capacidad innata de complacer a Dios mediante la manera en que vivimos.

Algunos eruditos sostienen que la visión de la expiación y de la salvación de Abelardo incluye más de lo que he descrito hasta ahora, lo cual puede ser verdad. Sin embargo, la teoría de la influencia moral de la expiación ha llegado a caracterizar a ciertas teologías protestantes liberales recientes en las que el amor de Dios es reafirmado pero su ira negada. Dios es amor, y eso es básicamente todo. La salvación se logra si solo hacemos nuestro mejor esfuerzo para amar y obedecer a Dios.

Conclusión

Si Anselmo fue uno de los hombres más amables de su tiempo, podría decirse que Abelardo era más o menos lo contrario. Era más bien despiadado en sus desacuerdos con otros. Era un polemista implacable, y cualquier cosa menos humilde en cuanto a su capacidad de demostrar que sabía más que los demás. Su brillantez (además de su infame historia de amor) también lo convirtieron en una especie de celebridad, lo cual alimentó su orgullo. Como hemos visto, resulta irónico que su relación con Eloísa sea una de las historias de amor más grandes de la época, y que su idea de la expiación esté centrada en el amor, y que él no haya parecido ser una persona cariñosa o simpática.[3] Sin embargo, Pedro Abelardo se merece su reputación como un gran pensador, innovador intelectual, y teólogo y filósofo brillante.

19

TOMÁS DE AQUINO

El doctor angélico

Contexto

Si una filosofía afectó el cristianismo (y lo hizo), fue el platonismo (como ya vimos). Esta filosofía parecía "encajar" perfectamente con el cristianismo debido a su énfasis en los "universales" o (en términos teológicos) en el ámbito espiritual y en la realidad. Sin embargo, en la Edad Media eso comenzó a cambiar. Aristóteles (estudiante de Platón) y su filosofía habían sido rechazados y olvidados en el occidente cristiano debido a su énfasis en los "detalles" del mundo natural. Sin embargo, la filosofía aristotélica floreció en oriente, específicamente en el Islam, y fue a través de filósofos islámicos que volvió a ser introducida a occidente (específicamente a España, que los musulmanes habían conquistado y ocupado). La teología escolástica en este tiempo se centró en la integración de la teología (la revelación) y la filosofía (la razón), por lo que es razonable pensar (valga la redundancia) que el pensamiento de Aristóteles llamara la atención. La aplicación del aristotelismo al cristianismo llegó a su apogeo con uno de las más grandes teólogos de todos los tiempos.

Tomás de Aquino nació en el seno de una familia aristocrática italiana en 1225, y fue el hijo menor del conde de Aquino. Su educación temprana estuvo as cargo de monjes benedictinos locales, pero a la edad de once años fue enviado a la Universidad de Nápoles, donde se expuso a la filosofía de Aristóteles y donde se mostró superior a sus maestros. Para gran disgusto de sus padres, se hizo un fraile dominico y adoptó una vida monástica de pobreza. En apoyo de su familia, dos de sus hermanos lo secuestraron y lo encarcelaron. Durante dos años trataron de persuadirlo para que renunciara a sus votos. Hubo un momento en el que incluso enviaron a una prostituta a su habitación para seducirlo, pero a diferencia de Pedro Abelardo, Tomás la sacó de su habitación con un leño encendido de la chimenea. En lugar de renunciar a sus votos, Aquino pasó su tiempo en cautiverio estudiando las Escrituras. Finalmente, fue liberado por sus hermanas, quienes lo bajaron en una cesta de la torre del castillo donde lo tenían prisionero.

En 1245 se trasladó a Colonia, Alemania, para estudiar con el famoso teólogo y filósofo dominico Alberto Magno. Debido a su comportamiento callado y sus dimensiones físicas considerables, los compañeros de Aquino comenzaron a llamarlo el "buey mudo". Alberto, sin embargo, reconoció el potencial de Aquino y dijo: "Algún día, este buey mudo dará tales mugidos que se escucharán por el mundo entero".[1] Tomas de Aquino fue ordenado sacerdote en 1250 y comenzó su carrera docente en la Universidad de París en 1256.

A pesar de que Aquino era teólogo por naturaleza, también le encantaba pastorear. Mientras realizaba la misa un día de 1273, Aquino tuvo lo que calificó como una experiencia espiritual intensa,[2] y desde ese momento no escribió una sola palabra más, diciendo: "En comparación a lo que he visto, todo lo que he escrito parece como paja". Murió el siguiente año a la edad de cuarenta y nueve.

Contribución

Aquino produjo un increíble número de obras escritas, ayudado como Orígenes por un equipo de producción que registraba lo que él dictaba. ¡Al parecer era capaz de dictar varios libros diferentes *al mismo tiempo*! Al igual que Aristóteles, a quien simplemente se refería como "el filósofo", Aquino escribió sobre una amplia variedad de temas, pero sus dos obras principales fueron la *Suma*[3] *contra los gentiles*, y la *Suma de teología*.[4]

El primer libro de Aquino fue la *Suma contra los gentiles*. La intención era crear una teología sistemática presentada de tal manera que incluso judíos y musulmanes (los principales rivales religiosos del cristianismo en la Edad Media) quedaran racionalmente convencidos de la verdad del cristianismo.

El libro más famoso de Aquino es la *Suma de teología*, un resumen, exposición y crítica de la teología cristiana desde el siglo I. Fue escrito en un formato de quinientas doce preguntas, seguidas de respuestas sugeridas de las Escrituras, teologías anteriores, y la razón; seguido de una crítica a fondo de esas respuestas; y terminando con una respuesta final de Aquino y apoyo para la misma. Está dividido en tres secciones: la primera trata del ser de Dios, la Trinidad, la creación, y la providencia. La segunda trata de teología moral; ética, virtudes y vicios. La tercera trata sobre la persona y la obra de Cristo, los sacramentos y el futuro.

Como buen escolar, Aquino tenía un alto concepto de la razón, pero esta no eclipsaba a la revelación. Más bien, creía que algunas cosas podían ser entendidas solo a través de una revelación especial o sobrenatural, como la Trinidad, la encarnación, o los asuntos concernientes a la salvación; pero algunas cosas podían ser entendidas a través de la revelación general o natural por medio de los sentidos y la razón, como la inmortalidad del alma y los principios morales básicos. Tanto la revelación divina como la razón humana vienen de Dios y no son contradictorias. La obra de Tomás de Aquino se origina principalmente en la teología natural, y utiliza la razón humana para "procesar" lo que se observa en la naturaleza a través de los sentidos.

Al igual que Anselmo, Aquino creía que la razón por sí sola podía proporcionar argumentos a favor de la existencia de Dios, pero rechazó el argumento ontológico de Anselmo de la existencia de Dios, porque, según a Aristóteles, hay que comenzar con lo que se observa a través de los sentidos y partiendo de eso se usa la razón. El argumento ontológico no hacía eso. Aquino ofrece entonces cinco argumentos diferentes para la existencia de Dios en la parte 1, pregunta 2, de su *Suma teológica*. Todo movimiento, por ejemplo, es causado por otra cosa (causa y efecto), pero tiene que haber una causa última de todo movimiento: el *primer motor inmóvil* o Dios. Otro argumento se basa en el aparente diseño del universo. Las partes del universo parecen tener un propósito y trabajar de una determinada manera. ¿De dónde salió todo eso? Aquino responde: "Luego existe un ser inteligente supremo que dirige todas las cosas naturales a sus respectivos fines, y a este ser lo llamamos Dios, un Diseñador inteligente". Tal vez su argumento más significativo es el que se conoce como "argumento cosmológico". Algo no puede venir de la nada, y por lo tanto, el universo surgió de algo. La "causa sin causa", o Dios. Esta idea de la causalidad se extiende al resto: ¿Qué causa el movimiento o el cambio, el propósito o el diseño, y de hecho la existencia o el ser mismo ? La causa final de todas las cosas que en sí no es causada por algo: Dios.

Así que, según Aquino, la existencia de Dios puede ser conocida a través de la razón. ¿Y qué podemos decir de los atributos o características de Dios? Basado en la afirmación de que Dios es la causa sin causa, Aquino razonó que Dios no solo *tiene* existencia como todo lo demás; sino que él es la existencia. Su esencia y existencia son idénticas. Como causa sin causa Dios también debe ser un ser puro sin haber llegado a serlo. Si Dios tiene el potencial de convertirse en algo más, estaríamos hablando de un efecto, lo que requeriría una causa. Esto significaría que Él no era la causa *sin causa* después de todo. Otra forma de decir esto es que Dios es inmutable, lo que, como vimos anteriormente, significa que es impasible, que no es afectado por nada fuera de sí mismo, un ser sin emociones. El razonamiento continúa, pero la conclusión es que esta comprensión de Dios no difiere mucho de las de teólogos anteriores como Agustín y Anselmo. A esto se le conoce como teísmo cristiano clásico. La crítica es que el Dios presentado *únicamente* por la teología natural y la razón parece ser bastante impersonal. ¿Dónde queda entonces el Dios de la Biblia que ama, odia, llora, se preocupa, y así sucesivamente? Aquino se refiere a Dios en estos últimos términos y no cree que Dios es un ser impersonal en lo absoluto.[5] Pero esto sirve para ilustrar los límites de razón. Hasta ahora esta solo nos puede llevar a pensar en Dios. De ahí en adelante dependemos de lo que Dios nos dice de sí mismo en su revelación especial, que es la Palabra de Dios.

Esto nos lleva al famoso punto de vista de Tomás de Aquino sobre el lenguaje analógico (*Suma teológica*, parte 1, pregunta 13). Si Dios es la causa sin causa, un ser puro, la existencia misma, inmutable, infinito, perfecto, y eterno, ¿cómo puede llegar a ser conocido por criaturas que no son nada de estas cosas?, y ¿cómo puede siquiera ser descrito a través del lenguaje humano? Aquino volvió a la concepción de Dios como la causa sin causa de todo lo demás. Incluso las causas invisibles y desconocidas pueden ser conocidas *hasta cierto grado* por sus efectos. Las causas son tan parecidas como no parecidas a sus efectos. Por lo tanto, Dios puede ser conocido y descrito a través de la analogía, que es un medio usado para describir algo que es tanto parecido como no parecido a lo que describe.[6] Aquino utilizó el ejemplo de la sabiduría, que se aplica tanto a Dios como a los seres humanos. La sabiduría humana es *similar* a la sabiduría de Dios, pero también diferente. Nosotros por ejemplo podemos dejar de ser sabios (convertirnos en unos "tontos"), pero Dios no puede dejar de ser sabio. Dios no solo *tiene* sabiduría como los seres humanos, él es sabiduría. Este uso del lenguaje analógico para hablar de Dios fue muy influyente en la historia de la teología cristiana tanto Católica como protestante.

Como ya vimos, Aquino no creía que los asuntos relacionados con la salvación podían conocerse sin una revelación especial.

La razón falla en proporcionar este conocimiento. Al igual que Agustín, que influyó enormemente en el pensamiento de Aquino junto con Aristóteles, creía que los seres humanos son totalmente dependientes de la gracia de Dios para la salvación, y que incluso la fe por la cual esta se recibe es un regalo de Dios. Estas convicciones no solo las había alcanzado por medio de la Escritura, sino como consecuencias de su visión de Dios como la causa sin causa de todas las cosas. Al igual que Agustín, Aquino tenía un muy alto concepto de la providencia divina (Dios es la causa última de todas las cosas, a pesar de que a veces funciona a través de causas secundarias, como las decisiones humanas tomadas libremente) y la predestinación (Dios escoge a aquellos que serán salvados y les da la fe y la gracia necesarias para lograrlo). El fondo del asunto aquí es que solo Dios, como la causa sin causa, hace la obra de la salvación. Monergismo.

Aquino equipara la justificación y la santificación. La primera es más externa, relacionada con la santidad de Dios; y la segunda más interna, relacionada con la santidad personal. Pero ambas son inseparables, y ambas incompletas hasta el final de la vida. Los protestantes habían protestado. Afirmaban que esto llevaba a la justificación por las obras, al menos parcialmente. Es decir, que nosotros debemos contribuir para nuestra propia salvación por medio de una vida santa (santificación). Aquino puede tener cierta culpa en esto, pero no del todo.[7] El hace hincapié en la importancia de la participación en los sacramentos, pero también establece claramente que estos son simplemente canales de la gracia divina y no obras meritorias que impresionen a Dios de alguna manera. El mismo acto de elegir y el esfuerzo necesarios para la participación en los sacramentos son dones de la gracia de Dios.

Aquino también hizo declaraciones bastante definitivas con respecto a algunas doctrinas exclusivas católicas romanas, como las siguientes:[8] 1) la inmaculada concepción de María: la madre de Jesús nació sin pecado, es decir, sin pecado original; 2) la

Iglesia como mediadora de la salvación: La muerte de Cristo ofrece salvación, pero la Iglesia distribuye esa salvación, principalmente a través de los sacramentos; 3) los siete sacramentos de la Iglesia: Además del bautismo y la cena del Señor (la eucaristía) son la penitencia (como los actos de contrición), la ordenación (el orden sagrado), el matrimonio, la confirmación, y los últimos ritos (la extremaunción); 4) la transubstanciación: Cuando el sacerdote consagra el pan y el vino en la eucaristía estos se transforman, y de hecho se convierten en el cuerpo y la sangre de Cristo, respectivamente; y 5) el purgatorio: Un lugar donde los cristianos que no han vivido fielmente en la tierra se purgan del pecado antes de ser aceptados en el cielo.

Con la excepción del bautismo y de la cena del Señor como sacramentos, todos los demás fueron puestos en discusión y rechazados por los teólogos de la Reforma Protestante.

Conclusión

La influencia de Tomás de Aquino fue inmediata, aunque no siempre positiva y duradera. Algunos no estaban de acuerdo con él, e incluso condenaron sus puntos de vista debido a la influencia de Aristóteles. Sin embargo, Aquino fue canonizado como santo en 1323 y recibió el título de "Doctor Angélico". El título de "Doctor Universal de la Iglesia" le fue otorgado en 1567. En 1879, el papa León XIII oficializó lo que ya ocurría de facto, declarando en una carta encíclica que la teología de Tomás de Aquino era la norma para la teología católica, y sigue siéndolo en la actualidad. Su filosofía y pensamiento se desarrollaron en un sistema conocido como "tomismo". Su único verdadero par teológico antes y después de su propia vida fue Agustín.

20

JULIANA DE NORWICH

La mística monástica

Contexto

Otra línea de pensamiento cristiano se desarrolló durante la Edad Media, y se le conoce como teología espiritual o mística. Las raíces de esta se remontan a la Escuela de Alejandría y su interpretación alegórica de las Escrituras. Los inicios de la teología mística podemos encontrarlos en algunos de los pensadores que ya hemos considerado, como Agustín, Anselmo, Aquino, y muchos otros como Bernardo de Claraval, Francisco de Asís, Buenaventura, Meister Eckhart, y Tomás de Kempis. El monacato proveyó el contexto de donde salió la mayor parte de la teología mística de la Edad Media.

La teología mística es difícil de definir, pero en términos generales esta busca conocer a Dios de una manera más experimental que intelectual. "En pocas palabras y de manera general, la teología mística o el misticismo cristiano busca describir a un Dios que se experimenta, que es directo, no abstracto, no mediado, y amoroso; en una experiencia tan directa como para ser llamada unión con Dios".[1] Tal experiencia de Dios se obtiene a través de la "contemplación" u observación de un objeto (de Dios, en este caso) en una manera tan adoradora o amorosa que uno se ve impulsado a ese objeto. De allí la importancia de la idea de "unión con Dios" en la teología mística. Esto no ocurría aparte del intelecto, sino que obviamente iba más allá del intelecto.

El fundamento bíblico para esta afirmación es la imagen de la vid y las ramas de Juan 15:1-8, donde Jesús habla de "permanecer en él', y la oración de Jesús en Juan 17, donde Jesús pide por sus discípulos: "Padre, así como tú estás en mí y yo en ti, permite que ellos también estén en nosotros" (v. 21). Las doctrinas de la encarnación y la humanidad de Cristo son también fundamentales aquí: Dios se hizo humano para que pudiera unir a los seres humanos con Dios.

Las actividades asociadas con el misticismo cristiano eran muchas y variadas: desde luego el estudio de las Escrituras, pero también la oración, la meditación, y el ascetismo en muchas formas. Estos tenían por objetivo purificar del pecado (purgación) y atraer a la persona a Dios (iluminación) con el fin de ser uno con él (unificación).

Fue en este aspecto de la teología mística en el que las mujeres comenzaron a hacer contribuciones significativas. Hildegarda de Bingen (1098-1179), por ejemplo, fue una monja alemana que comenzó a tener visiones a una edad muy temprana. Aparte del misticismo, sus escritos incluyen obras de teología, ciencia, música, poesía, filosofía, y muchos otros temas. Catalina de Siena (1347-1380) fue una monja italiana que nunca aprendió a escribir, pero a través de una secretaria "escribió" muchas cartas y registró una visión de una conversación con Cristo, llamada *El diálogo*.

Este capítulo está dedicado a Juliana de Norwich (alrededor de 1342, y después de 1416). Muy poco se sabe de ella, ni siquiera en cuanto a su nombre. Comenzó a ser conocida como "Juliana de Norwich" porque vivía en una pequeña habitación construida junto a la pared de la Iglesia de San Julián en Norwich, Inglaterra. El término *anacoreta* podría aplicarse a ella: fue una mujer que se retiró del mundo para vivir en aislamiento y practicar el silencio, el estudio, la oración y la meditación. Como en el caso de Juliana, este tipo de aislamiento muchas veces se daba junto a alguna iglesia parroquial.

Contribución

La única contribución de Juliana a la teología mística lleva por nombre *Revelaciones del amor divino*, en el que registra las dieciséis visiones o revelaciones que experimentó el 8 de mayo 1373, y sus reflexiones sobre esas revelaciones durante los siguientes veinte años. Ha sido descrita como "el fruto más perfecto del misticismo medieval en Inglaterra"[2] y "una de las obras más cálidas, optimistas, y sensibles de la teología medieval".[3]

Varios temas ocupan un lugar destacado en las *Revelaciones* de Juliana. El primero es evidente en el título: el amor de Dios, específicamente por su creación. Este énfasis se tradujo en una visión muy positiva de la naturaleza y la humanidad, un poco lo contrario de Agustín y su visión de los efectos del pecado. "[Juliana] representa el resurgimiento de un optimismo cristiano, una espiritualidad que no está dominada por el pecado y la naturaleza caída, sino por la gracia y la gloria; una espiritualidad materialista que se regocija en la bondad de la naturaleza. La naturaleza es buena y justa en sí, dice Juliana, y la gracia fue enviada para salvarla"[4] Esto no quiere decir que Juliana negaba el mal y el sufrimiento, sino todo lo contrario. Respecto a esas realidades terribles, ella ofrece consuelo a sus lectores a través de las palabras que el Señor le repitió una y otra vez en el capítulo 32: "Todo estará bien". El pecado tiene efectos negativos sobre la naturaleza y los seres humanos pero, debido a su amor, Dios trabaja "abrazando" todo hacia él.

En el último capítulo de sus revelaciones, ella registra la propia explicación de Dios de las visiones que recibió quince años atrás: "¿Aprenderás a ver claramente el significado del Señor en esto? Apréndelo muy bien: El significado es el amor. ¿Quién te lo mostró? El amor. ¿Qué te mostró? El amor. ¿Por qué te lo mostró? Por amor". Ella añade: "Así me fue enseñado que el amor es el significado de nuestro Señor" (capítulo 86).

El amor que Dios tiene por su creación y que la abraza completamente lleva a un segundo tema en el misticismo de Juliana, en el que describe a Dios (específicamente al Hijo) como una "Madre". La Biblia contiene una serie de imágenes femeninas que fueron usadas por Dios (por ejemplo: Dt. 32:18; Is. 42:14; 49:15) así como por varios de los padres de la iglesia, pero que encuentran en Juliana "su expresión más fuerte y desarrollada".[5] El amor de Dios y las imágenes de Dios como madre se unen, por ejemplo, en la siguiente declaración: "En nuestro Padre Dios Todopoderoso tenemos nuestro ser; en nuestra misericordiosa Madre [el Hijo] somos hechos nuevamente y restaurados. Nuestras vidas fragmentadas son nuevamente tejidas para la hechura de un hombre perfecto. Y al darnos a través de la gracia al Espíritu Santo, somos hechos plenos" (capítulo 58). Más tarde escribió: "Una madre humana amamanta a su hijo con su propia leche, pero nuestra querida Madre Jesús nos alimenta de sí mismo, y con la más tierna cortesía lo hace por medio del santísimo sacramento, el precioso alimento de toda la vida [...]. La madre humana puede poner a su hijo tiernamente contra su pecho, pero nuestra tierna Madre Jesús nos lleva a su bendito seno a través de su costado abierto, revelándonos una parte de Dios y los gozos del cielo, con la certeza espiritual de una dicha sin fin" (capítulo 60). El asunto principal de la imagen de la madre es que Dios es la fuente de todas las cosas, especialmente de la existencia humana, y por lo tanto se preocupa por lo que ha creado de la manera más tierna y amorosa.

Conclusión

Los protestantes tienden a mostrarse escépticos en cuanto a la teología mística en general porque esta tiene sus raíces en la filosofía neoplatónica, e incluso en las religiones mistéricas paganas; y porque las experiencias místicas a veces reemplazan a la revelación bíblica. Como protestante y evangélico también comparto estas preocupaciones. Sin embargo, también aprecio y aplaudo la intención de los místicos cristianos en general de tratar de acercarse más a Dios en una relación basada en la experiencia. Si el misticismo cristiano puede ser criticado porque a veces depende demasiado de la experiencia, la tendencia contraria puede verse en el protestantismo, específicamente cuando hay un enfoque demasiado racionalista de Dios y la teología. Conseguir el enfoque teológico correcto pareciera ser la mayor virtud. El cristianismo se reduce a la razón en lugar de la relación. Lo mejor del pensamiento cristiano, sin embargo, se esfuerza en entender a Dios tanto como sea posible con la mente, y luego se siente atraído a una relación más estrecha e íntima con él a fin de experimentar más profundamente su infinita gloria, su gracia y su valor. Que esa sea la realidad de todos.

Martín Lutero

El fundador del protestantismo

Contexto

El estado de la teología católica *popular* en el siglo XVI puede resumirse de esta manera: La salvación se lograba a través de un semisinergismo (o casi sinergismo) pelagiano. Es decir, la gracia divina era necesaria para la salvación, pero esta gracia podía ser ganada ("merecida") e incluso comprada a través de medios humanos, como vivir fielmente de acuerdo con las prácticas de la Iglesia (la penitencia, los sacramentos) o la compra de "indulgencias" (la eliminación o reducción de la pena temporal por los pecados concedida por el papa o sus representantes). La concepción general de Dios era que este demandaba un pago por los pecados *de los seres humanos*, así como santidad perfecta *en* los seres humanos antes de otorgar la justificación y la salvación. La Iglesia mediaba en la salvación, especialmente a través de los sacramentos. La autoridad en el catolicismo romano se encontraba en las Escrituras y la tradición, es decir, en lo que la Iglesia enseñaba que significaban las Escrituras.[1] En la práctica esto se reducía a lo que decía el Papa. La "infalibilidad papal" no era una doctrina oficial, pero se daba por sentada. Lo que el Papa decía que era lo que Dios decía. Todo esto le dio a la jerarquía de la Iglesia, especialmente al Papa, una considerable influencia y, como suele ocurrir en estos casos, el resultado fue abuso de poder y corrupción.

La Iglesia por ejemplo se volvió increíblemente rica vendiendo boletos para el tren de alta velocidad del cielo (indulgencias). En definitiva, la Iglesia católica estaba madura para la reforma.

También hubo otros factores culturales importantes. Uno de ellos fue el renacimiento del aprendizaje clásico y de las lenguas. La tendencia era "volver a las fuentes" que, en el caso de los teólogos, eran el hebreo del Antiguo Testamento, el griego del Nuevo Testamento, y los escritos de los padres de la iglesia. Otro factor relacionado fue la invención de la imprenta con tipos móviles en 1450 por Johannes Gutenberg. Esto hizo posible una propagación eficiente de las fuentes antiguas, así como de las nuevas ideas.

Aunque la fecha oficial del comienzo de la Reforma protestante es el 31 octubre de 1517, cuando un monje agustino clavó noventa y cinco tesis en la puerta de una iglesia en Wittenberg, la reforma había realmente comenzado mucho antes. Juan Wiclef, por ejemplo, (1320-1384) fue un pastor y teólogo inglés que de manera valerosa condenó la teología deficiente y las prácticas corruptas de la Iglesia Romana. Sus puntos de vista afectaron profundamente a Juan Hus (1369-1415), un predicador en la ciudad de Praga. Wiclef fue condenado como hereje después de su muerte por el Consejo de Constanza en 1415. El mismo concilio condenó a Hus a ser quemado en la hoguera. Sus puntos de vista, sin embargo, no murieron, y fueron retomados cien años más tarde por hombres como Martín Lutero.

Lutero nació en 1483 en Alemania, y era hijo de un exitoso hombre de negocios. Cumpliendo con los deseos de su padre fue a la Universidad de Erfurt para estudiar derecho. Sin embargo, un día después de sobrevivir a una terrible tormenta eléctrica camino a su casa, Lutero decidió dejar sus estudios universitarios y tomar los votos de monje agustino.

En el monasterio, Lutero se sintió abrumado tanto por su propia pecaminosidad, como por la noción prevaleciente de un Dios lleno de ira; la perfecta tormenta que provocó que Lutero temiera a Dios y terminara odiándolo. Romanos 1:17 le quitaba el sueño: "En el evangelio se revela la justicia que proviene de Dios". Como lo había aprendido, esta justicia divina significaba que Dios estaba presto a castigar al pecador. Escribió: "Yo no podía creer que Él se aplacara por mi satisfacción [mis actos de penitencia]. Yo no lo amaba ciertamente. Odiaba al Dios justo que castigaba a los pecadores [...]. Estaba enojado con Dios" ("Prólogo de la Edición completa de los escritos en latín de Lutero"[2]).

Lutero fue finalmente enviado de regreso a la Universidad de Erfurt, pero esta vez para estudiar filosofía y teología. También fue enviado a Roma. Descubrió que no era un lugar de plenitud espiritual como él había esperado, sino más bien lleno de inmoralidad y de indiferencia. En 1512 Lutero terminó su doctorado en teología en la Universidad de Wittenberg y se unió a su facultad.

Durante la preparación de una charla sobre la Epístola de Pablo a los Romanos, Lutero tuvo su "Experiencia de la torre" (hacia 1519). La describió de la siguiente manera:

> "Al fin, por la misericordia de Dios, meditando día y noche [en Romanos 1:17], le presté atención al contexto de aquellas palabras: "En el evangelio se revela la justicia que proviene de Dios, [...] tal como está escrito: 'El justo vivirá por la fe'". Allí sentí que nací completamente de nuevo y que había entrado al Paraíso mismo atravesando sus puertas abiertas. En ese momento un nuevo rostro de las Escrituras se reveló delante de mí".[3]

El descubrimiento de Lutero fue la constatación de que no tenía por qué temer que Dios lo castigaría por su propia injusticia, sino más bien que debía confiar en que Dios le proveería su propia justicia.

Fue la publicación e impresión de las noventa y cinco tesis de Lutero en 1517 lo que lo impulsó a la palestra pública, y la ocasión fue la venta de indulgencias en las inmediaciones. Estas eran vendidas no solo para acortar el tiempo personal en el purgatorio, sino también el de algún un ser amado. El lema era: "Tan pronto como la moneda en el cofre cae otra alma del purgatorio sale". Las noventa y cinco tesis de Lutero fueron la protesta de Lutero contra esta práctica particular, así como muchas otras prácticas y doctrinas de la Iglesia. Casi inmediatamente Lutero se convirtió en un héroe para sus compatriotas alemanes, así como en un hereje para la cúpula de la Iglesia. Finalmente, el papa excomulgó a Lutero en el año 1520, pero Lutero quemó públicamente la orden papal en Wittenberg para el deleite de aquellos que lo observaron. Al año siguiente Lutero se presentó ante el emperador Carlos V en la infame Dieta (corte) de Worms (Alemania). Cuando se le preguntó si iba a renunciar a sus puntos de vista, la conocida respuesta de Lutero fue: "Mi conciencia está cautiva por la Palabra de Dios. No puedo ni quiero retractarme de nada, porque no es ni seguro ni honrado actuar en contra de la propia conciencia. Aquí estoy, y no puedo hacer otra cosa. Que Dios me ayude. Amén". El emperador condenó a Lutero como hereje.

Durante un año Lutero fue protegido en un castillo donde pasó su tiempo traduciendo la Biblia al alemán. La protesta contra la Iglesia continuó durante este tiempo, y el resultado fue una nueva Iglesia, la Iglesia luterana, algo que el mismo Lutero nunca tuvo la intención de crear ni deseó. Sin embargo, después de su año en la clandestinidad, Lutero surgió para dar el liderazgo a las nuevas iglesias luteranas.

Lutero se casó con una exmonja de nombre Catalina y tuvo seis hijos. Continuó predicando, enseñando, escribiendo y dirigiendo el movimiento de reforma. Finalmente, el estrés le pasó factura, y en 1546 murió de un ataque al corazón mientras pasaba por la misma ciudad en la que había nacido sesenta y dos años antes.

Contribución

Martín Lutero no fue un teólogo sistemático. Él más bien escribió (muchísimo) principalmente para tratar un problema específico que era fundamental en ese momento. Su obra escrita incluye sermones, comentarios, tratados, folletos, y libros.

Dado que Lutero inició la Reforma Protestante, podemos resumir sus dictámenes en términos de "protestas" contra la teología escolástica católica imperante en la época.

En primer lugar, Lutero rechazó la metodología de la teología natural escolástica, es decir, conocer a Dios a través de la revelación general (la forma en que Dios se ha revelado en la naturaleza) y la razón humana. El problema con esto, según Lutero, es la profunda limitación de la razón humana, que se complica aún más por los efectos del pecado. Después de todo, con respecto a la revelación general, Pablo dijo que todos "con su maldad obstruyen la verdad" (Ro. 1:18). Además, Lutero creía que Dios se revelaba a sí mismo *supremamente*; no a través de sus obras en la naturaleza, sino a través del sufrimiento de su Hijo en la cruz. Y esa maravillosa verdad, según Pablo, era "una locura" de acuerdo a la *razón humana* (1 Co. 1:18). ¿Qué agrada a Dios según la razón humana? Ejecutar buenas obras, ser obedientes a Dios, amar a los demás...¿Qué agrada a Dios según la *"locura"* del evangelio? Ser *completamente* dependientes de Dios para *todo*.

Esto conduce a la segunda protesta: Lutero no solo rompió con la doctrina prevaleciente con respecto a cómo Dios puede ser conocido, sino también con la comprensión predominante de cómo se llevó a cabo la salvación. En esencia, recobró lo que se había perdido en la teología cristiana durante más de mil años. Su "redescubrimiento' fue que el mérito humano no juega ningún papel en la salvación, sino que es *completamente* la gracia de Dios lo que se recibe por fe. Los seres humanos no contribuyen en nada a su propia salvación; Dios lo hace todo. Esto es algo se da por sentado entre los evangélicos hoy, ¡pero en los días de Lutero era algo radical!

En tercer lugar, y relacionado con lo anterior, Lutero rechazó el optimismo escolástico respecto a la libertad de la voluntad humana de cooperar con Dios en el proceso de salvación. Para

Lutero, eso aplastaba el orgullo y la ignorancia de la doctrina del pecado original. Por lo tanto, no debe sorprendernos que Lutero haya estado de acuerdo con Agustín, el fundador de su orden monástica, en relación con la predestinación divina y el monergismo. ¿Cómo podía ser de otra manera si el ser humano es completamente pecaminoso y la voluntad humana es esclava de ese pecado? La única esperanza para la salvación es que Dios haga todo lo necesario para asegurarla desde el principio hasta el final. Estos puntos de vista fueron expresados en su famoso libro *La esclavitud de la voluntad.*

En cuarto lugar, Lutero difería de Agustín y rechazaba la visión católica de la justificación como equivalente a la santificación, ambas progresivas a través de la vida (e incluso más allá, en el purgatorio). Según la visión de Agustín, los individuos no eran declarados justos sino hasta que *todo* el pecado había sido purgado de su vida, y finalmente eran justos en *todos* los sentidos. Lutero opinaba que la justificación era inmediata y completa cuando el pecador creía en el evangelio de Jesucristo. Esto no significa que el pecador es justo en el sentido de que está sin pecado. Más bien, el individuo es ahora dos cosas al mismo tiempo: *simul justus et peccator*, o "justo y pecador simultáneamente". Pero, ¿cómo puede un Dios santo declarar a una persona "justa" cuando esa persona sigue siendo un pecador y aún peca? La respuesta de Lutero fue: a través del "dulce y maravilloso intercambio": Cuando los pecadores creen en el evangelio, su pecado se transfiere (le es imputado) a Cristo, y la justicia de Cristo es transferida al pecador (2 Co. 5:21). Es sobre la base de la justicia de Cristo (no del pecador, porque este no tiene ninguna justicia propia) que Dios declara justo al pecador. Por propia confesión de Lutero, la doctrina de la justificación por la gracia únicamente por la fe estaba en el centro de su teología y en el centro de la teología, y punto. Todo lo demás depende de ello.

La crítica que se esperaba de la justificación por la gracia solo a través de la fe es que conduciría al "antinomianismo", es decir, a falta de ley, ya que el cristiano no tendría ningún incentivo para obedecer a Dios pues ya ha sido perdonado. La respuesta de Lutero fue que la obediencia y otras buenas obras fluyen naturalmente del cristiano justificado, que ahora es una nueva criatura en Cristo (2 Co. 5:17). Los salvos por la fe y no por obras han sido "creados en Cristo Jesús para buenas obras" (Ef. 2:8-10). Así que las buenas obras no dan lugar a la justificación, sino al revés, estas fluyen de ella como una prueba de ello. La doctrina de Lutero de la justificación y sus implicaciones están expresadas, por ejemplo, en *La libertad cristiana*.

En quinto lugar, Lutero rechazó la visión católica de la autoridad, que decía que, junto con la Escritura, la tradición era una fuente válida de autoridad para la Iglesia, y que solo la Iglesia (el papa y obispos) tenían el derecho de interpretar las Escrituras y la tradición. Así pues, en la práctica, la Iglesia terminó siendo la autoridad final en asuntos espirituales. Para Lutero, la única autoridad era la Palabra escrita de Dios. Todo lo que no se encontraba en las Escrituras no era teología válida o práctica para los cristianos, lo cual nos lleva a las "protestas" finales de Lutero.

En sexto lugar, Lutero rechazó la elevación del clero, que durante mucho tiempo había sido una parte de la doctrina y práctica católica, y ratificó el sacerdocio del creyente. Creía que todo cristiano tiene el derecho de conocer, estudiar y enseñar la Palabra de Dios (por esto fue que Lutero se sintió obligado a traducir la Biblia al alemán) e incluso a realizar los sacramentos. Lutero expresa esto en *Un llamado a la clase dirigente alemana*.

La séptima protesta de Lutero estuvo relacionada con la doctrina católica de los sacramentos. Rechazó cinco de los sacramentos romanos y aceptó solo el bautismo y la cena del Señor como sacramentos bíblicamente calificados. Rechazó la idea del *ex opere operato*[4] y creía que el sacramento no era válido sin la fe de la persona que lo recibía. Rechazó el concepto de transustanciación y creyó en cambio que el pan y el vino seguían siendo pan y vino al mismo tiempo que se convertían en el cuerpo y la sangre de Cristo.[5] La opinión de Lutero sobre los sacramentos se encuentra en *El cautiverio babilónico de la Iglesia*.

En todas estas protestas y énfasis de los escritos de Lutero se hacen evidentes los famosos principios de la Reforma: *sola scriptura* (únicamente la Escritura), *sola gratia* (únicamente la gracia), *sola fide* (únicamente fe), y *solus Christus* (únicamente Cristo).

Conclusión

Podríamos culpar a Lutero por algunos de sus métodos. Él era más bien cáustico, beligerante, arrogante, falto de tacto (y así sucesivamente) con los que estaban en desacuerdo con él (en todo nivel) tanto católicos, como sus compañeros protestantes. Como dice el proverbio, era "como un elefante en un bazar". Sin embargo, como lo expresó un teólogo historiador: "Martín Lutero fue un gigante de la historia, probablemente la figura europea más significativa del segundo milenio. Sus ideas y acciones no solo cambiaron la Iglesia, sino el mundo".[6] Esto parece ratificarlo el hecho de que se han escrito más libros sobre Lutero que cualquier otro personaje histórico, con excepción de Jesús.

22

ULRICO ZUINGLIO

Fundador de la teología reformada

Contexto

Varios meses después del nacimiento de Martín Lutero, nació en Suiza otro futuro reformador, Ulrico[1] Zuinglio, el 1 de enero de 1484. Después de recibir su educación en las universidades de Viena y Basilea, se convirtió en el sacerdote de varias parroquias, siendo la tercera la gran catedral en Zurich, cuando tenía treinta y cinco años (1519). Durante su ministerio pastoral, Zuinglio estuvo leyendo ampliamente bajo la influencia del movimiento de "regreso a las fuentes" y, de manera independiente de Lutero, compartió muchas de las mismas convicciones reformistas que Lutero tenía. Él también se estaba ganando una reputación como escritor y predicador, adoptando la práctica inusual (para ese momento) de predicar a través de libros enteros de la Biblia.

En Zurich, Zuinglio trabajó para traer una reforma tanto en la iglesia como en el gobierno. Durante la década de 1520, la misa católica romana fue abolida, las estatuas fueron retiradas de las iglesias, las indulgencias fueron prohibidas, María y otros santos dejaron de ser venerados, y se eliminaron otras prácticas católicas.

Todas estas acciones de reforma fueron incluso más lejos que lo que Lutero estuvo dispuesto a ir en Alemania, y el mismo Lutero consideró algunas de ellas como fanáticas. Por otro lado, las autoridades católicas consideraron las reformas de Zuinglio como una rebelión abierta. Sorprendentemente, algunos de los propios seguidores de Zuinglio querían ir aún más lejos en la reforma, y acusaron Zuinglio de no ser lo suficientemente radical.[2] Estos fueron reprimidos e incluso perseguidos por Zuinglio y los líderes civiles suizos.

Mientras que los cantones (condados) del norte de Suiza se estaban haciendo reformistas, los cantones del sur permanecieron firmemente católicos, y estalló la guerra entre las dos regiones en 1529. Zuinglio y otros pastores reformistas acompañaron a los soldados a la batalla, y Zuinglio, a la edad de cuarenta y siete años, murió en batalla en 1531.

Contribución

Al igual que Lutero y otros reformadores, Ulrico Zuinglio fue un prolífico escritor. Su primera publicación fue *La claridad y la certeza de la Palabra de Dios* (1522), en la que se articula el principio de *Sola Scriptura* de la Reforma, o que la Biblia es la autoridad final para los cristianos (y no la Iglesia), y que esta es clara para todos los cristianos (no solo para el clero) mediante la ayuda del Espíritu Santo. En 1525 Zuinglio escribió *Sobre las religiones verdaderas y falsas*, que se considera la primera teología sistemática reformada. En 1531 Zuinglio produjo dos obras significativas más: *Una breve y clara exposición de la fe cristiana* y *Sobre la providencia de Dios*. En este última trata la doctrina de la soberanía de Dios como el principio organizador principal de toda teología. A partir de ese momento esto se convirtió en algo distintivo de la teología reformada. Para Zuinglio, esto incluía una fuerte creencia en la predestinación divina y en el monergismo.

Al igual que Lutero, Zuinglio se involucró en una serie de controversias, algunas de ellas con el mismo Lutero, específicamente con respecto a los sacramentos del bautismo y la cena del Señor. Con respecto al bautismo, la polémica fue con sus propios seguidores (como mencioné anteriormente) quienes querían abolir la práctica del bautismo de infantes y adoptar en su lugar el bautismo del creyente. En respuesta, Zuinglio escribió *El Bautismo, el rebautismo y el bautismo de infantes* (1525).[3] Defendió la práctica del bautismo de infantes como el modo de iniciar a los bebés en la comunidad del Nuevo Pacto de la Iglesia, pero (a diferencia de Lutero) rechazó la doctrina católica romana de que el bautismo quita la culpa del pecado original.

La controversia de Zuinglio con Lutero tuvo que ver con la cena del Señor. Como mencioné brevemente en el capítulo anterior, Lutero rechazó la doctrina católica de la transubstanciación o "presencia real", que afirma que el pan consagrado deja de ser pan y se transforma en el mismo cuerpo de Cristo, y el vino consagrado deja de ser vino y se transforma en la sangre *real* de Cristo. Más bien, Lutero creía en lo que ha llegado a ser conocido como la consubstanciación, que afirma que el pan consagrado sigue siendo pan, pero también contiene el cuerpo *real* de Cristo, y el vino consagrado sigue siendo vino, pero también contiene la sangre *real* de Cristo. Después de todo, Jesús dijo en la última cena: "Este pan es mi cuerpo, entregado por ustedes" (Lc. 22:19) y anteriormente: "Yo soy el pan de vida" (Juan 6:35, 48). Según la creencia luterana, el cuerpo y la sangre de Cristo están "en, con, y bajo" el pan y el vino, respectivamente.

Zuinglio estaba en contra tanto de la transubstanciación como de la consubstanciación. Él creía que Lutero estaba malinterpretando las referencias metafóricas de Lucas 22 y Juan 6, y las estaba tomando muy literalmente. Argumentó, por ejemplo, que apenas más adelante en Juan 6 Jesús dice: "El Espíritu da vida; la carne no vale para nada" (v. 63), queriendo decir con esto que las cosas físicas (como el pan y el vino) no pueden transmitir cosas espirituales (como la vida eterna y la gracia divina). Por esto era que a Zuinglio tampoco le gustaba el término *sacramento*, porque implicaba que el pan y el vino en efecto canalizaban la gracia de Dios y bendiciones espirituales a los creyentes.

De hecho, Zuinglio calificó tanto a la transubstanciación como a la consubstanciación de prácticas paganas (canibalismo). A esto Lutero respondió: "Comería estiércol si Dios lo exigiera".[4] Zuinglio también disputó el asunto de la presencia real o verdadera argumentando que el cuerpo de Jesucristo está ahora en el cielo y no en la tierra (en el pan y el vino). Los humanos solo pueden estar en un lugar al mismo tiempo, y esto se aplica a Jesús y su *verdadera* humanidad. Es decir, Jesucristo no es omnipresente *en su humanidad*. Decir otra cosa es negar su verdadera humanidad, lo cual sería herejía.

En cambio, Zuinglio creía que el pan y el vino eran simplemente símbolos materiales y visibles que apuntaban a realidades espirituales e invisibles: el cuerpo y la sangre de Cristo. El cuerpo de Cristo está presente en la ceremonia de la cena del Señor, no físicamente, sino en la forma de los creyentes reunidos, la Iglesia, el Cuerpo de Cristo. La cena del Señor es importante, no porque la gracia de Dios se canaliza a través de los elementos, sino porque a través de los símbolos los cristianos recuerdan aquello que es fundamental para la fe: la muerte en sacrificio de su Salvador. Por lo tanto, la cena del Señor debía ser observada como un servicio recordatorio "en memoria de" Cristo y su muerte sacrificial en la cruz (Lc. 22:19; 1 Co. 11:24-25). Zuinglio lo expresa de esta manera en su *Confesión de fe* (1530):

> "Creo que en la santa eucaristía, es decir, la cena de acción de gracias, el verdadero cuerpo de Cristo está presente mediante la contemplación de la fe [en la parte del creyente]. Es decir, que aquellos que agradecen al Señor por la bondad otorgada a nosotros en su Hijo, reconocen que él asumió verdadera carne, que sufrió verdaderamente en la misma, que verdaderamente limpió nuestros pecados con su propia sangre. De forma que todo lo hecho por Cristo se hace presente a ellos por la contemplación de la fe. Pero que el cuerpo de Cristo en esencia y realmente esté presente en la cena o sea masticado con nuestra boca o dientes, como

los papistas [católicos romanos] y algunos que anhelan los platos de carne de Egipto afirman [los luteranos], no solo lo negamos, sino que firmemente mantenemos que es un error opuesto a la Palabra de Dios".

Todo esto llegó a su punto culminante en octubre 1529 en el Coloquio de Marburgo (Alemania), que se reunió con la esperanza de que esta disputa entre Zuinglio y Lutero pudiera resolverse. No lo fue. Los dos bandos se fueron incluso más divididos y airados que antes. La opinión de Zuinglio sobre la cena del Señor no prevaleció en la teología reformada en general (como veremos en el próximo capítulo) pero, irónicamente, fue adoptada por los reformadores radicales anabaptistas que se opusieron fieramente a su posición del bautismo, y viceversa.

Conclusión

Ulrich Zuinglio es considerado de manera acertada como el fundador de la teología reformada y de la tradición dentro del protestantismo. Fue en gran parte eclipsado por un reformador de segunda generación llamado Juan Calvino, cuyo nombre ha llegado a ser asociado con la teología reformada como el "calvinismo". "Zuinglianismo" habría sido un nombre más apropiado históricamente, pero ahora ese término normalmente se refiere exclusivamente a la opinión de Zuinglio sobre la cena del Señor, como la describí anteriormente. Sin embargo, fue Zuinglio el que allanó el camino para lo que hoy se conoce como teología reformada, y su visión de la cena del Señor es aún mantenida por muchas tradiciones protestantes actuales.

23

Juan Calvino

La segunda generación en Ginebra

Contexto

El pensamiento y la "fiebre" reformista se extendió rápidamente desde Alemania y Suiza. En Francia, cautivó a un joven estudiante en la Universidad de París. Juan Calvino nació en Noyon, Francia, en 1509. Al principio tuvo la intención de entrar en la profesión legal, pero su interés se volvió a la teología después de haber simpatizado con el protestantismo, especialmente con los protestantes franceses que se encontraban siendo perseguidos por el rey francés. Debido a esta misma persecución, Calvino tuvo que huir de París en 1534. Se trasladó a Basilea, Suiza, donde trato de llevar una vida tranquila de erudito. Durante este tiempo, se publicó la primera edición de su obra más famosa: *La institución de la religión cristiana* (1536, ¡a la edad de veinticinco años!), una explicación relativamente corta de la teología protestante. Esta fue reconocida rápidamente como una contribución significativa al pensamiento de la Reforma.

Camino a Estrasburgo, Calvino tuvo que tomar un desvío a través de la ciudad de Ginebra. Durante una breve escala, Guillaume Farel, un discípulo de Zuinglio, trató de persuadir a Calvino a establecerse en Ginebra alegando que si no lo hacía, estaría desobedeciendo a Dios y que este lo castigaría. A Calvino no le gustó esa opción, pero en 1537 lo hizo y comenzó su trabajo para establecer más solidamente el protestantismo en Ginebra. Sin embargo, las reformas que intentó fueron demasiado rápidas para algunos, causando división en la ciudad y obligando a Calvino a dejar Ginebra el siguiente año. Regresó a Basilea con la intención de reanudar su vida de erudición, lo cual no ocurrió. Otro reformador llamado Martin Bucer lo instó a viajar a Estrasburgo. Calvino se resistió hasta que Bucer le dijo (adivine qué) que si no lo hacía no estaría haciendo la voluntad de Dios y Dios lo castigaría. Una vez más, Calvino se rindió y se trasladó a Estrasburgo, donde pastoreó a los protestantes franceses, que también tuvieron que huir de Francia. Durante este tiempo se casó con una viuda. Según él mismo, este fue el período más feliz de su vida adulta y de su ministerio.

Mientras tanto, la iglesia en Ginebra se desmoronaba, y el consejo de la ciudad de Ginebra le rogó a Calvino que regresara y arreglara la situación. Al principio se negó rotundamente, pero luego aceptó de mala gana regresar a Ginebra en 1541. Esta vez se quedó hasta su muerte en 1564 a la edad de cincuenta y cinco años. Calvino tuvo una profunda influencia en la ciudad de Ginebra a pesar de que llegó con mucha dificultad y atravesó muchas pruebas. Su objetivo fue, básicamente, convertir a la ciudad (no solo a la iglesia) de Ginebra, en una teocracia. Calvino también estableció un centro de formación protestante en Ginebra que atraía estudiantes de toda Europa, que luego regresaban a promover la Reforma en sus lugares de origen. Uno de ellos fue John Knox, que llevó la Reforma a Escocia. Knox describió la academia en Ginebra como la "escuela de Cristo más perfecta" desde los tiempos de Cristo.

Calvino vivió una vida simple pero muy exigente. Comía muy poco y trabajaba mucho, y como resultado, estaba constantemente luchando contra la mala la salud. A pesar de ello, su producción literaria fue asombrosa. La edición en latín de sus obras está compuesta de cincuenta y nueve tomos. Calvino se consideraba un predicador más que un teólogo. Predicaba un promedio de tres veces a la semana, alrededor de ciento sesenta sermones cada año. Su teología fluyó de sus sermones. Calvino se había comprometido a hacer teología a través de la exposición de la Escritura.

Contribución

Debido a su compromiso con la predicación y la exposición de la Palabra de Dios, no es de extrañar que Calvino no solo haya escrito sermones, sino también comentarios sobre casi todos los libros de la Biblia. Además, compuso muchas cartas, tratados, conferencias, y libros sobre una gran variedad de temas. Él continuó revisando su obra *La institución de la religión cristiana* a través de su vida, publicando cinco ediciones. La final se publicó en 1559. Algunos la consideran la obra protestante más importante que jamás se ha escrito.

Poco en la teología de Calvino es único u original. Su pensamiento refleja la primera generación de reformadores como Lutero y Zuinglio. Al igual que Lutero, rechazó la noción de la teología natural y la filosofía en general, debido a los efectos debilitantes del pecado en la mente humana. Más bien, la única autoridad y fuente confiable para la teología es la Palabra de Dios. El principio de *sola scriptura*.

En relación con el pecado, Calvino estaba de acuerdo con Agustín y Lutero en que, debido al pecado de Adán, todos somos pecadores y no podemos hacer nada al respecto. El pecado, de hecho, ha invadido todos los aspectos de nuestro ser: "Pablo acaba con cualquier duda cuando enseña que la corrupción no está en solo una parte, sino que nada en el alma permanece puro o intacto por esa enfermedad mortal [...]. Solo quiero sugerir aquí brevemente que todo el hombre es inundado como por un diluvio de la cabeza a los pies, por lo que ninguna parte es inmune al pecado, y todo lo que procede de él debe serle imputado al pecado" (*La institución de la religión cristiana*[1] 2.1.9). Esta es la famosa (¿e infame?) doctrina calvinista de la "depravación total". Con esta doctrina Calvino no está queriendo decir que todas las personas son tan malas como puedan llegar a serlo, sino que el único bien que los pecadores podemos hacer proviene de la gracia de Dios, pero que nada de eso impresiona a Dios o mejora nuestra posición delante de él.

Por lo tanto, la salvación solo puede obtenerse a través de la gracia de Dios—*sola gratia*—, recibida por fe—*sola fide*—, basada en el sacrificio de Cristo a favor del pecador—*solus Christus*. Esto no es otra cosa que monergismo agustino y luterano; lo que nos lleva a lo que a veces se considera el centro del pensamiento de Calvino y el calvinismo en general: la doctrina de la predestinación.

Calvino de hecho tenía una opinión bien formada sobre la predestinación divina (él prefería llamarla *elección*), aunque en realidad esta era un reflejo de las ideas de predecesores como Agustín, así como de un buen número de teólogos medievales, de Lutero, de Zuinglio, y de la mayoría de los reformadores. Al igual que ellos, Calvino tenía un elevado concepto de la soberanía (él prefería llamarla *providencia*) de Dios sobre todas las cosas. Era una providencia meticulosa. *Nada* ocurre aparte de su voluntad soberana y, por consiguiente, necesariamente se desprende de ella la idea de la predestinación divina. Pero la predestinación no era la doctrina *central* de Calvino. De hecho ni siquiera toca el tema sino hasta el último tercio de la edición final del libro *La institución de la religión cristiana* (3.21 ff.), y luego bajo el título "Dios el Redentor en Cristo" (2) y la aplicación de esa redención en nosotros (3). ¿Cuál era la doctrina central para Calvino? La justificación, la cual consideraba "la bisagra principal sobre la que gira la religión" (*Ibíd.*, 3.11.1). Calvino en efecto subraya la soberanía y la predestinación de Dios, pero más que todo en relación con la salvación; es decir, como reflejos de la bondad y el amor de Dios. Y siendo el pastor que era, sobre todo con las personas que estaban siendo perseguidas por su fe, Calvino hizo hincapié en que la soberanía y la predestinación divina debían ayudar al creyente a confiar en Dios, especialmente en circunstancias difíciles, así como a encontrar consuelo y esperanza en medio de esas circunstancias. También debe producir la humildad apropiada ante un Dios tan asombroso: "¡Cuánto le resta la ignorancia de este principio [específicamente de la elección] a la gloria de Dios! Cuánto le resta a la verdadera humildad, es algo bien conocido" (*Ibíd.*, 3.21.1).

Calvino fue explícito en el hecho de que la obra del sacrificio de Cristo es una sustitución que literalmente toma el castigo por el pecado que le correspondía el pecador, algo que contrasta con la opinión de Anselmo, quien veía la muerte de Cristo como la satisfacción, desplazando la necesidad del castigo. Calvino escribió: "Por lo tanto, cuando Cristo fue colgado en la cruz, se sujetó a la maldición [de la ley]. Tenía que suceder de esta manera para que la maldición que a causa de nuestros pecados nos esperaba—o más bien recaía sobre nosotros—, fuera levantada de nosotros, y recayera en Él" (*Ibíd.*, 2.16.6). Esta es sin duda una visión objetiva de la expiación,[2] pero para Calvino esta no excluía el aspecto subjetivo. A través de la obra de Dios en la salvación estamos unidos a Cristo (un énfasis importante en la teología de Calvino) mediante la obra del Espíritu Santo (también importante para Calvino) y, aunque en cierto sentido las cosas siguen igual, en otro sentido las cosas cambian profundamente: "Experimentamos [en Cristo] esa participación en que, aunque [...] somos pecadores, Él es nuestra justicia; aunque somos impuros, Él es nuestra pureza; aunque somos débiles, aunque estamos desarmados y estamos expuestos a Satanás, contamos con ese poder que le ha sido dado en el cielo y en la tierra [...]; aunque aún llevamos el cuerpo de la muerte, Él es nuestra vida" (*Ibíd.*, 3.15.5). El meollo del asunto es que, a través de la unión con Cristo, Cristo vive su vida a través del creyente que vive en dependencia total de la fuerza del Espíritu Santo.

Al igual que Agustín y Lutero, Calvino creía que la vida entera del cristiano implicaba una lucha contra el pecado: "En el hombre regenerado queda un bloque de maldad encendido del que constantemente saltan deseos para seducirlo y estimularlo a cometer pecado" (*Ibíd.*, 3.3.10). Calvino admitió que en su caso se trataba de una lucha despiadada contra su "bestia feroz". Pero si estamos unidos a Cristo y el Espíritu mora dentro de nosotros, ¿por qué no podemos derrotar completamente el pecado en esta vida? Calvino diría que porque Dios desea mantenernos humildes y deseosos de su gracia. A esta lucha de toda la vida contra el pecado, que depende de la gracia, y anhela la justificación se le conoce en la teología calvinista como la "perseverancia de los santos".

En cuanto a la cena, Calvino difiere tanto de Lutero como de Zuinglio. A pesar de que estaba de acuerdo con ellos en el rechazo de la noción católica de la transubstanciación, también rechazó la idea luterana de la consubstanciación o presencia real, concordando con Zuinglio en que el cuerpo físico humano de Cristo estaba en el cielo y no en los elementos de la cena. Sin embargo, también rechazó el concepto de Zuinglio de que la cena del Señor no era más que un servicio conmemorativo. Calvino sopesó los dos puntos de vista y concluyó que el cuerpo y la sangre de Cristo estaban presentes en los elementos, pero no físicamente sino espiritualmente: "Sin embargo, la carne misma de Cristo en el misterio de la Cena es una cosa no menos espiritual que nuestra salvación eterna" (*Ibíd.*, 4.17.33). También creía que los elementos eran canales de la gracia divina, que fortalecían la fe del creyente en la unión con Jesucristo a través del Espíritu Santo.

Conclusión

Podríamos decir que el mismo Calvino estaría en desacuerdo con mucho de lo que se categoriza hoy en día como "calvinismo". Calvino, por ejemplo, no mantuvo la doctrina "calvinista" de la expiación limitada; es decir, de que Cristo solo murió por el beneficio de los elegidos. Por otra parte, Calvino (al igual que Agustín, Lutero, y muchos otros) creía en la "doble predestinación"; es decir, en que antes de los tiempos, Dios ya había predestinado a algunos para salvación y a otros para condenación.[3]

Muchos calvinistas posteriores han suavizado esto diciendo que Dios predestinó a algunos para la salvación y simplemente pasó por encima del resto.

Calvinismo y *teología reformada* se han convertido un poco en sinónimos, aunque en realidad no es así.[4] Sin embargo, la influencia de Calvino sobre la Reforma en general y específicamente sobre la teología reformada es difícil de exagerar. Sus enunciados se convirtieron básicamente en el libro de texto de la teología reformada. Su influencia fue mucho más allá de la teología, trascendiendo a la política, la economía, y la ética (como por ejemplo la "ética protestante del trabajo").

En los tres últimos capítulos hemos visto que el movimiento protestante se dividió en dos grupos principales. La rama luterana logró el predomino en Alemania y los países escandinavos: Suecia, Dinamarca, y Noruega. La rama Reformada se propagó desde Suiza (bajo la batuta de Zuinglio y Calvino) a Francia, Holanda, Inglaterra, Escocia, y finalmente Norteamérica a través de los puritanos. En conjunto, a estas ramas se las conoce como la "Reforma Magisterial", porque creen que la Iglesia y el estado (magistrados) deben cooperar estrechamente en la obra de Dios en la tierra. La Ginebra de Calvino, como la vimos en este capítulo, es una excelente ilustración de esta convicción. Aún queda una tercera rama de la Reforma que debemos mencionar: la "Reforma radical", que será el tema del siguiente capítulo.

24

MENNO SIMONS
El reformador radical

Contexto

Durante el período de la Reforma, hubo algunos que no pensaban que los reformadores tradicionales como Lutero, Zuinglio, o Calvino irían lo suficientemente lejos. Ellos querían reformar la Reforma y, por decirlo de alguna manera protestaron al protestantismo, al menos hasta cierto punto. Esta surgió principalmente de entre algunos los seguidores de Zuinglio y la Reforma suiza. El grupo era amplio y diverso, pero había principalmente dos aspectos en los que no estaban de acuerdo con los reformistas tradicionales, y estos dos aspectos estaban estrechamente entrelazados.

El primero estaba relacionado con la Iglesia y el estado. Los reformadores tradicionales siguieron la costumbre de la Iglesia Católica a través de la Edad Media de promocionar una asociación estrecha entre la Iglesia y el estado, como lo que Calvino estaba haciendo en la ciudad de Ginebra. Actualmente la Iglesia Luterana es la religión oficial de Alemania y de los países escandinavos. El término *Reforma Magisterial* se aplica en este sentido. Los reformadores tradicionales querían que los "magistrados" civiles colaboraran con la obra de la Iglesia en sus respectivas zonas geográficas.

En contraste, la Reforma Radical creía que no debía haber asociación alguna entre la Iglesia y el estado, y que la iglesia local debía estar libre de cualquier control estatal y ser totalmente autónoma en sus decisiones y programas. Es decir, creían en la separación de la Iglesia y el estado. El término radical viene de la palabra latina que significa "raíz". La connotación aquí era "volver a las raíces", es decir, al Nuevo Testamento. Cuando estos reformadores lo hicieron, no encontraron en las Escrituras ningún fundamento para una "Iglesia estatal". Por el contrario, encontraron que la iglesia debía estar compuesta únicamente por los que han profesado la fe en Jesucristo y se han unido voluntariamente a la iglesia, a diferencia de quienes habitan un ámbito geográfico determinado, simplemente porque es ahí donde viven, incluyendo a los bebés. Hoy esa idea se da por sentada, pero en el siglo XVI era, bueno, bastante radical. Ella nos lleva al segundo asunto.

Los reformadores radicales también rechazaron la práctica del bautismo de infantes, y creían que el bautismo debía ser exclusivamente para los que profesaban personalmente su fe en Jesucristo: el bautismo del creyente. Los reformistas tradicionales negaban la doctrina católica de que el bautismo de bebés tenía algo que ver con la salvación. Más bien, lo equipararon al ritual del Antiguo Testamento de la circuncisión practicado por la comunidad del pacto de Israel, y lo vieron como un medio de incluir a los infantes en la comunidad del pacto de la Iglesia. Los "radicales", en cambio, creían que la Iglesia estaba formada por los verdaderos creyentes (los bebés no pueden considerarse como tales) que voluntariamente se asocian a ella (los lactantes no pueden hacer eso) y se comprometen a vivir su fe. El término peyorativo *anabaptista* (bautizar de nuevo) fue aplicado a estos radicales por parte de los tradicionalistas. Por supuesto, los anabaptistas no consideraban que estaban rebautizando a nadie, ya que el bautismo de un niño era para ellos completamente nulo.

Este movimiento creció y se extendió rápidamente, al punto de que amenazó a la Reforma tradicional. Los tradicionalistas también entendían que el concepto de iglesia-estado no podía tener éxito separado del bautismo de infantes. Como resultado trágico, los tradicionalistas (junto con la Iglesia Católica) persiguieron despiadadamente a los anabaptistas. En 1525 la ciudad de Zurich ordenó que los anabaptistas fueran exiliados, y un año después impuso la pena de muerte sobre ellos, irónicamente, por "inmersión prolongada", es decir, por ahogamiento. Muchos de los líderes del movimiento fueron de hecho ejecutados.

Uno de los que se salvaron de ese destino trágico fue Menno Simons. Simons nació en Holanda en 1496 y se convirtió en sacerdote católico. Él había rechazado la doctrina católica de la transubstanciación basado en su propio estudio de las Escrituras. Cuando se enteró del movimiento anabaptista, estudió de nuevo las Escrituras y se convenció de que no había ninguna base bíblica para el bautismo de infantes. En 1536 se convenció de su propia hipocresía en permanecer en la Iglesia Católica Romana, experimentó su propia conversión personal, se alineó con el movimiento anabaptista, y fue bautizado como creyente. Durante los siguientes dieciocho años estuvo en constante movimiento debido a la persecución, pero en 1554 encontró un refugio seguro en Holstein, Alemania, y allí permaneció hasta su muerte en 1561.

Contribución

A diferencia de la mayoría de los líderes anabaptistas que, o bien murieron jóvenes o estaban constantemente en la carrera, Simons vivió hasta una edad relativamente avanzada y tuvo la oportunidad de escribir ampliamente con relativa seguridad. Sus obras completas comprenden más de mil páginas, incluyendo alrededor de veinticinco libros, así como cartas, sermones y tratados.

Al igual que los reformadores tradicionales, pero a diferencia de una minoría entre sus compañeros anabaptistas que creían en la revelación divina a través de una "luz interior", Simons creía que la Biblia era la única autoridad cristiana y trató de basar sus creencias exclusivamente en sus enseñanzas. Este fue exactamente el motivo por el que él y otros anabaptistas rechazaron el bautismo de infantes. Escribió: "Dado que no encontramos en todas las Escrituras una sola palabra en la que Cristo haya ordenado el bautismo de niños, o que sus apóstoles lo hayan enseñado y practicado, decimos y confesamos con razón que el bautismo infantil no es más que una invención humana, una opinión de los hombres, una perversión de la ordenanza de Cristo".[1]

Para Simons, así como para la mayoría de los anabaptistas, lo que era de primordial importancia no era lo que uno creía (incluso sobre el bautismo), sino el estilo de vida. Llevar una vida cristiana verdaderamente comprometida y de santidad era más importante que la teología. Por esta misma razón, Simons no recibió con entusiasmo la doctrina de la justificación de la Reforma como una declaración legal de la justicia de Dios, porque temía que esta facilitaba la exclusión de un compromiso sincero con un estilo de vida santo. En caso de que pensemos que debido a su título "anabaptista", su visión del bautismo era central para el movimiento, Simons hace una aclaración: "[El bautismo] es el menor de todos los mandamientos que [Cristo] nos ha dado. Son mandamientos mucho más grandes amar a nuestros enemigos; hacer el bien a los que nos hacen mal; orar en espíritu y en verdad por los que nos persiguen; someter la carne bajo la palabra de Dios; hollar bajo nuestros pies todo el orgullo, la avaricia, la impureza, el odio, la envidia, y la intemperancia"; etcétera.[2] Esto refleja el verdadero corazón del movimiento anabaptista.

Simons tenía una opinión bastante inusual sobre la persona de Jesucristo, la cual explica en *La encarnación de nuestro Señor* (1554). En esencia, creía que la encarnación había tenido lugar en el cielo y que María no aportó su naturaleza humana a su hijo Jesús. Más bien, solo fue el vehículo de su nacimiento en la tierra. Aparentemente Simons vio esto como una manera de proteger la pureza de Jesús de la naturaleza humana pecaminosa de María (a pesar de la doctrina católica romana), pero los críticos de Simons lo acusaron de negar la verdadera humanidad de Jesús. De todos modos, la tradición anabaptista no adoptó su punto de vista de la encarnación.

Fue a través de la influencia de Menno Simons principalmente que los anabaptistas en general llegaron a abrazar el pacifismo, incluso cuando están siendo amenazados personalmente. En su *Fundamento de la doctrina cristiana* declara sin ambigüedades que la única espada que un cristiano debe usar es la espada del Espíritu, la Palabra de Dios. Más bien, era una responsabilidad del estado dada por Dios portar armas para castigar lo que es malo y proteger lo que es bueno. Así, muchas iglesias anabaptistas hoy en día son "iglesias de paz".

Conclusión

No solo fue Menno Simons uno de los pocos anabaptistas que vivieron el tiempo suficiente y que tuvieron la suficiente estabilidad como para producir mucho en la forma de obras escritas, sino que fue también uno de los mejores organizadores entre los primeros líderes de la tradición. Como William Anderson dijo: "Fue a través del trabajo y el ejemplo de Menno Simons que lo mejor de la tradición anabaptista fue perpetuado y llegó a ser de gran influencia".[3] Los seguidores de Menno Simons llegaron a ser conocidos como "menonitas", y aún existen hoy en día. Otros familiares distantes modernos de los anabaptistas son los cuáqueros, los bautistas, los congregacionalistas, y las iglesias "libres" en general (que afirman estar separadas del estado). En un sentido más amplio, sus puntos de vista sobre el bautismo de los creyentes y la vida santa aún están vivos y vigentes en gran parte de las iglesias evangélicas.

BREVE
INTERVALO

Mientras
tanto en Roma

(o al menos en Trento)

Contexto

En los cuatro capítulos anteriores hemos estado examinando algunos reformadores protestantes y la Reforma. Pero también es bueno examinar cómo respondió la Iglesia católica a todo esto, o lo que se conoce como la Contrarreforma católica. No hay ningún teólogo asociado con esto, pero es una parte necesaria de la historia de la teología.

Había católicos romanos que veían muchos de los mismos problemas dentro de la Iglesia que los reformadores veían, y también quisieron emprender reformas. Uno de ellos, por ejemplo, fue Erasmo de Rotterdam (1466-1536), quien era el intelectual más respetado en Europa en aquellos días. Él era un sacerdote católico, pero también un libre pensador. Él quería desesperadamente reformar la Iglesia, pero igualmente deseaba mantenerla unida. Algunos de sus libros se hicieron muy populares debido a su ingenio y perspicacia, y en ellos ridiculizaba cosas como las supersticiones, las peregrinaciones, las reliquias, la inmoralidad del clero, y la secularización de la jerarquía de la Iglesia, que se preocupaba más por los asuntos del estado que por los asuntos religiosos. Por ejemplo: *Elogio de la locura* (1509) es un tributo (un elogio) satírico a las prácticas populares (la locura) del catolicismo romano. Erasmo estaba influenciado por el movimiento de "regreso a las raíces" y contribuyó con este. Produjo un Nuevo Testamento en griego que causó revuelo entre los eruditos de su época. Lo único que había estado disponible durante siglos era una versión muy imperfecta de la Vulgata latina de la Biblia. El deseo de Erasmo era que en última instancia, todos, y no solo la élite del clero, pudieran leer la Biblia en su propio idioma. Los protestantes, por supuesto, compartían el mismo deseo y utilizaron el Nuevo Testamento en griego de Erasmo para hacer eso posible. Erasmo de hecho simpatizaba con los protestantes en una serie de aspectos (no en todos), pero murió profundamente decepcionado de que ellos hayan terminado dividiendo la Iglesia Católica y de que esta haya quedado sin ser reformada.

Otro católico romano que quiso una reforma fue Gasparo Contarini (1483-1542), un noble italiano que tuvo las mismas convicciones de Lutero con respecto a la justificación por la fe en Cristo incluso antes que el mismo Lutero. Tarde en su vida se convirtió en cardenal y luego en sacerdote (sí, en ese orden), y estuvo involucrado con algunos esfuerzos para reformar los abusos dentro de la Iglesia católica. También estuvo implicado en el diálogo con los protestantes, específicamente en el Coloquio de Ratisbona en 1541. En este hubo un sorprendente acuerdo sobre la justificación, pero nada más.

En general, con respecto al protestantismo, la Iglesia católica optó por la condena en lugar de la conciliación. El papa Paulo III produjo el *Index*, una lista de libros prohibidos que contenía todo lo que los protestantes habían escrito, incluidas sus traducciones de la Biblia. Este reinstituyó la Inquisición para acabar con la herejía protestante, pero lo más significativo fue que convocó el concilio ecuménico decimonoveno de la Iglesia. Este comenzó a reunirse en Trento, Italia, en 1545, y después de tres prolongadas sesiones completó su labor en 1563.

Contribución

El Concilio de Trento hizo básicamente dos cosas: La primera fue aclarar lo que la Iglesia Católica Romana creía y enseñaba en contraste con el protestantismo. Por ejemplo, el Consejo definió que las fuentes de autoridad de la Iglesia eran las Escrituras y la tradición; y afirmó que solo la Iglesia tenía la autoridad de interpretar esas fuentes. Reiteró la doctrina católica de la justificación, la cual es progresiva y esencialmente igual que la santificación; reiteró su opinión sobre los sacramentos, incluyendo el número de ellos que son siete, *ex opere operato*, la transubstanciación, el orden sagrado (específicamente en contraste con la doctrina protestante del sacerdocio de todos los creyentes), y muchos (muchos, muchos) más.

El consejo también oficializó doctrinas que habían sido no oficiales durante mucho tiempo, como: el purgatorio, las indulgencias, el lugar de las reliquias y las imágenes, etcétera. La Vulgata Latina, incluyendo los libros apócrifos, fue declarada la versión católica oficial de la Biblia.

Con respecto a la salvación, el Concilio de Trento aclaró que el mérito humano juega un papel en la salvación. En el *Decreto en cuanto a la justificación* del consejo (1547), el canon 32 dice: "Si alguien dice que las buenas obras del hombre justificado son dones de Dios, que no son también buenos méritos del mismo justificado, o que este no merece el aumento de la gracia [...] y la consecución de la vida eterna, y asimismo el aumento de la gloria, sea anatema [que caiga maldición sobre él]". El mensaje es que, a pesar de que el pago *eterno* por los pecados es remitido a través del sacramento de la confesión, el pago *temporal* por los pecados es necesario en la forma de penitencias, indulgencias, actos de amor, y otras "buenas obras"; es decir, mérito humano. El consejo recalcó que incluso estos eran realizados por la gracia de Dios. Sin embargo, para los protestantes esto simplemente se reducía a justificación por las obras y no a justificación en Cristo. Por tal motivo, el consejo declaró a todos los protestantes herejes.

La segunda cosa que el Concilio de Trento hizo fue introducir reformas significativas dentro de la misma Iglesia católica. Por ejemplo, la venta de indulgencias *cuyo propósito era recaudar fondos para la Iglesia*, fue abolida (pero las indulgencias en sí mismas continuaron ofreciéndose). Se promulgaron decretos relacionados con la disciplina del clero.[1] En general, el consejo abordó y erradicó muchas prácticas abusivas y corrupción dentro de la Iglesia y su clero.

Conclusión

Los logros del Concilio de Trento fueron enormes. Este produjo más legislación eclesiástica que los dieciocho consejos anteriores juntos.[2] Amplió y estableció en concreto la brecha entre el catolicismo y el protestantismo. El resultado fue una forma de catolicismo conocida como "catolicismo tridentino" que persistió durante cuatro siglos hasta el Segundo Concilio Vaticano II, o Vaticano II (1962-1965).

RICHARD HOOKER

El arquitecto del anglicanismo

Contexto

Si las iglesias luterana, reformada, y las iglesias anabaptistas en Europa continental nacieron debido a cuestiones teológicas o eclesiásticas, la Iglesia de Inglaterra nació (por lo menos en un sentido) por cuestiones hormonales, específicamente lujuria.[1] La historia es más bien infame. El rey Enrique VIII (1491-1547) se casó con Catalina de Aragón, pero ella no pudo darle a Enrique un heredero varón para sucederlo. Mientras tanto, Enrique deseaba a una dama de la corte llamada Ana Bolena. La complicación estaba en que el Papa no anularía el matrimonio de Enrique y Catalina para que pudiera casarse con Ana. Así que (para hacer un largo cuento corto, como se suele decir), Enrique se separó de la Iglesia en Roma, estableció la Iglesia de Inglaterra, y se declaró jefe supremo de esta. El *Acta de Supremacía* (1534) declaró: "La majestad del rey con justicia y con razón es y debe ser y será la única cabeza suprema en la tierra de la Iglesia de Inglaterra llamada *Ecclesia Anglicana*". De este modo, nació la Iglesia anglicana.

El único cambio real en medio de todo esto fue que el monarca reinante en Inglaterra sustituyó al papa como cabeza de la Iglesia en Inglaterra. Básicamente todo lo demás se mantuvo igual. De hecho, el rey Enrique despreció y condenó la Reforma que estaba dándose a lo largo del Canal de la Mancha. Enrique, sin embargo, designó a Thomas Cranmer, quien simpatizaba con la Reforma luterana, como arzobispo de Canterbury (la posición eclesiástica más alta de Inglaterra) en 1533.

El joven hijo de Enrique, Eduardo VI, lo sucedió en el trono en 1547, y durante su reinado de seis años, los asesores de Cranmer y de Eduardo rápidamente movieron a la Iglesia de Inglaterra hacia una dirección más favorable con la Reforma protestante en el continente. En 1549 Cranmer produjo un libro de oraciones de tendencia protestante que, después de su revisión en 1552, recibió el título más conocido de *Libro de oración común*. Este ha sido revisado varias veces desde entonces, pero aún sigue siendo una pieza central en la adoración colectiva Anglicana.

Cuando Eduardo murió en 1553, María, la hija de Catalina de Aragón (y media hermana mayor de Eduardo) lo sucedió, y revirtió la tendencia de la Iglesia nuevamente hacia el catolicismo romano. Cientos de protestantes ingleses, incluyendo a Thomas Cranmer, fueron quemados en la hoguera, lo que le hizo ganarse su famoso título de "María la sanguinaria" (en inglés, *Bloody Mary*). Para evitar la ejecución y la persecución, muchos huyeron al continente, por ejemplo, a Ginebra, Suiza, donde fueron profundamente influenciados por la teología reformada.[2]

María murió en 1558 y fue sucedida por Isabel I (fallecida en 1603), hija de Enrique y Ana Bolena (la media hermana más joven de María). Isabel era protestante (aunque no congeniaba con la teología Reformada), pero su problema eran las fuerzas contrarias dentro de la Iglesia de Inglaterra: los romanos (que prosperaron bajo el reinado de María) y los reformados (los protestantes que habían huido durante el reinado de María, pero que regresaron desde entonces a Inglaterra). Su solución fue un acuerdo que, apropiadamente, fue presentado como el "camino intermedio" entre el catolicismo y el protestantismo. Se le conoce como el *Acuerdo religioso isabelino* (1559) que estableció a la Iglesia anglicana como teológicamente protestante y eclesiásticamente católica. La declaración doctrinal que se impuso fueron

Los treinta y nueve artículos de religión, que se basaban en *Los cuarenta y dos artículos* escritos por Thomas Cranmer un poco antes de su martirio.

A pesar de que Thomas Cranmer puede ser considerado el padre de la Iglesia protestante de Inglaterra, el teólogo clave y arquitecto del anglicanismo fue Richard Hooker (1554-1600). Mientras estudiaba en la Universidad de Oxford, Hooker se comprometió con un anglicanismo muy orientado al catolicismo romano. Se convirtió en el líder del Templo en Londres en 1584, e irónicamente, el ministro asociado era Walter Travers, que era un crítico abierto del anglicismo isabelino y favorecía una influencia más fuerte de la Reforma en la Iglesia de Inglaterra. Hooker apoyaba la forma actual del anglicanismo en el sermón de la mañana, y Travers apoyaba su versión más reformada de la teología y la Iglesia en la tarde. Como algunos han dicho, la iglesia tenía a Canterbury en la mañana y a Ginebra en la tarde. Eso debe haber confundido un poco a los miembros de la Iglesia.

Contribución

La obra literaria principal de Hooker fueron sus ocho tomos *De las leyes de la sociedad eclesiástica*, en donde básicamente promueve el sistema isabelino y la forma de la Iglesia que la reina Isabel deseaba, a saber, una liturgia muy católica centrada en los sacramentos católicos y en una estructura de gobierno jerárquica episcopal del tipo católico,[3] pero cuya teología estuviera más acorde con el protestantismo continental moderado. Es decir, si pudiésemos visitar una típica iglesia anglicana en ese tiempo, el servicio de la iglesia en sí sería muy parecido a una ceremonia católica romana. Sin embargo, la doctrina que se creía y se predicaba reflejaba más los principios básicos de la reforma protestante. Al igual que los reformadores, Hooker rechazaba las doctrinas católicas de la transubstanciación, el purgatorio, las indulgencias, y los sacramentos aparte del bautismo y la eucaristía.

Hooker estaba totalmente en sintonía con los protestantes con respecto a la justificación por la gracia de Dios, la cual se basaba solo en la obra de Cristo y se recibía a través de la fe, tal como se refleja en el artículo 11 de *Los treinta y nueve artículos de religión*. Por otro lado, en marcado contraste con los reformadores, Hooker creía que a pesar de que los católicos romanos no mantenían este principio teológico, aún podían ser salvados por la gracia de Dios. Otra diferencia con la doctrina reformada de la salvación era la creencia de Hooker en que aunque la salvación era una declaración instantánea e inmediata de justicia—justificación—, también era (y esto puede sonar un poco incoherente) un proceso de toda la vida que nos pone a participar en la naturaleza divina. La antigua doctrina ortodoxa de la deificación o teosis.[4]

A pesar de que reafirmó la expresión de *Los treinta y nueve artículos* sobre la máxima autoridad de las Escrituras (artículo 6), también creía en niveles de autoridad menores que debían moldear la vida y el pensamiento de los cristianos si la Biblia era silenciada. Se refería a autoridades civiles como leyes civiles, y razones y convicciones personales. En la siguiente cita de su obra *De las leyes de la sociedad eclesiástica* ilustra esto, así como su tendencia a encontrar un "camino intermedio":

"Hay por lo tanto dos opiniones relacionadas con la suficiencia de las Sagradas Escrituras, cada una diametralmente opuesta a la otra, y ambas repugnantes ante la verdad. Las escuelas de Roma [la Iglesia Católica] enseñan que la Escritura es tan insuficiente como que si, aparte de las tradiciones agregadas, esta no contuviera toda la verdad revelada y sobrenatural, la cual es absolutamente necesaria para que los hijos de los hombres en esta vida sepan que pueden salvarse para la siguiente vida. Otros que condenan acertadamente esta opinión [los protestantes que no aceptan ninguna autoridad que no sea la Escritura] se van igualmente hacia otro extremo peligroso, en el que la Escritura no solo contiene todas las cosas necesarias en ese sentido, sino que simplemente todo aquello que de una u otra manera explica las cosas de acuerdo a otra ley, no solo es innecesario sino opuesto a la salvación, contrario a la ley, y pecaminoso. Cualquier cosa que se hable de Dios, o de las cosas relacionadas con Dios que no esté asociada con la verdad es, aunque parezca honrosa, tomada a mal. Y así como los halagos increíbles dados a los hombres a menudo reducen y perjudican el crédito que se merecen; igualmente nosotros debemos tener mucho cuidado, no sea que atribuyamos a la Escritura más de lo que puede tener. No creer esto hace que incluso esas cosas que de hecho tiene abundantemente sean menos estimadas y reverenciadas. Yo por lo tanto, lo dejo a la propia consideración de ellos, bien sea que se hayan sobrepasado o no en el primer punto, lo cual Dios sabe que ocurre rápido aunque lo que queramos decir sea sincero, como estoy fuertemente persuadido que es lo que ocurre en este caso" (2.8.7).

Un aspecto en el que Hooker parece más cercano al catolicismo medieval que al protestantismo es su punto de vista sobre la teología natural, que refleja la influencia de Aristóteles y Tomás de Aquino. Esto dio lugar a una visión del pecado original que no era tan pesimista como la de los reformadores continentales. Hooker creía que los seres humanos caídos tienen la capacidad racional y moral para responder positivamente incluso a la revelación general, y que pueden cooperar con la gracia divina, así como con la revelación especial, lo cual resulta en una forma de salvación muy sinérgica.

Conclusión

La versión del anglicanismo de Hooker ha sido adoptada por las iglesias anglicanas (o episcopales) en todo el mundo. Sin embargo, como ya hemos observado, había otros puntos de vista dentro del anglicanismo que estaban descontentos con el acuerdo isabelino y con los puntos de vista de Hooker sobre la creencia y la adoración. Nos ocuparemos de estas protestas y reformas en los capítulos 28 y 29.

Jacobo Arminio

Contrario al calvinismo

Contexto

No toda la teología reformada era igual. Hemos visto cómo los reformadores diferían sobre el significado de los sacramentos: el bautismo y la cena del Señor. También discreparon sobre la naturaleza de la predestinación divina y la práctica de la vida cristiana. En este capítulo estudiaremos lo primero en la forma de arminianismo, y en el siguiente capítulo, lo último, en la forma de pietismo.

Jacobo Arminio[1] nació en Holanda alrededor de 1560. Estudió en la nueva Universidad de Leiden en Holanda y luego en Ginebra, donde estudió con Teodoro de Beza, sucesor de Calvino. En 1588 comenzó su ministerio pastoral en la Iglesia Reformada Holandesa en Ámsterdam. Pronto Arminio comenzó a cuestionar la forma más extrema del calvinismo, en particular la predestinación, según lo enseñado por Beza. Hizo públicas sus opiniones a través de sermones basados en la epístola de Pablo a los romanos, y la controversia surgió. Fue acusado de herejía por muchos de sus colegas reformados holandeses, pero los cargos no prosperaron, y fue exonerado.

En 1603 comenzó a enseñar teología en la Universidad de Leiden, pero solo después de una oposición significativa por parte de Franciscus Gomarus, un calvinista ferviente también de la facultad en Leiden. A pesar de que Gomarus no pudo evitar la elección de Arminio, continuó acusándolo de una variedad de delitos, tales como ser un "católico de armario, los cuales eran completamente falsos. Arminio trató de defenderse, pero fue en vano. La controversia continuó girando en torno a él y sus creencias hasta que murió en 1609.

Contribución

Las obras de Arminio que se relacionan con la controversia dentro de la teología reformada son los siguientes: *Examen del panfleto del Dr. Perkins sobre la predestinación* (1602); *Declaración de Sentimientos* (1608); *Carta dirigida a Hipólito A Collibus* (1608); y *Ciertos artículos para ser diligentemente examinados y analizados* (fecha desconocida).[2] Estos están incluidos en *The Works of James Arminio* [Las obras de Jacobo Arminio].[3]

A pesar de las sugerencias en sentido contrario, Arminio claramente consideraba que estaba de acuerdo con la línea principal del protestantismo. Él ratificaba el principio de *sola scriptura* que afirma que la Palabra de Dios y solo ella es la única autoridad escrita para todos los creyentes. También ratificaba la doctrina de la justificación *sola gratia*, *solus Christus*, y *sola fide*, es decir, únicamente por la gracia de Dios basada en la obra de Cristo, y aceptada por fe. En su *Declaración de sentimientos* escribió: "Yo no recuerdo haber enseñado nunca o albergado otros sentimientos relativos a la justificación del hombre ante Dios, que los mantenidos unánimemente las Iglesias reformadas y protestante, y que están totalmente de acuerdo con sus opiniones expresadas".[4]

Contra lo que Arminio se rebeló principalmente en la teología reformada fue su postura sobre la predestinación, la cual afirmaba que todas las cosas son causadas por decisiones o decretos de Dios, incluyendo la caída de la humanidad en el pecado, la elección de justos para bendición eterna e injustos para el castigo eterno (la doble predestinación), y la visión monergista de la salvación de aquellos que son elegidos para la justificación.

Él rechazó estos puntos de vista principalmente porque creía que eran contrarios a las Escrituras, pero también porque, según su evaluación, básicamente hacían de Dios el "autor del mal". De acuerdo con Arminio, las consecuencias de la doctrina calvinista de la predestinación eran "que Dios peca [...], que Dios es el único pecador [...], y que el pecado no es pecado".[5] En otras palabras, si la caída del hombre y el pecado están de acuerdo a los propósitos de Dios en primer lugar, ¿no es Él entonces el responsable de estas cosas? Si es así, "pecar no es pecado", porque todo lo que Dios hace es bueno. ¿Cómo vino entonces la caída? Arminio creía que no era que Dios la había determinado, sino más bien que la había permitido, necesariamente así, ya que Dios creó a los humanos con un libre albedrío genuino. Dios sabía que ocurriría la caída, pero no predeterminó que ocurriera.

También rechazó la visión monergista de la salvación, es decir, que Dios la lleva a cabo por sí solo sin la intervención humana. Sus objetores calvinistas alegaron que cualquier otro punto de vista—el sinergismo, o cooperación entre Dios y los pecadores—, hace posible que los pecadores salvados tomen el crédito, al menos en parte, por su propia salvación, robando así el mérito a Dios. Arminio, por el contrario, respondería que la visión calvinista era la que le roba el mérito a Dios, y que contradecía su amor y bondad.

La visión sinergista de Arminio sobre la salvación ciertamente no se basaba en alguna visión optimista de las capacidades de los seres humanos pecadores. En su *Declaración* escribió:

"En su estado pecaminoso y caído, el hombre no es capaz, por sí ni de él mismo, de pensar, desear, o hacer aquello que es verdaderamente bueno; sino que es necesario que sea regenerado y renovado [...] por Dios en Cristo por medio del Espíritu Santo, para [...] hacer aquello que es bueno. Cuando es hecho partícipe de esta regeneración o renovación, considero que, debido a que ha sido libertado del pecado, es capaz de pensar, desear, y hacer lo que es bueno, *pero no sin la continua asistencia de la gracia divina*" (III. *El libre albedrío de los hombres*, itálicas añadidas).

En la teología arminiana, esta necesaria "gracia divina" se llama "gracia preveniente",[6] es decir, es una gracia que precede o que es previa. Este tipo de gracia es dada a todas las personas (no solo a los elegidos), lo que les permite hacer lo que no pueden hacer por su propia cuenta en su estado pecaminoso caído: aceptar por fe el don gratuito de la salvación a través de Jesucristo. A pesar de que la doctrina arminiana de la salvación era sinergista, de ninguna manera creía que los salvados podían tomar algún crédito en su salvación. Esta ocurría *enteramente* por la gracia de Dios, pero al aceptarla el pecador escogía *libremente* cooperar (y también podía escoger rechazarla, pues *no* era irresistible).

Los calvinistas fuertes tendían a considerar el decreto de que Dios predestina a algunos para salvación y el resto para condenación como la premisa principal de la cual fluían todos sus otros decretos. En contraste, en su *Declaración de sentimientos*, Armino ordenó los decretos de Dios de la siguiente manera: 1) Dios designó a su Hijo Jesucristo para ser el Redentor y Salvador; 2) Dios determinó recibir y perdonar a los que se arrepintieran, creyeran en Cristo, y perseveraran en la fe hasta el final, dejando al resto en su pecado y bajo la ira divina y la condenación eterna; 3) Dios eligió proporcionar los medios suficientes y eficaces necesarios para proporcionar fe salvadora y arrepentimiento; es decir, su gracia; y 4 Dios decidió salvar a aquellos que sabía de antemano que cooperarían con su gracia y creerían en Cristo.

Arminio entonces creía efectivamente en la predestinación divina, pero no en la variedad que, al menos a su criterio, tendía a negar la auténtica libertad y responsabilidad humanas. Para Arminio, la predestinación divina era principalmente corporativa, no individual. Según entendía, en Romanos 9, Dios había escogido dos categorías: los creyentes y los no creyentes. A este tipo de predestinación podemos llamarla "sin condiciones", en el sentido de que Dios determinó bendecir a aquellos en la categoría de los creyentes y maldecir a los de la categoría de los incrédulos. Pero a nivel individual, la elección de aquellos que se salvarían estaba basada únicamente en su conocimiento previo; es decir, en su capacidad de mirar hacia el futuro y saber quiénes llegarían a creer en Jesús como su Salvador. Como lo puso Pablo en Romanos 8:29: "Porque a los que Dios conoció de antemano, también los predestinó"[7]. A esto se le conoce como elección condicional, siendo la condición la fe salvadora, predestinada, y conocida de antemano de la persona.

Conclusión

El año siguiente a la muerte de Arminio, cuarenta y seis pastores holandeses que habían aceptado sus puntos de vista, y que eran conocidos como remonstrantes (protestantes), redactaron *La protesta*, que consistía en cinco puntos: 1) Dios escogió ofrecer la salvación por su gracia, mediante Jesucristo, a todos los que tuvieran fe en Cristo y perseveraran en ella; 2) Cristo murió en la cruz por todas las personas, pero solo aquellos que creen en Él entienden su beneficio; 3) los seres humanos caídos no pueden hacer nada aparte de la regeneración y de la obra del Espíritu Santo; 4) La gracia de Dios es necesaria, pero esta puede ser resistida; y 5) Los verdaderos creyentes por la gracia pueden perseverar en su fe, pero esa perseverancia no garantiza nada.

La *Remonstrance* (Protesta) llevó al Sínodo de Dort, en Holanda (1618-1619), el cual fue esencialmente un juicio por herejía al arminianismo y a los pastores arminianos. Uno de los resultados fue que los pastores arminianos holandeses fueron excomulgados y exiliados. Otro resultado de Dort fueron los famosos (¿e infames?) cinco puntos del calvinismo, que no eran sino contrapuntos a los cinco puntos de los remonstrantes. La doctrina calvinista de la *depravación total* es muy similar al punto 3 expuesto anteriormente.

La *elección incondicional* contrasta con el punto 1—la

elección condicional. La *expiación limitada* contrasta con el punto 2—la *expiación ilimitada.* La *gracia irresistible* contrasta con el punto 4—la *gracia resistible.* Y la *perseverancia de los santos* contrasta con el punto 5, que al menos parece dar a entender que los santos podrían no perseverar, y por consiguiente perder finalmente su salvación. Y así, el escenario estaba listo para el debate entre el calvinismo y el arminianismo en los últimos cuatro siglos.

Como ocurrió en el caso de Calvino, muchos de los seguidores de Arminio llevaron su teología más allá de lo que él mismo lo hizo. Y al igual que ocurrió con el calvinismo, el arminianismo es a menudo malinterpretado y tergiversado.[8] Las ideas de Arminio han sido etiquetadas como "pelagianas" o "semipelagianas", cuando el mismo Arminio lo negaba. Que el debate entre estos dos sistemas de teología continúe, porque los asuntos en juego son importantes y merecen una atención reflexiva; pero hagámoslo de una manera que represente con *exactitud* los puntos de vista opuestos, y que refute o defienda *gentilmente* cada punto de vista.

Philipp Spener

Fundador del pietismo

Contexto

Los teólogos posteriores a la Reforma protestante parecieron deslizarse rápidamente otra vez en el tipo de la escolástica medieval católica de la que Lutero y Calvino habían partido; es decir, la inclusión de la filosofía y la lógica—un tipo de racionalismo—a la teología, que dio lugar a un "endurecimiento de las arterias" de la teología. El objetivo era producir una teología protestante amplia que se pusiera de pie contra los asaltos tanto del catolicismo romano como de los escépticos religiosos; pero al hacerlo, se recurrió a la metodología de Aquino. Sawyer lo expresa así: "La teología se enfocó ahora en la sistematización y en las proposiciones, y trató de extender el conocimiento teológico a los pequeños detalles, pero en el proceso, *la relación íntima de la teología con la vida se oscureció nuevamente.* Esta fue la época de la escolástica protestante".[1]

Este escolasticismo afectó al calvinismo y fue al menos parcialmente responsable de la reacción de Arminio y de otros, como vimos en el capítulo anterior. También afectó al luteranismo y provocó un tipo de reacción diferente: el pietismo.

A mediados del siglo XVII, nacer en una nación "luterana" era nacer cristiano, al menos después del bautismo del bebé, según la teología luterana de ese momento. Por lo tanto, había poca preocupación por la realidad de vivir como un cristiano. ¿Para qué molestarse, si ya todo estaba hecho? En términos generales, los pietistas habían llegado a creer que el luteranismo se había ido a la cabeza y había dejado atrás el corazón.

Philipp Jacob Spener es generalmente considerado el fundador del pietismo. Nació en Alsacia, entre Alemania y Francia, en 1635. Se crió en un ambiente muy religioso y leyó las obras de Johann Arndt, que pueden considerarse las raíces del pensamiento pietista. Spener fue entrenado en las universidades de Estrasburgo y Basilea. Mientras pastoreaba una iglesia luterana en Fráncfort, Spener se sintió consternado por las condiciones espirituales de los "cristianos" del lugar y comenzó a pedir un humilde arrepentimiento y un discipulado serio. Sus críticas a la Iglesia y el estado, así como su predicación y prácticas no solo causaron una oposición importante, sino también el comienzo de un movimiento que simpatizaba con sus ideas. En 1686 se convirtió en el capellán de la corte de Dresde, y en 1692 asumió su último cargo pastoral en Berlín. Durante su ministerio fue profesor de pietismo, entrenado líderes piadosos, y alimentando el movimiento pietista hasta su muerte en 1705.

Contribución

La contribución escrita de Spener al movimiento pietista fue *Deseo sincero de una Reforma agradable a Dios en la verdadera Iglesia Evangélica, junto con varias propuestas cristianas simples con ese propósito*, que, por suerte, es más conocida como la *Pia Desideria* o *Deseos piadosos* (1675). Este es esencialmente el manual del pietismo.

Spener (y los pietistas en general) estaban totalmente de acuerdo con sus colegas luteranos en lo siguiente: Por lo general, Spener concordaba con las doctrinas centrales de la Reforma Protestante. Sin embargo, también creía que la corrección teológica no debía ser la máxima preocupación de los cristianos. En ese momento los pietistas estaban preocupados con lo que llamaron la "ortodoxia muerta" del luteranismo; es decir, la corrección teológica sin vida espiritual. A sus colegas pastores luteranos Spener les dijo: "¿De qué sirve que nuestros oyentes estén libres de todos los errores papales, reformados,[2] socinianos,[3] etcétera; y que tengan una fe muerta a través del cual son más gravemente condenados que todas esas mejores vidas heterodoxas?".[4]

Específicamente, Spener confirmó plenamente la amada doctrina de Lutero de la justificación por la gracia de Dios, la cual se basaba en la obra de Jesucristo y se recibía únicamente a través de la fe. Sin embargo, a pesar de que estaba de acuerdo teológicamente con ella, no la enfatizaba, ya que según su criterio eso era lo que llevaba a los cristianos a tener vidas que no parecían muy "cristianas" en lo absoluto. Spener revalidó también el bautismo de niños, creyendo que este resultaba en la salvación del bebé. Sin embargo, también creía que la gracia de Dios recibida en el bautismo a menudo se perdía por negligencia futura.

Spener (y los pietistas en general) se apartaron de la mayoría de sus compañeros luteranos y reformistas de las siguientes maneras: Él subrayó la necesidad tanto de la conversión como de la santificación a fin de llegar ser un "cristiano del corazón", como él decía. Como acabo de mencionar, a pesar de que él creía en el bautismo de infantes, también creía firmemente que la persona debía finalmente tomar la decisión consciente de confiar y seguir a Jesucristo. Esto incluía un arrepentimiento genuino; es decir, un reconocimiento de la propia pecaminosidad y de la absoluta necesidad de la gracia de Dios. Esto debía conducir a la regeneración—convertirse en un "hombre nuevo"—y al inicio de la santificación—la transformación interior permanente del individuo mediante la obra del Espíritu Santo, que se expresaría en el desarrollo de la santidad en la vida. El mismo Lutero creía en este tipo de santificación, pero, según los pietistas, él no la subrayaba lo suficiente. El asunto es que mientras la ortodoxia luterana subrayaba lo objetivo: los aspectos externos de la salvación (la justificación), y el bautismo de niños como garantía de la propia salvación; los pietistas destacaban lo subjetivo: los aspectos internos de la salvación (la conversión, el arrepentimiento, la santificación), y una vida cada vez más santa como garantía de la propia salvación. Para los pietistas, el cristianismo no era real si no se sentía; no era auténtico si no se experimentaba.

Spener fue bastante innovador en varios aspectos. Hizo hincapié en la importancia de una vida devocional personal, incluyendo la meditación, la oración, y especialmente el estudio bíblico. El conocimiento y la comprensión individual de las Escrituras es crucial para un "cristianismo del corazón". Spener llamó a un "mayor uso de la palabra de Dios", porque "cuanto más esté entre nosotros la Palabra de Dios en nuestra casa, mayores fe y frutos producirá". Esto tenía que ser más de lo que se obtenía a través de los sermones, los cuales, incluso con el transcurso de muchos años, solo cubren una pequeña parte de la Biblia. Recomendó tres cosas. Primero, la Biblia debe ser leída en familia: "No le será difícil a cualquier padre mantener a mano una Biblia, o al menos un Nuevo Testamento, listo para ser leído cada día". En segundo lugar, "donde la práctica puede aplicarse, los libros de la Biblia pueden ser leídos uno tras otro, en momentos determinados, en la administración pública, sin hacerles comentarios adicionales" a fin de beneficiar a aquellos que no saben leer o que no tienen acceso a una Biblia. En tercer lugar: "retomar el tipo de reunión antigua y apostólica de la iglesia [cita 1 Co. 14:26-40] [...]. Una persona podría no levantarse a predicar, pero aquellos que han sido bendecidos con dones y conocimientos pueden hablar y presentar sus opiniones piadosas sobre el tema propuesto para el juicio de los demás".[5]

Esto llevó a otra de las innovaciones de Spener, lo que él llamó *collegia pietatis*, o "reuniones piadosas". Se trataba de pequeños grupos de cristianos que se reunían de manera habitual para orar, estudiar la Biblia, y discutir aquellas cosas que se daban por sentado en los entornos de la iglesia, pero que en los días de Spener no se mencionaban.

Conclusión

Otros dos pietistas influyentes estaban conectados directamente con Spener. August Hermann Francke fue un converso de Spener y lideró el movimiento después de la muerte de Spener; y el Conde Nicholas Ludwig von Zinzendorf, que era ahijado de Spener. De este último surgió la hermandad de Moravia, que reflejaba el espíritu evangelístico de Zinzendorf y los moravos, y que a su vez puso en marcha el primer esfuerzo misionero protestante real. Fue a través de la influencia de los misioneros moravos que Juan Wesley tomó el camino que lo llevó a su conversión.[6]

Desafortunadamente hoy en día el término *pietista* tiene una connotación negativa, ya que se relaciona con personas que no se permiten ninguna clase de diversión y que se apartan lo más que pueden de la sociedad. Estas caricaturas, sin embargo, no tienen nada que ver los pietistas originales que querían transformar realmente a la sociedad a través de santos completamente reformados. De hecho, el concepto y la práctica de "avivamientos" se fundamenta en gran medida en el espíritu pietista.

Curiosamente, en su natal Alemania el pietismo se mantuvo al margen de la Iglesia Luterana, pero este fue exportado a América del Norte, donde no solo prosperó, sino que dominó la vida eclesiástica. Es indiscutible que el pietismo ha influido profundamente en casi cada denominación protestante estadounidense en general, y específicamente en las iglesias evangélicas. En Estados Unidos hay elementos pietistas en el luteranismo, el metodismo, las iglesias y denominaciones bautistas, la Iglesia Evangélica Libre, la Iglesia del Nazareno, y las Asambleas de Dios. Afortunadamente, este le devolvió el corazón al cristianismo.

Jonathan Edwards

El último puritano

Contexto

En el capítulo 25 analizamos la Reforma inglesa y el establecimiento de la Iglesia de Inglaterra, o Iglesia anglicana. El anglicanismo típico fue el "camino intermedio", iniciado por el acuerdo isabelino y establecido por Richard Hooker. Pero como señalé, hubo disidentes que querían una Iglesia de Inglaterra más reformada teológicamente—más calvinista, en vez de un confuso "camino intermedio"; y eclesiásticamente presbiteriana o congregacional, en lugar de episcopal. Una de esas personas fue Walter Travis, el ministro asociado de Richard Hooker que predicaba la "teología de Ginebra" en la tarde después de que Hooker había predicado la "teología de Canterbury" en la mañana. Travis y otros como él llegaron a ser conocidos como "puritanos", ya que querían purificar la Iglesia de Inglaterra de los elementos "romanista" o "papistas" como los obispos, los altares, las estatuas, la alta liturgia de la Iglesia, etcétera; que según ellos eran demasiado dominantes. También rechazaron el *Libro de oración común*, que veían como demasiado católico.

Una facción de los puritanos creía que la Iglesia Anglicana se había quedado atrás en la reforma y, por lo tanto, estableció sus propias iglesias "separatistas". Sus puntos de vista radicales dieron como resultado la persecución en las décadas de 1620 y

1630, lo que obligó a muchos a huir al continente, y a otros a Nueva Inglaterra. Hoy en día los conocemos como los Peregrinos. Sin embargo, los puritanos que se quedaron en Inglaterra finalmente ganaron la partida, primero a nivel militar, y un poco más tarde a nivel político, bajo la dirección de Oliver Cromwell. El rey Carlos I fue ejecutado (1649), lo que acabó brevemente con la monarquía; y antes del restablecimiento de la monarquía en 1660, la Asamblea de Westminster (1643-1649) produjo una de las más importantes declaraciones doctrinales calvinistas y puritanas, conocida la Confesión de Westminster, que estaba destinada a sustituir a *Los treinta y nueve artículos de religión* anglicanos.

Uno de los mayores representantes de los puritanos, a veces llamado el "Príncipe de los puritanos", fue Jonathan Edwards. Su vida a veces se utiliza para marcar el final del período puritano, y por eso también se lo denomina "el último puritano". Edwards nació en East Windsor, Connecticut, Estados Unidos, el 5 de octubre de 1703. Entró en la universidad de Yale a la edad de trece años, ya con conocimientos de hebreo, griego y latín. Después de un breve pastorado y de volver a Yale para completar una maestría y desempeñarse como tutor, en 1724 comenzó a servir como ministro asociado de su abuelo Solomon Stoddard, uno de los líderes puritanos de ese entonces y pastor de la Iglesia Congregacional en Northampton, Massachusetts. Cuando Stoddard murió en 1729, Edwards lo sucedió como pastor.

Como resultado de su ministerio en Northampton hubo un avivamiento a mediados de la década de 1730, el cual formó parte de un acontecimiento mayor conocido como el Primer Gran Despertar (1725-1760). Sus sermón más famoso: "Pecadores en las manos de un Dios airado", fue predicado durante este tiempo:

"El Dios que lo mantiene a usted suspendido sobre el abismo del infierno, como quien mantiene una araña o algún insecto odioso sobre el fuego, lo aborrece a usted y ha sido provocado espantosamente; la ira que siente por usted arde como el fuego; él considera que usted no merece nada distinto, excepto ser lanzado al fuego; su mirada es demasiado pura como para soportar tenerlo frente a sus ojos; usted es diez mil veces más abominable que la más odiosa serpiente venenosa lo es a los nuestros; usted lo ha ofendido infinitamente más que un rebelde obstinado ofendería a su príncipe; y nada, excepto su mano, lo sostiene para que no caiga en el fuego en cualquier momento".

Esta contundente retórica es la que caracteriza la predicación de Edwards, pero injustamente. Al parecer, Edwards no era un predicador excesivamente expresivo. Su estilo era más bien tranquilo y razonable en lugar de emocional y manipulador.

En 1750 fue destituido como pastor de la iglesia en Northampton, debido en parte a su intento de hacer que los requisitos para la membresía de la iglesia y la participación en la cena del Señor fueran más exigentes. Luego se trasladó a Stockbridge, Massachusetts, una pequeña ciudad fronteriza donde pastoreó una iglesia y se involucró en el trabajo misionero entre los indios. Fue durante este período, de 1752-1757, que produjo cuatro de sus obras literarias más importantes, que examinaremos aquí.

En 1757 aceptó a regañadientes la posición de presidente de la Universidad de Nueva Jersey (hoy Universidad de Princeton), pero murió en 1758, un mes después de su toma de posesión, como resultado de una vacuna contra la viruela contaminada.

Contribución

Dado que Edwards era ante todo un pastor, no es de extrañar que cientos de sus sermones estén disponibles hoy en día. También hizo contribuciones literarias significativas a la ética, la psicología, e incluso a la ciencia.[1] Siendo típicamente puritano, sus obras reflejan un calvinismo consistente con su énfasis en Dios. "Ningún teólogo en la historia del cristianismo tenía una opinión tan alta o tan fuerte de la majestad, la soberanía, la gloria y el poder de Dios como Jonathan Edwards".[2] También refleja la influencia del pietismo, específicamente en un delicado equilibrio entre la mente y el corazón. Para él era crucial saber y creer la verdad bíblica, pero esto debía siempre dar lugar a la adoración pura y la vida santa.

La teología de Edwards no solo fue el producto de una poderosa reflexión intelectual sobre las Escrituras, sino que también fue intensamente personal. En su *Narrativa personal*, describe lo que ocurrió mientras caminaba por el bosque durante un momento de "contemplación y oración":

> "Tuve una visión extraordinaria de la gloria del Hijo de Dios como mediador entre Dios y los hombres, y de su gracia y amor maravillosos, grandes, plenos, puros y dulces; y de su mansedumbre y condescendencia apacibles. Esta gracia que resultaba tan calma y dulce aparecía también grande por encima de los cielos. La persona de Cristo se presentaba inefablemente excelente, con una presencia real lo suficientemente grande como para absorber todo pensamiento e idea, lo cual continuó, tanto como puedo deducir, durante alrededor de una hora, tiempo en el que me mantuve desbordante de lágrimas y sollozos expresados en voz alta".

Una manera de resumir sus escritos es relacionándolos con los desafíos teológicos que abordó. Una de las principales preocupaciones de Edwards era el crecimiento del racionalismo de la Ilustración, el cual manifestaba una profunda confianza en el intelecto para llevar a los seres humanos a la verdad (incluyendo la verdad "religiosa"), así como las decisiones y acciones éticas.[3] Esta perspectiva produjo importantes críticas a los avivamientos en la década de 1730 y 1740, alegando que se basaban en la emotividad e incluso en el irracionalismo. Edwards respondió estas acusaciones en una de sus obras más famosas, *Tratado sobre las afecciones religiosas* (1746). En ella presenta un enfoque que era bastante novedoso y revolucionario, a saber, que lo más importante en el pensamiento y la acción no es solo es el pensamiento (en contra de los racionalistas), sino más bien los "afectos". De hecho argumentó que es a partir de el afecto que fluyen todos los pensamientos, las emociones, las decisiones y las acciones. El término, como Edwards lo utiliza, se refiere a los anhelos o deseos más profundos de la persona. Como él mismo dijo: "Los afectos no son otra cosa que los ejercicios más vigorosos y sensibles de las inclinaciones y la voluntad del alma [...] esos mediante los cuales el alma no se limita a simplemente percibir y ver las cosas, sino que de alguna manera se inclina con respecto a las cosas que observa o considera; bien sea a *favor*, o en *contra* de ellas. En otras palabras, los afectos están relacionados con lo que más amamos (o detestamos) y, por lo tanto, con lo que realmente anhelamos (o detestamos). Están estrechamente relacionados con lo que las Escrituras denominan el "corazón", que no es solo el centro de las emociones sino el centro de nuestro ser, incluyendo los aspectos físicos, mentales, y morales, además de lo emocional.

Así que la *verdadera* religión según Edwards no consiste solo en conocimientos, es decir, en información para saber; ni en mera emotividad, es decir, en los sentimientos que se experimentan; sino más bien es ambas cosas y más. Mente y corazón van de la mano. Así que en contra de los racionalistas, afirmó que el lugar apropiado de las emociones que fluyen de los verdaderos afectos es el cristianismo. Pero también reconoció que no todas las emociones fluyen de los verdaderos afectos: es decir, de los afectos que honran a Dios, y por lo tanto condenó el mero emocionalismo de los avivamientos. De acuerdo con John Piper, el *Tratado sobre las afecciones religiosas* de Edwards "es probablemente, uno de los tratados bíblicos más penetrantes y emotivos que se han escrito sobre la manera en que Dios trabaja para salvar y santificar el corazón humano".[4] Roger Olson añade: "La psicología moderna ha vindicado las ideas de Edwards sobre la personalidad humana, si no sus interpretaciones teológicas, que incluyen que Dios es la causa última de todos los afectos, tanto buenas como malos".[5]

Además del racionalismo de la Ilustración, otra de las preocupaciones de Edwards era el crecimiento del arminianismo en las colonias de Nueva Inglaterra. Fue esta inquietud lo que estimuló el primero de sus cuatro grandes libros escritos durante su ministerio en Stockbridge, *La libertad de la voluntad* (1754), que en general se considera su mayor logro literario, y que estableció sus credenciales como uno de los más grandes teólogos y filósofos de Estados Unidos. Edwards ratifica la libertad de la voluntad, pero no el tipo de libertad característica de la teología arminiana, que era una libertad *completa* (o autodeterminada), incluso al punto de hacernos capaces de elegir *en contra* de nuestra propia naturaleza y deseos. Esto, según razonó Edwards, era totalmente contrario a la soberanía total de Dios, que lo determina todo. Más bien, en armonía con Agustín y el calvinismo en general, Edwards argumentó que tenemos la libertad de elegir *de acuerdo* a nuestros deseos, es decir, a nuestros "afectos"; aquello que más amamos y deseamos. Trágicamente, sin embargo, debido a nuestra naturaleza pecaminosa, nuestros afectos están equivocados y por lo tanto también lo está nuestra voluntad. Esto nos lleva a otra de las obras de Edwards realizadas en Stockbridge.

Defensa de la doctrina cristiana del pecado original fue la respuesta de Edwards a uno de los efectos del pensamiento de la Ilustración sobre el pensamiento cristiano; específicamente a la negación de que la mente humana (el racionalismo) y la voluntad (el arminianismo) están distorsionados por el pecado. Edwards demuestra con las Escrituras que los efectos del pecado de todas las personas son universales y amplios, abarcando nuestros afectos. Anhelamos cosas malas, cualquier cosa y todo lo que no sea Dios mismo. Los *verdaderos* afectos son entonces para Dios en toda su gloria y belleza en la persona de Jesucristo. Y es solo a través de un acto de la gracia de Dios que cualquier persona puede llegar a tener sus afectos centrados en Dios. La Biblia ilustra esto con ojos enceguecidos que llegan a ver, y oídos ensordecidos que llegan a oír (ver Is. 35:5, Lc. 4:18). Cuando Dios lleva a cabo esta curación espiritual por medio de Jesucristo, la salvación es el resultado certero. Así que esto representa algo más que simplemente *saber* que Dios es el tesoro más grande; más que *creer* que Dios es el tesoro más grande; más que simplemente *desear* a Dios como el tesoro más grande. Es a través de la conversión, que de hecho *experimentamos* a Dios como el tesoro más grande por medio de Jesucristo, y lo queremos cada vez más. Edwards se explaya sobre este tema en *La naturaleza de la verdadera virtud*, donde afirma que, para el cristiano verdadero, la *verdadera* virtud fluye de *afectos* verdaderos, y esta anhela a Dios por sobre todas las cosas, y se deleita en hacer la voluntad de Dios antes que cualquier otra cosa y en llevar a otros a esa alegría y satisfacción que solo puede ser hallada en Dios.

Otro aspecto de la Ilustración que alarmó a Edwards fue el deísmo, o la creencia de que el universo fue creado por Dios para que funcionara por si solo, como una máquina. En respuesta, él escribió *La finalidad por la que Dios creó el mundo*.[6] Edwards argumenta, en contraposición al deísmo, que el universo creado por Dios opera segundo a segundo y en todos los niveles a través del sostenimiento y dirección de su poder. Curiosamente, en esto Edwards "se anticipó a la física posnewtoniana, en la que toda la materia se considera en última instancia en términos de campos de energía que interactúan con cada parte que depende de todas las demás partes, y las fuerzas que las rigen son más bien misteriosas".[7] Pero más significativamente, la tesis principal de Edwards es esta: "El gran fin de las obras de Dios, que se expresa de manera diversa en las Escrituras, es en efecto uno; y este fin es llamado de manera más adecuada y amplia la gloria de Dios". Pero la gloria de Dios no es solo para sí mismo. Es también para el beneficio de los seres humanos: "El respeto de Dios al bienestar de sus criaturas y su respeto a sí mismo [su propia gloria] no es un respeto dividido. Ambos están unidos en uno, ya que la felicidad de sus criaturas es su propia felicidad". Piper resume la idea de esta manera: "Ese fin [para el cual Dios creó el mundo] Edwards dice que es en primer lugar para que la gloria de Dios sea exaltada en el universo, y en segundo lugar, para que las personas rescatadas por Cristo en todas las edades y todas las naciones se gocen en Dios por sobre todas las cosas".[8]

En resumen, al opinar sobre y en contra del racionalismo de la Ilustración, así como del arminianismo de Nueva Inglaterra, Edwards argumentó que Dios era *supremamente* soberano sobre *toda* su creación y estaba íntimamente involucrado con ella en *todos* los niveles, y que de hecho, era la causa inmediata de *todo* lo que ocurría. En todos sus escritos, Edwards destacó (por decirlo suavemente) la centralización de Dios en todo, y que solo en Dios por medio de Jesucristo es que cualquier persona puede recibir lo que más anhela—plena felicidad y satisfacción completa—, para la gloria final de Dios.

Conclusión

La mayoría de los eruditos concuerdan en que Jonathan Edwards es el más grande teólogo estadounidense y uno de los más grandes teólogos de todos los tiempos. También es considerado uno de los más grandes filósofos norteamericanos. El interés en Edwards creció gracias a la obra de Perry Miller, *Jonathan Edwards*, en la que escribió: "Él habla con una visión de la ciencia y la psicología tan adelantada a su tiempo que difícilmente se puede decir que la nuestra ha alcanzado la suya".[9] Desde entonces, "el estudio de la obra de Edwards se ha disparado, y el número de disertaciones sobre su trabajo se duplica cada década. Las más prestigiosas editoriales universitarias y revistas han publicado cientos de libros y artículos sobre su pensamiento e influencia".[10]

La prosa de Edwards es desafiante, pero su preocupación es pastoral. Él estableció poderosamente la verdad transformadora de que el deseo de Dios de recibir gloria y el deseo del hombre de ser feliz no son contradictorios, sino más bien uno solo y el mismo. Únicamente en Dios por medio de Jesucristo es que podemos encontrar lo que todos anhelamos anhelan. O, como Piper dice: "Dios se glorifica más en nosotros cuando estamos más satisfechos en él".[11]

John Wesley

El primer metodista

Contexto

Unos meses antes de que Jonathan Edwards naciera en Nueva Inglaterra, John Wesley nació en Inglaterra (el 17 de junio 1703). Edwards fue un calvinista consumado, mientras que Wesley se convirtió en uno de los principales defensores históricos del arminianismo. Ambos tuvieron una profunda influencia en las iglesias evangélicas actuales.

John Wesley fue el decimoquinto hijo de Samuel y Susana Wesley (¡Y tuvieron más!), ambos con antecedentes puritanos. Samuel era un rector anglicano en Epworth, Inglaterra. Fue Susana, sin embargo, quien proporcionó la formación espiritual de sus muchos hijos. A la edad de cinco años, John fue rescatado de un incendio que destruyó su casa. A partir de entonces se consideró a sí mismo "un tizón rescatado del fuego" (Zac. 3:2), un elegido por Dios para algo especial.

Wesley recibió su educación en la Universidad de Oxford, uniéndose a la facultad en 1726. Fue ordenado como sacerdote anglicano varios años después. Estando en Oxford, John, junto con su hermano menor Charles (1707-1788), formaron una sociedad—el "Santo Club"—para el desarrollo de sus vidas espirituales. Comenzaron a ser llamados por el término despectivo *metodistas* debido a sus rutinas metódicas y rigurosas de oración, meditación, estudio de la Biblia, y exhortación mutua. Uno de los estudiantes de Oxford que se unieron a la sociedad fue George Whitefield (1714-1770), quien se convirtió en un buen amigo y estrecho colaborador de los hermanos Wesley.

En 1735, John y Charles viajaron a la colonia de Georgia para participar en las misiones y realizar obra pastoral. Durante el viaje de ida, John quedó impresionado por un grupo de alemanes moravos[1] que exhibió una asombrosa calma durante tormentas espantosas, en marcado contraste con su propio terror ante la posibilidad de la muerte. Su breve ministerio en Georgia fue en general un fracaso según la propia evaluación de John, y regresó a Inglaterra en 1738 muy consciente de su pecaminosidad y debilidad. Escribió en su diario: "Fui a América para convertir a los indios, pero, oh, ¿quién me convertirá a mí?".

En su diario registró el ahora famoso relato de su propio giro espiritual: "En la noche fui de mala gana a una reunión de la sociedad [morava] en la calle Aldersgate, donde alguien leía el prefacio de Lutero de la epístola a los Romanos. Alrededor de un cuarto para las nueve, mientras la persona describía el cambio que Dios obra en el corazón por la fe en Cristo, sentí en mi corazón un extraño calor. Sentí que había confiado en Cristo, solo en Él para salvación, y tuve la seguridad de que había quitado mis pecados, y me había salvado de la ley, del pecado y de la muerte".[2] Algunos consideran que esta fue su conversión real, mientras que otros lo ven como la primera vez que sintió la seguridad de la salvación. Como haya sido, fue un importante punto de inflexión en su vida.

Charles Wesley[3] y George Whitefield[4] también habían experimentado recientemente "conversiones" similares a la de John, y los tres de inmediato comenzaron a predicar el evangelio de la salvación por la fe en Jesucristo dondequiera que podían. Pero semejante buena noticia ya no era bien recibida en la Iglesia de Inglaterra, que estaba en un período de decadencia espiritual. El mismo tipo de pensamiento de la Ilustración al que Jonathan

Edwards se oponía en Nueva Inglaterra había afectado a gran parte de la Iglesia anglicana en Inglaterra. La influencia del pietismo puritano se perdió y fue remplazada por un racionalismo arminiano que se convirtió en simple moralismo; es decir, en una predicación que solo hacía hincapié en vivir una buena vida lo mejor posible.

Cuando Wesley perdió la oportunidad de predicar en las iglesias anglicanas, llevó la predicación al aire libre a todo el que quisiera escucharlo. Viajó miles de kilómetros todos los años, redactó decenas de miles de sermones (muchos a caballo), y predicó de cuatro a cinco veces al día. Este estilo de ministerio itinerante, si no al mismo ritmo agotador, caracterizó a Wesley hasta poco antes de su muerte en 1791 a la edad de ochenta y siete años.

Él y otros predicadores evangélicos enfrentaron gran oposición de la Iglesia de Inglaterra, pero también disfrutaron de considerable éxito, sobre todo entre los pobres. Gracias a su ministerio, Inglaterra experimentó un muy necesario avivamiento, o la versión inglesa del Gran Despertar. "Sociedades"[5] fueron formadas para discipular y animar a los muchos conversos a vivir vidas santas. Originalmente, estas tenían la intención de operar junto a las iglesias establecidas, pero debido a la oposición constante de la Iglesia de Inglaterra, las sociedades con el tiempo se separaron y se independizaron como iglesias metodistas, pero solo después de la muerte de Wesley. Él siguió siendo un anglicano fiel durante toda su vida. El avivamiento en Inglaterra también tuvo un impacto saludable dentro de la Iglesia de Inglaterra, así como en otras iglesias no conformistas tales como los bautistas, los congregacionalistas y los presbiterianos.

Contribución

A pesar de que no escribió un texto teológico en el sentido estricto de la palabra, las opiniones de Wesley expresadas en muchos de sus sermones son claras, junto con sus comentarios, tratados y notas de su diario.[6] Su teología era consistentemente arminiana.

De hecho, tuvo una riña tardía con George Whitefield, quien estaba tan comprometido con el calvinismo como Wesley lo estaba con el arminianismo. Incluso fue muy franco en su oposición al calvinismo, alegando que sus doctrinas de la predestinación, elección, y su monergismo violaban el carácter mismo de Dios.[7] Como Arminio y otros protestantes, Wesley estaba completamente comprometido con la doctrina de la justificación por la gracia mediante la fe únicamente en Cristo. Como describí anteriormente, a través de la influencia de los pietistas moravos también estaba convencido de la importancia del "cristianismo del corazón".

Las contribuciones únicas de Wesley a la teología fueron en los aspectos de la autoridad religiosa y la santificación personal. En primer lugar, con respecto a la autoridad, Wesley sostuvo con firmeza el principio protestante de *sola scriptura*: La Escritura como la más alta autoridad escrita para los cristianos. Esta es suprema sobre cualquier otra fuente. Sin embargo, también creía que había un lugar adecuado para la razón, la tradición y la experiencia. "Wesley basó su fuerte énfasis en la razón y la tradición en el teólogo anglicano Richard Hooker, y del pietismo tomó su énfasis sobre la experiencia".[8] Estos cuatro forman lo que ha sido denominado "el cuadrilátero de Wesley". La razón no es una fuente de conocimiento, sino más bien es útil para analizar el conocimiento, específicamente el conocimiento bíblico; y para demostrar que la Escritura, correctamente interpretada y entendida, es razonable y creíble. La tradición no es independiente de la Escritura, sino está basada en ella, y es útil para explicar y demostrar que lo que los cristianos en general han creído y enseñado a través de los siglos es consistente con las Escrituras; la verdad atemporal y universal. La experiencia tampoco es independiente de la Escritura, sino más bien la confirma y es útil para mostrar cómo esta se adapta a la vida, y es aplicable y pertinente. La razón, la experiencia, y la tradición entonces no se igualan a la Escritura en autoridad, sino más bien son herramientas útiles y necesarias para comprenderla y aplicarla correctamente. Un erudito llama al cuadrilátero de Wesley "su mayor contribución a la teología".[9]

La segunda contribución única de Wesley es en el área de la santificación personal, específicamente lo que él llamó "santificación completa" o "perfección" en su tratado *Una clara explicación de la perfección cristiana*. Mientras Lutero y la mayoría de los otros reformadores protestantes creían que los cristianos eran completamente justificados aunque continuaran pecando a lo largo de sus vidas (*simul justus et peccator*), Wesley planteó la idea de que una forma de santificación completa era posible en esta vida. Consciente de los posibles malentendidos, Wesley trató de aclarar su pensamiento mediante la adición de un apéndice a su obra:

"Algunos pensamientos vinieron a mi mente esta mañana relacionados con la perfección Cristiana, y la manera y tiempo de recibirla, lo cual creo que será útil mencionar. 1. Por perfección me refiero al humilde, delicado, y paciente amor por Dios y nuestro prójimo, gobernando nuestro carácter, palabras y acciones. No incluyo la imposibilidad de caer de ella, ya sea en parte o en su totalidad[...]. No contiendo por el término *sin pecado*, aunque tampoco lo objeto. 2. En cuanto a la manera. Creo que esta perfección es siempre forjada en el alma por un acto simple de fe; consecuentemente, en un instante. En relación con el momento en que sucede, yo creo que este instante generalmente es el de la muerte, el que precede al momento en que el alma deja el cuerpo. Pero creo que puede ser diez, veinte o cuarenta años antes. Yo creo que es por lo general muchos años después de la justificación; pero que pueda ser dentro cinco años o cinco meses, no conozco ningún argumento concluyente sobre lo contrario".

Fíjese que en esta cita Wesley no acepta ninguna insinuación de perfección sin pecado en esta vida. Más bien la "perfección" que es posible se alcanza por la gracia de Dios a través del Espíritu Santo, y se recibe por medio de la fe, por lo general a través de una experiencia de crisis posterior a la justificación (una segunda obra de gracia), que hace que "amemos de una manera pura a Dios y al prójimo; a Dios con todo nuestro corazón y alma, y al prójimo como a nosotros mismos. Es un amor que gobierna el corazón y que recorre todo nuestro comportamiento, nuestras palabras, y nuestras acciones".[10] Lo que parece tener en mente es una experiencia transformadora instantánea (como la que él tuvo en Aldersgate) en la que el cristiano, como nunca antes, es motivado por el amor a Dios y el poder del Espíritu Santo. Es un paso *gigante* hacia adelante espiritualmente, pero no es una perfección *perfecta*. La noción de Wesley de la santificación total es aquella que se va desarrollando a lo largo de la vida.

Conclusión

John Wesley no sólo fue un predicador poderoso y prolífico, sino también un organizador talentoso. Las sociedades metodistas y (más tarde) las iglesias metodistas proliferaron por toda Inglaterra, Estados Unidos, y finalmente el mundo entero. Cuando murió, "dejó setenta y nueve mil seguidores en Inglaterra y cuarenta mil en América del Norte. Si juzgamos la grandeza por la influencia, él fue uno de los grandes de su tiempo".[11] Hoy en día hay más de quince millones de metodistas en todo el mundo. La influencia de Wesley también se ve en las iglesias wesleyanas, en el pentecostalismo, en el movimiento de santidad, en el movimiento de avivamiento, y en el movimiento evangélico en general.

30

FRIEDRICH SCHLEIERMACHER

El padre del liberalismo protestante

Contexto

Jonathan Edwards estaba enfrentando sus efectos en Nueva Inglaterra. John Wesley estaba lidiando con su influencia en la Iglesia de Inglaterra. Este cambió profundamente el pensamiento de muchos. Hablo de la Ilustración. Desde el siglo I hasta los períodos de reforma y avivamiento, la pregunta principal fue: "¿Cuál es el verdadero cristianismo?". Las respuestas variaron: "Es católico" o "luterano", o "reformado", y así sucesivamente. Sin embargo, los pensadores de la Ilustración cambiaron la pregunta: "¿Es verdadero el cristianismo?". Y la respuesta fue principalmente "no", al menos a como se lo entendía históricamente.

La Ilustración, también conocida como la Edad de la Razón, fue un movimiento intelectual durante los siglos XVII y XVIII en Europa, que tenía raíces filosóficas. René Descartes (1596-1650),[1] por ejemplo, así como otros, comenzaron a argumentar que la razón humana era capaz por sí sola de llegar a la verdad. Esta fue una desviación significativa del centenario consenso cristiano de que la razón humana estaba distorsionada por el pecado, y que solo por la gracia de Dios podía funcionar en cualquier forma útil, sobre todo en el ámbito de la verdad espiritual. La Ilustración también tenía raíces científicas que producían una combinación de la razón humana y la observación del mundo natural.

Isaac Newton (1642-1727), por ejemplo, y otros, demostraron que el universo funciona de acuerdo con las leyes naturales. Era como una inmensa máquina que funcionaba de manera muy predecible.

En relación con el cristianismo, el pensamiento ilustrado se tradujo esencialmente en el rechazo de la revelación divina y la autoridad religiosa, y en su lugar colocó a la razón humana y la autonomía individual. Para la Iglesia, la persona "iluminada", declaraba: "No me digas lo que debo creer o hacer. Tengo un cerebro". Immanuel Kant (1724-1804), filósofo alemán e importante pensador de la Ilustración, resumió la mentalidad en el título de su libro *La religión dentro de los límites de la mera razón* (1793). La suposición de San Anselmo: "Yo creo, a fin de poder entender"[2] fue volteada: "Yo entiendo, a fin de poder creer".

La religión de la Ilustración fue el deísmo o religión natural.[3] El Dios del deísmo creó el universo para que funcionara de acuerdo con las leyes naturales, y no interviene a través de medios sobrenaturales como los "milagros". Los deístas ignoraron o rechazaron las doctrinas de la Trinidad y la deidad de Jesucristo como irracionales. Básicamente, despojaron al cristianismo histórico de todo lo sobrenatural. Lo que quedó fue una religión minimalista, para todo uso, que incluye un Dios genérico más bien lejano, en vez del Dios soberano e íntimamente involucrado de la Biblia. Este Dios que estaba más interesado en mostrar el camino para la acción moral que la salvación espiritual.

El deísmo era la religión observada en iglesias unitarias, fundadas en Inglaterra y Estados Unidos a finales del siglo XVIII. A pesar de que el unitarismo se considera a sí mismo "cristiano", rechazó casi todo lo que había hecho el cristianismo distintivo, como por ejemplo el credo niceno y los otros credos históricos y confesiones del cristianismo.

Una vía intermedia entre la teología ortodoxa histórica y la teología deísta unitaria fue la que ahora se denomina "teología protestante liberal". Esta no se fue al extremo de rechazar las creencias cristianas históricas que no eran consideradas aceptables por el pensamiento ilustrado. Por el contrario, la teologí a liberal reinterpretó estas doctrinas con el propósito de hacerlas aceptables a la mente iluminada "moderna". Los liberales no pretendieron destruir el cristianismo, sino preservarlo en el período moderno.[4]

Friedrich Daniel Ernst Schleiermacher es generalmente considerado el fundador de la teología protestante liberal. Nació en Breslau, Prusia (actual Polonia), en 1768. En armonía con su entorno familiar, su crianza y educación fue en la tradición pietista. Sin embargo, en el camino comenzó a tener serias dudas sobre lo que se enseñaba, y se sentía cada vez más incómodo con algunas doctrinas cristianas históricas. Esto continuó durante sus estudios universitarios en Halle, donde Schleiermacher se expuso al pensamiento ilustrado. Pastoreó varias iglesias y también sirvió en las facultades de teología de la Universidad de Halle y la Universidad de Berlín (que ayudó a fundar). Murió en 1834.

Contribución

Su obra escrita es enorme, pero dos de sus libros más importantes son *Sobre la religión* (1799)[5] y *La fe cristiana* (1821, revisado en 1830).[6] En el primero aborda los ataques a la religión de los pensadores de la Ilustración o "aborrecedores de lo cultivado". Al hacerlo, presenta un concepto totalmente nuevo de la religión en general. Este libro fue muy popular e hizo a Schleiermacher muy famoso. En el segundo libro explica sus puntos de vista más maduros de la teología, y la esencia del cristianismo en particular. "Esta es la obra que le otorga más allá de toda duda un lugar a Schleiermacher en el panteón teológico. Es el modelo para todas las teologías sistemáticas desde entonces. En él intenta nada menos que una revisión total de toda la doctrina cristiana, para presentarla de una manera nueva y contemporánea".[7]

En *Sobre la religión* explica sus puntos de vista en general sobre los ataques de la Ilustración. Desde su formación pietista llega a conclusión de que la religión es algo más que solo conocimiento o creer en las cosas correctas (teología), y más que solo acción o hacer las cosas correctas (ética). Esta también involucra sentimientos, "cristianismo del corazón". Pero en lo que Schleiermacher se alejó radicalmente del pietismo y el cristianismo histórico fue en reducir la esencia de la religión *únicamente* a "sentimientos". No se trataba de simples emociones. El término más bien, como Schleiermacher lo utilizó, se refiere a un sentido interno de dependencia absoluta a algo exterior, el infinito. Schleiermacher también llamó a esto "consciencia de Dios". Este es un atributo humano universal, y es la base de todas las emociones humanas, así como el conocimiento y la acción; es decir, de toda la experiencia humana. Por lo tanto, toda religión es ante todo experiencia. El gran avance aquí es el siguiente: Si la religión es principalmente experimental y no doctrinal o ética, está a salvo de los ataques de la Ilustración, ya que está fuera del ámbito de la razón y la ciencia. ¿Qué ocurre entonces si las "doctrinas" de cualquier religión particular definen al racionalismo como irracional? Ellos no son el núcleo de la religión. La religión puede hacer lo que la ciencia y la razón no pueden: enfrentar la sensación de necesidad y dependencia que todo el mundo experimenta en todas partes, todos los días, incluso los "ilustrados".

Él aplica esto a la cristiandad, específicamente en su obra *La fe cristiana*, donde declara: "La piedad que forma la base de todas las comuniones eclesiásticas, no es considerada en sí misma ni un conocimiento [teología], ni una acción [ética], sino una modificación del sentir o de la consciencia inmediata", y aún más específicamente: "La consciencia de ser absolutamente dependientes o, lo que es lo mismo, de estar en relación con Dios".[8] ¡Eso es todo! La esencia del cristianismo es el sentido de dependencia de Dios: tener consciencia de Dios.

La teología y la ética son parte de la religión, pero en un sentido *secundario*. La teología cristiana, para Schleiermacher, no era el contenido necesario de la fe, sino más bien "los relatos de los afectos religiosos cristianos [los sentimientos y las experiencias] establecidos en el habla".[9] Del mismo modo, la Biblia no es la revelación de Dios que debe ser aceptada, sino más bien el registro de la experiencia religiosa humana de donde aprendemos. Pero si las doctrinas históricamente aceptadas ya no son útiles en relación con los propios "sentimientos" o la experiencia consciente de Dios, pueden ser descartadas y sustituidas por otras doctrinas más útiles. La experiencia personal, y no la verdad bíblica, es decisiva. Es el estándar o la norma para evaluar todo. De hecho, cualquier persona puede experimentar revelación divina en su vida personal al relacionar sus experiencias en la vida a su propia dependencia de Dios. Básicamente, Schleiermacher invirtió la base de la teología cristiana de una revelación divina objetiva a una experiencia humana subjetiva.

Mientras que todas las religiones tratan sobre esta dependencia consciente de Dios, según Schleiermacher, el cristianismo es único en el sentido de que "todo se relaciona con la redención realizada por Jesús de Nazaret".[10] Lo que hace único a Jesús no es que él era Dios encarnado, sino que fue un ejemplo perfecto de lo que es tener consciencia de Dios. Jesús era humano en el sentido de que participó de nuestra dependencia de Dios; pero era "divino" en el sentido de que su consciencia de esa dependencia fue perfecta. Esto se resume en que Jesús eran más un ser humano elevado que Dios encarnado.

La "redención" no se obtiene de confiar en Jesús como el sacrificio sustitutivo, sino más bien en seguir su modelo de consciencia de Dios. El problema del pecado es simplemente que tenemos un sentido inadecuado de nuestra dependencia de Dios. Jesús es "salvador" en el hecho de que no solo es un ejemplo perfecto, sino en que imparte su perfecta consciencia de Dios a los creyentes.

Ya que "*todo* está relacionado con la redención realizada por Jesús de Nazaret",[11] Schleiermacher examina cada doctrina cristiana en relación con Jesús. Llega a la conclusión de que las doctrinas como la Trinidad (de la que nos ocuparemos en el Apéndice), el nacimiento virginal de Jesús, su deidad, su resurrección, su ascensión, y su segunda venida no son esenciales para el cristianismo, ya que son irrelevantes para la dependencia consciente de Dios por medio de Cristo. Del mismo modo, los atributos de Dios no son hechos objetivos sobre el ser divino, sino más bien descripciones de la forma en que podemos experimentarlo.[12]

Conclusión

Hay algunos problemas importantes en las ideas radicalmente nuevas de Schleiermacher. Él afirma por ejemplo que todas las personas tienen un sentido de consciencia de debilidad y de dependencia de Dios, pero, ¿es esto realmente cierto? Por otra parte, si todas las doctrinas fluyen de una experiencia subjetiva personal, ¿puede haber entonces alguna verdad objetiva en el cristianismo? Si los individuos experimentan a Dios de diferentes maneras, ¿no equivale esto básicamente a un Dios diferente para cada individuo? "Este nuevo enfoque cambia nuestra visión de Dios en una visión más grande de nosotros mismos".[13] Es decir, Schleiermacher hizo que la teología dejara de estar centrada en Dios, y comenzara a estar centrada en los humanos.

Teólogos posteriores criticaron estas debilidades. Sin embargo, Schleiermacher cambió con eficacia la dirección de gran parte del pensamiento protestante. Lideró la respuesta teológica liberal contra el pensamiento de la Ilustración de renunciar a todas esas doctrinas ortodoxas que parecían (al menos para ellos) ser menos que racionales. Sin embargo, en su reinterpretación drenó gran parte de lo que es distintivo y fundamental para el cristianismo, como veremos en el próximo capítulo.

31

ALBRECHT RITSCHL

Artífice del liberalismo protestante

Contexto

Friedrich Schleiermacher es conocido como el padre del liberalismo protestante, pero su sucesor, Albrecht Ritschl, está estrechamente relacionado con la estructuración real y el establecimiento de la teología liberal clásica. Mientras que Schleiermacher instauró una nueva forma de pensar para los protestantes a la luz de la Ilustración, Ritschl adoptó esa nueva forma de pensar y le dio forma y un contenido más específico. De hecho, a finales del siglo XIX y principios del siglo XX la teología protestante liberal clásica era conocida como "ritschlianismo".

Albrecht Ritschl nació en Berlín en 1822, y era hijo de un pastor y obispo luterano. Estudió teología en las universidades de Tubinga, Halle, y Bonn, y comenzó a enseñar en la segunda. En 1864 se convirtió en profesor de teología en la Universidad de Gotinga, donde permaneció hasta su muerte en 1889.

Contribución

Su legado escrito más importante está contenido en su obra de tres tomos *La doctrina cristiana de la justificación y la reconciliación* (1870-1874).[1] En el centro del método teológico de Ritschl está la idea de que las afirmaciones teológicas o "juicios" (el término que él usa) no deben ser consideradas declaraciones de hechos (como lo sería una declaración científica), sino más bien declaraciones de valor. Las declaraciones de hechos pueden ser probadas de manera objetiva, pero no exigen un compromiso personal o moral por parte de la persona. Por otro lado, las declaraciones de valor están más allá de la verificación objetiva y exigen necesariamente un compromiso personal y moral. "Para Ritschl el conocimiento científico solo se relaciona a cómo son las cosas, mientras que el conocimiento religioso siempre se relaciona también a la manera en que las cosas deberían ser".[2] La "belleza" de esto es que protegió a la religión—concretamente al cristianismo—de la "amenaza" de ser mostrado irrelevante por la ciencia moderna. La ciencia trata exclusivamente con el ámbito material, físico; mientras que la religión o teología trata exclusivamente con la ética, el reino moral. Por lo tanto, no hay conflicto potencial. La esencia del cristianismo según Ritschl es un cierto conjunto de estas declaraciones de valor, las cosas importantes que afectan cómo deben vivir los cristianos.

Una consecuencia de esta metodología es que Dios como ser—los *hechos* relacionados con Dios—no pueden ser objeto de estudio teológico. Por el contrario, la teología solo puede conocer a Dios en cuanto a la forma en que este obra en las personas, es decir, su *valor* en la experiencia humana. Con esto está siguiendo los pasos de Schleiermacher en la práctica de una teología centrada en lo humano y no una teología centrada en Dios. Por ejemplo, a pesar de que Ritschl no rechazó explícitamente la doctrina de la Trinidad, habló muy poco de ella, ya que está relacionada con el ser de Dios, que está más allá del conocimiento teológico. Del mismo modo, los atributos del ser divino (como la omnisciencia, la omnipotencia, y la soberanía) de Dios son incognoscibles, mientras que el amor de Dios—que es la afirmación principal de Dios, según la perspectiva de Ritschl—*puede* ser conocido por su efecto sobre la gente.

Otro énfasis importante en la teología de Ritschl surge del reino de Dios. Este, según lo entendía, estaba compuesto por toda la humanidad unida en el amor y la moralidad. Es el valor más alto, tanto para Dios como para los seres humanos. El cristianismo debe modelar esto fielmente en la comunidad de la iglesia, donde se viven y promueven los ideales del reino de Dios. La vida cristiana es, básicamente, vivir una buena vida y seguir la "regla de oro" de tratar a los demás con amor. Cuando uno vive de acuerdo con estas declaraciones de valor, el reino de Dios es establecido en la tierra. Básicamente, el cristianismo es despojado de todo lo sobrenatural y milagroso y es reducido a lo moral y práctico. El cristianismo no tiene que ver con el porvenir en el cielo, sino con el aquí y ahora. El mayor bien de los cristianos no está en prepararse para el más allá, sino en promover el reino de Dios en la tierra en el presente.

Ritschl basa esto en las enseñanzas de Jesús según se las registra en los Evangelios. Pero, ¿quién era Jesús? Según Ritschl, los cristianos pueden reconocer la "divinidad" de Jesús, que Él es "Dios", solo como una declaración de valor, y no como un hecho. Esto básicamente significa que Jesús de hecho no es Dios. Él es simplemente un humano que vivió perfectamente los valores del reino de Dios durante su vida en la tierra. Ritschl describe esto como la "vocación" que Dios le dio a Jesús, la cual cumplió a cabalidad. Jesucristo no existía antes de su nacimiento salvo en la mente de Dios, y ciertamente no nació de una virgen. Él no hizo milagros, pero enseñó importantes "valores". Y el único sentido en que "Jesús está vivo hoy" es en que sus enseñanzas han tenido una influencia duradera hasta hoy. En otras palabras, de acuerdo con Ritschl, Jesús no es el Dios hombre; sino un hombre bueno que proporcionó las enseñanzas y el modelo que el resto de los seres humanos debemos seguir para establecer el reino de Dios en la tierra.[3] Desde el punto de vista ortodoxo, "El Jesús de Ritschl [...] es una versión bastante insípida, devaluada, de lo que es Jesús realmente".[4]

¿Y qué ocurre con el pecado? Según Ritschl, el pecado era algo contrario al bien supremo o reino de Dios. El pecado es básicamente egoísmo, lo opuesto al amor por los demás. Para él, el pecado era absoluto porque todas las personas tienden a ser egocéntricas, y no tenía nada que ver con algún concepto de pecado original, o con una naturaleza pecaminosa heredada. Esta pecaminosidad universal solo puede ser subsanada mediante la obra de la gracia de Dios de convertir a la gente en seres que aman más a los demás que a sí mismos.

El concepto de salvación a través de Jesucristo era importante para Ritschl, pero Jesús no era el salvador en el sentido de que murió en el lugar de los pecadores y por la penalidad del pecado. Más bien, Jesús logró la salvación por medio de su perfecto cumplimiento de la "vocación" que Dios le dio, que era encarnar y ejemplificar el reino de Dios, algo que a su vez se convirtió en una poderosa influencia para la transformación del mundo.[5] Como lo indica el título de la obra de tres tomos de Ritschl, la justificación y la reconciliación son el centro de la doctrina cristiana. Justificación es cuando Dios perdona a los pecadores que se comprometen a seguir el ejemplo de Jesús. Reconciliación es a lo que los pecadores perdonados han sido llamados en cumplimiento de los ideales del Reino de Dios, que son el amor y la unidad.

Conclusión

Albrecht Ritschl ha sido considerado el teólogo liberal más influyente del siglo XIX. Su influencia se puede ver en casi toda una generación de pastores protestantes y académicos formados en las universidades alemanas; y a través de estos pastores y eruditos el liberalismo protestante llegó a Estados Unidos. Su teología del Reino de Dios estimuló lo que ha llegado a ser conocido en Estados Unidos como el "evangelio social", es decir, la tarea que tiene el cristianismo de transformar no solo a los individuos, sino a toda la sociedad a través de la justicia, la moralidad, y el amor.[6]

Ritschl continuó lo que comenzó Schleiermacher, y en las teologías de ambos podemos ver algunos de los temas que llegaron a caracterizar a la teología liberal protestante clásica.[7]

En primer lugar, la teología liberal adoptó el pensamiento de la Ilustración con el propósito de que el cristianismo fuera relevante en la era moderna. Una mentalidad científica, por ejemplo, afirmaría que todo lo milagroso o sobrenatural en este mundo estaba descartado (por ejemplo: las vírgenes no pueden dar a luz, los muertos no regresan de la tumba, etc.). Esto también implicó el rechazo a las fuentes clásicas de autoridad, especialmente a la Biblia como fuente sobrenatural, la revelación divina, y una variedad de doctrinas ortodoxas como la inspiración y la infalibilidad de la Biblia, la naturaleza trinitaria de Dios (una esencia de tres personas), y las dos naturalezas de Jesucristo (una persona, dos esencias). Esto, pensaban, era simplemente demasiado para ser aceptado por la mente moderna. Como vimos en este capítulo y el anterior, podían utilizar el mismo término (por ejemplo la "deidad" de Jesucristo o la "inspiración" de las Escrituras), pero con un significado totalmente diferente a la interpretación tradicional. Aparte de esto, temían que el cristianismo simplemente desapareciera de la misma manera que un sinnúmero de otras religiones antiguas .

Segundo, Dios debía ser entendido principalmente a través de su experiencia humana y de su obra en este mundo. El Dios de la teología liberal estaba muy orientado a lo humano, y el Cristo de la teología liberal se convirtió en un simple ser humano, aunque el modelo ideal para el resto de la humanidad. Esto se puede ver en el énfasis de Ritschl en que el Reino de Dios es simplemente la humanidad viviendo una utopía aquí en la tierra. Una consecuencia de esto es que la humanidad ya no es vista en una categoría diferente a la de Dios (Dios es el Creador, los seres humanos las criaturas); más bien, Dios y los seres humanos están en la misma categoría, pero en diferentes niveles dentro de la categoría.

Tercero, la esencia del cristianismo era la moralidad. Jesús era visto como el gran ejemplo de vida moral. El Reino de Dios consistía en que todos vivieran vidas morales y que se trataran con amor y respeto. La salvación consiste en hacer lo mejor posible y seguir la regla de oro. Estrechamente relacionada con esta estaba la creencia en el universalismo, que afirma que todo el mundo será finalmente salvo. El pecado no era visto como un problema tan grande. Dios no era visto como un ser enojado con el pecado presto a juzgarnos; sino más bien como un Padre amoroso que perdona a todos sus hijos y los bendice, al menos con el tiempo.

El "ritschlianismo" dominó la teología a finales del siglo XIX y principios del siglo XX, pero luego fue cuestionado tanto por los teólogos ortodoxos que nunca compraron el pensamiento liberal—el movimiento que llegó a ser conocido como "fundamentalismo"—, como desde adentro mismo del liberalismo por aquellos que identificaron sus debilidades y fallas—algo que llegó a ser conocido como "neoortodoxia". Pasaremos ahora a las examinar los argumentos de los representantes de estos movimientos. Como anticipación, la descripción crítica de H. Richard Niebuhr de la teología liberal en general se ha convertido en un clásico: "Un Dios sin ira trajo hombres sin pecado a un reino sin juicio a través del ministerio de un Cristo sin cruz".[8]

J. GRESHAM MACHEN

El defensor de los fundamentalistas

Contexto

La teología liberal protestante se afianzó en las universidades alemanas durante el siglo XIX. Esta entró en la escena norteamericana como la "nueva teología" a través de pastores y eruditos que recibieron su formación teológica de posgrado en estas universidades europeas. Como se señaló en el capítulo anterior, el "evangelio social", se desarrolló como una aplicación específicamente estadounidense de la teología liberal en el contexto de la urbanización y la industrialización—el pecado y la salvación eran vistos como asuntos no solo individuales, sino de la sociedad en conjunto,[1] basados en el concepto de Ritschl del reino de Dios.

Desde el punto de vista de la ortodoxia cristiana, la teología liberal no solo le dio la espalda a las doctrinas esenciales del cristianismo histórico y bíblico, sino que exageró su preocupación por la sociedad en su conjunto, a expensas de la preocupación por la salvación individual y la redención. Además, la preocupación por los individuos parecía más en términos de sus necesidades físicas que de sus necesidades espirituales. Mientras que la teología liberal asumió el papel de tratar de preservar el cristianismo en la Edad Moderna, los cristianos conservadores la veían como una amenaza para la existencia misma del *verdadero* cristianismo histórico.

Así que a principios del siglo XX, muchos cristianos conservadores reaccionaron contra el liberalismo y el evangelio social, algunos incluso yéndose al extremo opuesto: retirándose de cualquier compromiso o preocupación por la transformación de la sociedad, y enfocándose totalmente en la proclamación del evangelio para salvar a las personas. Su preocupación era por las necesidades espirituales de las personas, a menudo descuidando las necesidades físicas; y su enfoque estaba en prepararse para el futuro, y no en transformar el presente. Este movimiento llegó a ser conocido como *fundamentalismo*, debido a que se volvió a insistir en los fundamentos de la fe, y las doctrinas tradicionales históricas, ortodoxas del cristianismo.[2] Una guerra "total" se desató entre esta y la teología liberal, la cual llegó a ser conocida como "controversia modernista-fundamentalista".[3] Históricamente, entonces, el fundamentalismo no solo se define como la defensa de la teología cristiana histórica, sino también el rechazo militante a la teología liberal protestante.

Un destacado teólogo de los comienzos del fundamentalismo fue J. Gresham Machen (1881-1937). Machen estudió teología en el Seminario Teológico de Princeton, donde fue instruido por Benjamin B. Warfield, que ya estaba librando una guerra contra la invasión de la teología liberal, sobre todo contra su opinión erosionada de la Biblia.[4] Machen también estuvo directamente expuesto a la teología liberal mientras cursaba sus estudios en las universidades alemanas de Marburg y Göttingen. Comenzó su carrera como docente de Nuevo Testamento en el Seminario de Princeton en 1906, y cuando Warfield murió en 1921, tomó su lugar como uno de los principales defensores de la ortodoxia sobre el liberalismo.

Él no se limitó a demostrar su oposición al liberalismo en sus escritos y enseñanzas, sino también en sus asociaciones y acciones. Cuando el Seminario de Princeton estaba siendo reorganizando con una orientación liberal, Machen renunció en 1929 y fundó el Seminario Teológico Westminster en Filadelfia. Allí se desempeñó como su primer presidente y profesor de Nuevo Testamento hasta su muerte en 1937. En 1935 fue llevado a juicio por insubordinación por la Asamblea General de la Iglesia Presbiteriana de Estados Unidos (de nuevo, debido a su oposición al liberalismo, ya que fue introducido en la denominación), declarado culpable, y suspendido del ministerio. Como resultado, ayudó a fundar la Iglesia Presbiteriana Ortodoxa en 1936.

Contribución

Los escritos de Machen están dedicados principalmente a esta batalla con el liberalismo. Por ejemplo, en la introducción a su obra *¿Qué es la fe?*,[5] menciona a Schleiermacher y Ritschl en relación con la "decadencia intelectual del momento"[6] a la que, entre otras cosas, no le gusta definir términos. "Los hombres discurren muy elocuentemente hoy sobre temas como Dios, la religión, el cristianismo, la expiación, la redención, y la fe; pero se enfurecen cuando se les pide que cuenten con un lenguaje sencillo lo que significan estos términos".[7] Como ya hemos visto, la teología liberal habla en términos comunes con los del cristianismo histórico (por ejemplo: deidad, inspiración, pecado, etc.) e incluso afirman creer en esos conceptos, pero con significados muy diferentes. He ahí la necesidad de hacer la pregunta en el título del libro de Machen: *¿Qué es la fe?* Él escribe: "Una pregunta más 'práctico' difícilmente podría concebirse. El predicador dice: 'Cree en el Señor Jesucristo y serás salvo'. Pero, ¿cómo puede ser posible que un hombre actúe sobre esa sugerencia, a menos que sepa lo que es creer? [...] Estos predicadores [liberales] hablan de la fe, pero no dicen lo que es la fe".[8] Machen continúa respondiendo a la pregunta de acuerdo a las enseñanzas del Nuevo Testamento tal como se entiende históricamente .

En *El origen de la religión de Pablo*,[9] Machen asume la comprensión teológica liberal de Jesús y de Pablo en relación con el cristianismo. Él resume la perspectiva liberal de la siguiente manera:

"Jesús de Nazaret, según el punto de vista liberal, fue el mayor de los hijos de los hombres [simplemente un gran ser humano]. Su grandeza se centró en su conciencia de estar de pie delante de Dios en una relación de hijo a padre. Esa conciencia de hijo, al menos en su pureza, Jesús descubrió que no era compartida por otros [...] Él instó a los hombres, no a tomarla como el *objeto* de su fe, sino solo como un ejemplo de su fe; no para tener fe en Él, sino para tener una fe en Dios como la suya".[10]

Fueron los *discípulos* de Jesús los que comenzaron "a atribuirle a su persona una clase de importancia religiosa que Él nunca pretendió tener. Comenzaron a hacer de Él no solo un ejemplo de fe, sino también el objeto de la fe [...] y atribuirle características divinas".[11] La teología de Pablo entonces "era la cáscara externa y perecedera de un núcleo valioso. Su *teología* fue el producto de su tiempo, y ahora puede ser abandonada. Su religión se derivó de Jesús de Nazaret y es una posesión permanente de la raza humana".[12] La conclusión es que, de acuerdo con la teología liberal, el cristianismo histórico se basa en el exceso de idealización de Pablo a la persona y el significado de Jesús. Por lo tanto, es legítimo y oportuno desechar la "cáscara perecedera", o la manera en que Pablo expresó las cosas—"su *teología*"—, y regresar al "núcleo valioso" de la verdadera persona de Jesús y de lo que verdaderamente enseñó"—"La *religión* [de Pablo]". En el resto del libro, Machen demuestra lo que los cristianos han creído históricamente, que es lo siguiente: el origen de la religión de Pablo es el mismo Jesús. Pablo lo expresa correctamente en sus epístolas: Los cristianos han estado justificados hasta ahora en creer que el Evangelio de Jesucristo y el evangelio de Pablo son la misma cosa.

La confrontación más directa de Machen con la teología liberal se encuentra en *El cristianismo y el liberalismo*,[13] en el que intenta demostrar que el cristianismo de la teología protestante liberal no es cristianismo en absoluto:

"Estaremos interesados en mostrar que a pesar del uso
liberal de la fraseología tradicional, el liberalismo moderno
no solo es una religión diferente al cristianismo, sino que
pertenece a una clase totalmente diferente de religiones [...]
[N]o es el cristianismo del Nuevo Testamento el que está en
conflicto con la ciencia, sino el supuesto cristianismo de la
iglesia liberal moderna [...] [E]l intento liberal de conciliar
el cristianismo con la ciencia moderna ha renunciado a todo
lo realmente distintivo del cristianismo, de modo que lo que
queda es esencia solo eso mismo tipo indefinido de aspira-
ción religiosa que estaba en el mundo antes de que el cristianismo entrara en escena."[14]

A través de libros y argumentos como estos, Machen fue reconocido como un defensor reflexivo y elocuente del cristianismo
ortodoxo y como el portavoz del movimiento fundamentalista.

Conclusión

En el centro de la preocupación de Machen, y generalmente de
todo el fundamentalismo, estaba el rechazo de la teología liberal a creer en la Biblia como la Palabra escrita de Dios, incluyendo su inspiración divina, infalibilidad, y autoridad. En su
lugar, y en línea con el pensamiento de la Ilustración, el liberalismo colocó a la mente humana y la ciencia moderna. Pero
con el rechazo a tener una alta consideración a las Escrituras,
otras creencias fueron rápidamente rechazadas o redefinidas: la
Trinidad, la deidad de Jesucristo, el nacimiento virginal de Jesucristo, la muerte de Jesucristo como una expiación sustitutiva, la
resurrección corporal de Jesús Cristo, el retorno de Jesucristo, los
milagros, el pecado original, y así sucesivamente. Estos temas se
convirtieron en el campo de batalla en la controversia entre los
modernistas y los fundamentalistas.

J. Gresham Machen y el movimiento fundamentalista pueden
ser acusados de defender la teología cristiana conservadora, ortodoxa, e histórica, del ataque del pensamiento de la Ilustración

y su descendencia: la teología liberal protestante. El movimiento evangélico moderno es básicamente la continuación del compromiso del fundamentalismo temprano (que tenía una alta estima por las Escrituras) con los "fundamentos históricos de la fe" y la creencia en la necesidad de la conversión personal a través de la fe en Jesucristo, el Dios-hombre que murió en el lugar del pecador. Esto último debía dar como resultado amor y buenas obras que produjeran una transformación social: ser "sal y luz", al menos hasta cierto punto. Mientras que J. Gresham Machen y otros criticaron la teología liberal desde afuera, con el tiempo otros comenzaron a criticarla también desde dentro (al principio). Esa será la historia del próximo capítulo.

Karl Barth

Fundador de la neoortodoxia

Contexto

La teología protestante liberal europea, que reflejaba sus raíces en la Ilustración, se había apartado de la autoridad religiosa tradicional, específicamente de la Biblia como revelación divina y, en su lugar, confiaba en la ciencia moderna y la razón humana. Buscaron preservar el cristianismo para el mundo moderno, pero terminaron con un Dios muy humano que sólo podía ser conocido a través de la experiencia humana. El liberalismo también reflejó el gran optimismo de la Ilustración sobre el futuro, mostrando una gran esperanza en un futuro mejor a través de la ciencia, la razón, y la educación. La humanidad estaba evolucionando hacia algo realmente bueno". Todos los días en todos los sentidos, las cosas estaban mejorando cada vez más".

La reacción del fundamentalismo a la teología liberal tuvo el propósito de tratar de preservar el cristianismo ortodoxo histórico y sus doctrinas fundamentales, específicamente su alto concepto de las Escrituras como inspiradas divinamente, sin error, y como autoridad suprema; así como también la Trinidad, la deidad de Jesucristo, su nacimiento virginal, etcétera.

En la primera mitad del siglo XX, un puñado de teólogos que habían estudiado en universidades europeas y que habían sido entrenados en el liberalismo, comenzaron también a reaccionar en su contra y rechazarlo. Su diferencia esencial con la teología liberal y la teología fundamentalista estaba en sus puntos de vista de la revelación divina y de la Biblia, como veremos más adelante. Irónicamente, este movimiento terminó siendo visto por los liberales como un fundamentalismo disfrazado, y por los fundamentalistas como un liberalismo encubierto. Se le ha denominado "neoortodoxia" porque fue un movimiento correctivo desde el liberalismo hacia la ortodoxia. Sin embargo, no recorrió todo el camino hasta la ortodoxia. Era una "nueva ortodoxia".

El fundador de la neoortodoxia es ampliamente reconocido como Karl Barth.[1] Barth nació en Basilea, Suiza, en 1886. Su padre era un pastor de la Iglesia Reformada de Suiza, al igual que sus abuelos. Barth de hecho comenzó sus estudios teológicos con su padre, quien mantenía una teología comparativamente conservadora y para entonces enseñaba en la Universidad de Berna. Barth continuó sus estudios en las universidades de Marburgo, Berlín, y Tubinga. En cada una de estas instituciones fue entrenado por los principales teólogos liberales de la época, y terminó adoptando la visión teológica de estos (contraria a la de su padre). En 1909 terminó sus estudios, fue ordenado, y comenzó el ministerio pastoral.

Barth fue pastor de una pequeña iglesia Reformada en Safenwil, Suiza, de 1911 a 1921. Mientras se preparaba para sus responsabilidades de predicación semanales, descubrió que la teología liberal lo había dejado sin nada que ofrecerle a su gente en Europa en tiempos de guerra,[2] así que se volvió a la Biblia. Descubrió cosas en ella que nunca había encontrado en el liberalismo. Más tarde escribió:

> "No son los pensamientos humanos correctos acerca de Dios los que forman el contenido de la Biblia, sino los pensamientos correctos acerca de los hombres. La Biblia no nos dice cómo hablar de Dios, sino lo que Dios nos habla a nosotros; no dice cómo encontrar el camino hacia Dios, sino cómo él ha buscado el camino hacia nosotros; no dice cuál

es la relación correcta que debemos tener con Él, sino cuál es el pacto que Él ha hecho con los hijos espirituales de Abraham, y que ha sellado una vez por todas en Jesucristo. Es esto lo que está adentro de la Biblia. El mundo de Dios está dentro de la Biblia".[3]

Barth comenzó su carrera docente en la Universidad de Gotinga, Alemania, en 1921, y también ocupó cargos docentes en las universidades de Münster y Bonn. Cuando Hitler llegó al poder, Barth se unió a los pocos que se oponían a él y al nazismo. Como resultado perdió su puesto en la facultad en Alemania, y regresó a Suiza; y en 1935 comenzó a enseñar teología en la Universidad de Basilea. Allí permaneció hasta su jubilación en 1962 y continuó escribiendo y ofreciendo conferencias hasta su muerte en 1968.

Contribución

La primera publicación importante de Karl Barth fue su comentario sobre Romanos en 1919,[4] cuando todavía era pastor. Este libro demostró que Barth ya había adoptado una forma más tradicional de comprensión de las Escrituras que la mantenida por el protestantismo liberal. Pero la teología de Barth se encontraba todavía en transición. Para cuando la segunda edición fue publicada en 1922 ya la transición había sido completada. Barth había dejado atrás la mayor parte de los postulados del liberalismo en los que había sido educado, y había regresado a su raíces en la teología reformada agustino-calvinista. Su comentario sobre Romanos particularmente demostró esto en su visión de Dios. En marcado contraste con la concepción liberal de Dios como casi humano y prácticamente atrapado en su propia creación, Barth recapturó y enfatizó la soberanía absoluta y la trascendencia de Dios como "completamente otro". Como él mismo lo dijo: "Usted no dice 'Dios' cuando dice 'hombre'". Un crítico de la época escribió que el comentario de Barth "cayó como una bomba en el patio de los teólogos".[5]

En 1927 publicó *Dogmática eclesial* y demostró de otra manera su ruptura con el liberalismo. Manifestó su convicción de que la teología no debía basarse en sentimientos humanos, la experiencia, o la racionalidad; como la teología liberal presuponía; sino en la Palabra de Dios solamente.

Sin lugar a dudas, la obra magna de Barth fue su *Dogmática eclesial*.[6] Él llegó a creer que sus *Dogmática cristiana en resumen* había sido demasiado influenciada por la filosofía existencial, en contra de sus propias convicciones de que la teología debe basarse en la Palabra de Dios y nada más. Así, en 1932 comenzó desde cero, determinado a ser verdaderamente coherentes con esa creencia. Continuó escribiendo *Dogmática eclesial* hasta su muerte en 1968, dejando su gran obra (trece tomos, más de seis millones de palabras) incompleta.

En *Dogmática eclesial* Barth continuó presentando una visión de Dios muy diferente al Dios de la teología liberal. Mientras que la doctrina de la Trinidad en gran parte había sido abandonada en el liberalismo, Barth la hizo primordial en su doctrina de Dios.[7] "Bajo la influencia de Barth la teología ha regresado a una consideración seria de la Trinidad".[8] Su definición de Dios era: "Aquel que ama en libertad".[9] En general, la doctrina de Dios de Barth era muy parecida a la de Juan Calvino y Jonathan Edwards, junto con otros predecesores en la teología reformada.

Además, Barth continuó discutiendo la radical trascendencia de Dios; es decir, la "distinción cualitativa infinita" entre Dios, por una parte, y la humanidad y toda la creación por la otra. La teología liberal había hecho hincapié en una "conectividad" entre Dios y la humanidad que llegaba al punto de que Dios difícilmente podía desconectarse de ella. Barth se fue al otro extremo: Hay una gran separación entre Dios y la humanidad. Así que de acuerdo a Barth, conocer a Dios no es un asunto de observar una especie de proceso que incluye a Dios y a los seres humanos.

De hecho, conocer algo acerca de Dios es totalmente imposible *a menos que* [...] Lo que nos lleva a uno de los principios más revolucionarios de Barth que es fundamental para la neoortodoxia en general: su doctrina de la revelación divina

¿Cómo se ha revelado Dios a sí mismo? ¿Cómo puede ser conocido? Como ya hemos visto, la teología liberal en general responde a la pregunta en términos de la experiencia humana y la razón. Dios puede ser conocido a través de la naturaleza (tal como lo entiende la ciencia moderna) y en la forma en que ha obrado a través de la historia humana.[10] Por otra parte, el fundamentalismo, al tiempo que reconoce que Dios puede ser conocido de cierta manera tanto por la naturaleza como por la historia, cree firmemente que Dios se reveló principalmente a través de la Biblia, la Palabra escrita de Dios.

Barth rechazó ambas premisas y se ubicó en un punto intermedio. Puesto que Dios es "completamente otro" y completamente distinto a la humanidad, los seres humanos no pueden conocer a Dios en absoluto a menos que Dios se los permita. Y afortunadamente, Dios en su amor y libertad lo permitió al tomar la iniciativa de darse a conocer. Esta es la revelación divina para Barth: el acto de Dios de revelarse a sí mismo. El clímax y epítome de esto fue la persona de Jesucristo. Jesucristo es la última, perfecta revelación divina: LA Palabra de Dios.

¿Qué es la Biblia entonces? Según Barth, no es la Palabra de Dios *por sí misma*, contrario a lo que afirma la ortodoxia histórica y el fundamentalismo. Barth rechazó la idea de la revelación divina como proposicional, o declaraciones escritas en lenguaje humano. Más bien la Biblia es un *testimonio* de la Palabra de Dios, que es Jesucristo; o dicho de otra manera, la Biblia no equivale a la revelación divina, sino que es más bien un *registro* de la revelación divina. Sin embargo, Barth llegó a decir que la Biblia puede *convertirse* en la Palabra de Dios (en un sentido secundario) cuando Dios actúa para revelarse a sí mismo al lector a través de ella. "La Biblia es la Palabra de Dios en la medida en

que Dios permite que sea su Palabra, en la medida en que Dios
habla a través de ella [...] 'La Biblia es la Palabra de Dios' es una
confesión de fe, una declaración de la fe que escucha a Dios hablar por medio de las palabras humanas de la Biblia".[11] Así que la
Palabra de Dios no es un objeto para ser poseído (como un gran
libro en un estante encuadernado en cuero), sino un suceso para
ser experimentado (como una relación personal con alguien que
nos ama profundamente).

Barth rechazó las ideas de la inspiración verbal y la infalibilidad de las Escrituras. Él creía que la Biblia era un libro humano
falible. Esto no era un problema abrumador, ya que Dios había
obrado a través de otros "testigos" humanos falibles para revelarse (como los profetas), y por lo tanto podía hacer lo mismo
con la Biblia. Aunque esto puede llevarnos a pensar que Barth
rebajaba bastante a la Biblia, en realidad la Biblia era muy importante para él, ya que es el único testimonio de Jesucristo que
tenemos ahora, y el único libro escrito a través del cual Dios ha
elegido revelarse. Por lo tanto, trató a la Biblia como si fuera verbalmente inspirada, infalible, y divinamente autorizada, aunque
teológicamente negó estas doctrinas.[12]

Basado en lo que acabamos de observar, no debería sorprendernos la afirmación de que la teología de Barth estaba
radicalmente centrada en Cristo. Dios se reveló a sí mismo principalmente a través de Jesucristo. Dios trabaja con la humanidad,
principalmente a través de Jesucristo. Por lo tanto, toda la doctrina cristiana debe estar relacionada con Jesucristo. En contraste
con la concepción de la teología liberal de Jesús como el hombre
ideal, Barth fue consistente con la ortodoxia y las antiguas for-
mulaciones cristológicas, como el credo de Calcedonia.

Sin embargo, su cristocentrismo radical lo hizo llegar a algunas conclusiones bastante únicas. En consonancia con la teología reformada, Barth mantenía la fuerte creencia en la doctrina
de la elección. Pero a diferencia de la teología reformada clásica,
que afirmaba que los elegidos eran los seres humanos que serían

redimidos a través de la obra de Cristo, la doctrina de la elección de Barth incluía únicamente a Cristo. *Solo* Él era el *elegido*. Esta es una perspectiva bastante singular y revolucionaria, pero él la lleva aún más lejos.

No solo Cristo era el único elegido, sino también el único "réprobo", es decir, la única persona que experimentará la ira de Dios por el pecado. "En este hombre Jesús, Dios lo ha puesto a la cabeza y en el lugar de *todos los hombres* [...] [Así] el rechazo en el que *todos los hombres* incurrieron, la ira de Dios bajo la cual *todos los hombres* yacen, la muerte que *todos los hombres* deben experimentar, Dios en su amor por [*todos*] *los hombres*, lo transfiere de toda la eternidad a *Aquel* a través de quien los ama y los ha elegido [a *todos los hombres*], y a quien pone a la cabeza y en su lugar".[13]

Si echamos un poco para atrás, podemos ver que Barth reformuló la gravedad del pecado, la intención de Dios de castigar el pecado, y la obra de Dios de derramar su ira sobre Jesucristo al morir en la cruz; todo en contraste con la teología liberal, y en línea con la ortodoxia. Pero a diferencia de la ortodoxia, pareciera que Dios *solo* derrama su ira sobre Jesús, que murió en el lugar de *todas* las personas que terminan estando "en Cristo", el único elegido. "[E]n base al decreto de Dios, *el único hombre verdaderamente rechazado* es su propio Hijo [...] de manera que [el rechazo de Dios] ya no puede caer sobre otros hombres o ser su preocupación".[14] Esto suena muy parecido al universalismo, que de hecho se había convertido en una característica de la teología liberal. ¿Creía realmente Barth que finalmente *todas* las personas serían salvadas en Cristo? Barth fue criticado por sugerir precisamente eso. Si realmente lo hizo o no, no es del todo claro, ya que sus respuestas a esas críticas fueron bastante ambiguas. Pero para ser coherentes con sus convicciones declaradas, la posibilidad de salvación para absolutamente todo el mundo debe quedar abierta; ya que después de todo, Dios es "el que ama la libertad".

Conclusión

Karl Barth es generalmente considerado como uno de los más grandes teólogos—si no *el* más grande—, del siglo XX, y uno de los más grandes teólogos de *todos* los tiempos. Después de él, el movimiento neoortodoxo se convirtió en una fuerza teológica a tener en cuenta, tanto por la teología liberal como la conservadora. Otros teólogos influyentes que, al menos hasta cierto punto, fueron influenciados por Karl Barth y/o parte de la neoortodoxia fueron Emil Brunner, Rudolph Bultmann, los hermanos Reinhold Niebuhr y H. Richard Niebuhr, Dietrich Bonhoeffer,[15] y entre los católicos, Hans Kung.

Barth en efecto merece el reconocimiento por logros importantes. Él restableció el hecho de que la teología debe hacerse "desde arriba", basada en la revelación divina, y no "desde abajo", basada en la razón y la experiencia humana. Estrechamente relacionado con esto, está su restablecimiento, más por su práctica que por su doctrina, del papel de las Escrituras para hacer teología y predicar. Por otra parte, su doctrina de la revelación es problemática por su negación de la revelación general, la cual la propia Biblia reconoce (ver Sal. 19:1-2, Ro. 1:19-20), y su afirmación de que la Biblia no es la Palabra de Dios hasta que "se convierte" en la Palabra de Dios cuando Dios escoge encontrarse con el lector a través de ella. La teología conservadora reconoce que Dios ciertamente se encuentra con el lector a través de la Biblia, pero llama a esto "iluminación" y no "revelación"; sin embargo, la Biblia aún se debe considerar la Palabra de Dios (la revelación *primaria*), incluso si este "encuentro divino" no ocurre, o si la tenemos guardada en un estante.

Otro de los logros importantes de Barth, que se basa en lo que él encontró en las Escrituras, es el restablecimiento de la Divinidad de Dios; su ser trinitario, su plena soberanía, y su trascendencia radical. Por otro lado, parece haber ido demasiado lejos y "sacrificado demasiado en el lado humano de la relación

Dios-mundo".[16] Sus doctrinas de la elección y su (aparente) universalismo parecen eliminar la necesidad de la fe individual para la salvación humana y anular la libertad de rechazar libremente el evangelio por parte de los no creyentes.

El enorme intelecto de Barth y su inmensa producción literaria son casi imposibles de resumir en pocas palabras. Sin embargo, el propio Barth lo intentó. Durante su único viaje a Estados Unidos, se le pidió que hiciera precisamente eso. Respondió cantando: "Jesús me ama, bien lo sé, su Palabra me hace ver",[17] ¡Bien dicho! Su magnitud teológica jamás se le subió a la cabeza. Se cuenta que dijo: "Cuando llegue el día en que tenga que comparecer ante mi Señor, no voy a venir con mis actos, con los tomos de mi Dogmática en una cesta sobre mi espalda. Los ángeles se reirían. Tampoco diré: 'Siempre tuve buenas intenciones. ¡Tuve buena fe!' No. Yo solo voy a decir una cosa: '¡Señor, ten misericordia de mí, pobre pecador!'".[18]

Paul Tillich

El *"nuevo liberal" más destacado*

Contexto

La neoortodoxia de Barth y otros tuvo un impacto profundo. La teología protestante liberal estaba en horas bajas, habiéndose mostrado significativamente defectuosa. Sin embargo, hubo algunos que se sentían preocupados pensando que la neoortodoxia había reaccionado demasiado enérgicamente y que había ido demasiado lejos en la dirección opuesta; el énfasis en la radical trascendencia de Dios parecía poner en duda su inmanencia real: tan lejos está "allí arriba" que no se preocupa de lo que pasa "aquí abajo". Estos teólogos temían que el cristianismo de la neoortodoxia fuera considerado irrelevante para el mundo moderno; era la misma inquietud que el liberalismo clásico sintiera respecto a la ortodoxia. Así que la neoortodoxia casi de inmediato provocó un movimiento opuesto que podría llamarse "nuevo liberalismo". Asumía las críticas válidas de la neoortodoxia a la teología protestante liberal clásica, pero también quería reafirmar el interés y el compromiso de Dios hacia este mundo. Además introducía ampliamente el moderno pensamiento científico y filosófico en la teología, todo con el fin de mostrar que el cristianismo aún puede proveer respuestas a las preguntas de la cultura moderna. El más destacado de estos "nuevos liberales" fue Paul Tillich.

Tillich nació en Starzeddel (Alemania, hoy Polonia), el 20

de agosto de 1886. A temprana edad evidenció interés por la teología y la filosofía y decidió prepararse para el ministerio. Recibió su formación en las universidades de Berlín, Tubinga, Halle y Breslau, donde completó su doctorado en 1912. Fue ordenado en la Iglesia Luterana el mismo año.

En 1914 se convirtió en capellán del ejército y experimentó los horrores de la Primera Guerra Mundial durante los siguientes cuatro años. "Pasó tanto tiempo cavando tumbas como predicando sermones".[1] De manera muy similar al caso de Karl Barth, esto le hizo sentir la insuficiencia de buena parte de la teología y de la filosofía que había aprendido. Pero también le causó una intensa crisis personal de duda y desesperación, que a su vez le hizo replantearse decisivamente sus convicciones.

Su carrera docente empezó en 1919 en la Universidad de Berlín. Durante este tiempo llegó a implicarse muy activamente en un movimiento político-religioso socialista radical. Cinco años más tarde obtuvo un puesto en la Universidad de Marburgo; fue allí donde conoció la neoortodoxia de Karl Barth así como la filosofía existencial de Martin Heidegger, compañero suyo en el equipo docente. Después de breves periodos en Dresde y Leipzig, se incorporó al profesorado de la Universidad de Fráncfort.

Cuando el partido nazi ascendía al poder, Tillich, como Barth, deploró la manera en que la iglesia alemana cedió ante las nuevas autoridades. En 1932, al estilo de las 95 tesis de Martín Lutero, escribió *La iglesia y el Tercer Reich: Diez tesis*, donde condenaba a la iglesia alemana y al nazismo; le envió un ejemplar al propio Hitler. Su libro *El dilema socialista*, en el que exponía sus ideas socialistas, fue quemado públicamente por los nazis en 1933. Se produjo el resultado esperado: Tillich fue despedido de su puesto como profesor de la Universidad de Fráncfort ese mismo año. Luego se atribuiría el honor de ser el primer profesor no judío que perdió su puesto a manos de los nazis.

En esa misma época, Reinhold Niebuhr, un influyente teólogo estadounidense, se encontraba en Alemania y arregló las cosas de modo que a Tillich le ofrecieran trabajo en el Union Theological Seminary de la ciudad de Nueva York. Así, frente a la inexorable alternativa de vivir en un campo de concentración nazi, Tillich se trasladó con su familia a los Estados Unidos en 1933 y afrontó el desafío de adaptarse a una nueva cultura y de aprender un nuevo idioma. Al parecer, su acento alemán era tan fuerte que a sus alumnos con frecuencia les costaba entenderle. Permaneció en ese centro académico hasta su jubilación en 1955. Durante este periodo, predicó y publicó numerosos sermones, escribió muchos libros sobre una gran variedad de asuntos culturales, y viajó e impartió conferencias con profusión. Como resultado, se convirtió tanto en una superestrella pública como académica.

Después de su jubilación, fue honrado con el prestigioso puesto de "University Professor" en la Universidad Harvard, lo que le dio gran libertad para enseñar, dar conferencias, viajar, investigar y escribir. Su popularidad y fama siguieron aumentando. Tras su "segundo" retiro de Harvard en 1962, aceptó el puesto de "Nuveen Professor" de Teología en la Universidad de Chicago, otra designación muy destacada. Permaneció allí hasta su muerte el 22 de octubre de 1965. Sus cenizas fueron esparcidas en un parque en New Harmony (Indiana), que había sido llamado con su nombre.

Señalan Grenz y Olson: "Ciertamente pocos teólogos han recibido jamás el aplauso público que recibió Tillich. Fue verdaderamente una 'leyenda en su propio tiempo'. Sin embargo, su vida como teólogo cristiano estuvo marcada por una gran ambigüedad. Se sentía acosado por dudas acerca de su propia salvación y temía enormemente a la muerte. Promovió el socialismo mientras disfrutaba los beneficios de un estilo de vida de clase media-alta. Fue renombrado como gran cristiano ecuménico y sin embargo raramente asistía a la iglesia y al parecer llevó una vida bastante promiscua".[2]

Contribución

Como los teólogos más influyentes, Tillich fue prolífico escribiendo, pero su más importante contribución fue su *Teología sistemática*, en tres tomos.[3] Empieza expresando su inquietud de que tanto la ortodoxia como la neoortodoxia trataban temas anclados en el pasado y sin relevancia alguna para nuestros días; se dedicaban a responder preguntas que nadie formulaba. Su preocupación respecto al liberalismo clásico era que tendía a relegar la verdad eterna del cristianismo apelando a la realidad contemporánea; sus portavoces respondían a las preguntas solo desde la experiencia o la razón humanas. El deseo de Tillich era alcanzar el equilibrio correcto. Llamaba "correlación" al método empleado para conseguir esto. Primero, la teología debía escuchar las cuestiones reales de la realidad cultural contemporánea. Estas cuestiones—que Tillich llamaba "preguntas fundamentales"—venían de la ciencia, la psicología, la sociología, la literatura, las artes, etcétera, pero estaban planteadas primariamente por la filosofía. En segundo lugar, la teología debía proporcionar para esas preguntas respuestas que fueran consistentes con la verdad eterna del evangelio cristiano.[4] En tercer lugar, la teología debía ofrecer tales respuestas usando medios emanados de la realidad contemporánea y que, por consiguiente, permitieran comunicarse con ella de la manera más eficaz. De acuerdo con Tillich, estos medios eran principalmente filosóficos, en particular el existencialismo. Desafortunadamente, en lo que a Tillich se refiere, sus respuestas estaban sobrecargadas de densas expresiones filosóficas que comunicaban ideas muy abstractas. Él "a veces puede parecer que da vueltas por un mundo de palabras e imágenes de [su] propia invención sin conexión real con la realidad".[5] El pensamiento de Tillich es un importante desafío a la comprensión, incluso en los supersimplificados rudimentos que seguidamente ofrecemos. ¿Preparados?

Tillich creía que la principal pregunta cultural "existencial" de su tiempo venía a ser una de las tensiones básicas planteadas por la filosofía existencial: ser versus no ser. Los humanos experimentan su propia finitud, pero, al poseer capacidad de imaginación, pueden pensar más allá de la finitud hacia la posibilidad de infinitud. Esto produce otra tensión: infinitud versus finitud. Cuando uno se ve confrontado por su propia finitud, asoma la realidad de la muerte, es decir, el no ser. La existencia finita humana es realmente una perturbadora combinación de ser—la aparente certeza de ello—y no ser—la constante amenaza de esto otro—. El resultado es una profunda ansiedad. De modo que ahí se encuentra la cuestión fundamental, existencial y absoluta de la sociedad: ¿Cómo sé que soy realmente? O, ¿cómo trato con la amenaza del no ser? Suena a Hamlet ("¿Ser o no ser? Esa es la cuestión"). Pero nada hay más fundamental que eso.

La respuesta más fundamental que ofrece la teología es: Dios. "Solo quienes han experimentado la sacudida de la transitoriedad, la congoja en la que son conscientes de su finitud, la amenaza del no ser, pueden comprender lo que significa la noción de Dios".[6] Esa noción, según Tillich, es que Dios es la "la razón de ser". Es decir, Dios no es un *ser* sino más bien ser en sí: "El ser de Dios es el ser en sí. No puede entenderse el ser de Dios como la existencia de un ser junto a otros seres o por encima de ellos. Si Dios es un ser, está sujeto a las categorías de la finitud, sobre todo al espacio y a la substancia".[7] Por eso la amenaza y la ansiedad causadas por el no ser son respondidas por el Ser en sí: Dios. La doctrina de Tillich sobre Dios es probablemente el aspecto más polémico de su teología, en parte porque parece reducir la naturaleza personal de Dios. Tillich no querría decir eso, pero afirma: "Nuestro encuentro con el Dios que es una persona incluye el encuentro con el Dios que es la base de todo lo personal, y como tal no es una persona".[8] ¿Qué significa esto exactamente? Los términos favoritos de Tillich para Dios—"poder de ser", "poder de resistir al no ser", "poder de existencia"—parecen implicar que Dios es realmente una fuente de poder abstracto e impersonal, como "la fuerza" de *La guerra de las galaxias*.

La existencia humana no está solo caracterizada por la finitud sino también, debido al ejercicio de la libertad humana, por la "enajenación". Esto es lo que Tillich llama "pecado"; no consiste en actos contrarios a la moral natural de un Dios santo, sino más bien en la separación respecto a Dios (Ser en sí), así como respecto a uno mismo y a los demás. Pero los humanos son finitos y, en consecuencia, no pueden resolver estas divisiones por sí mismos, lo que les lleva a sentir su necesidad de lo que Tillich denominó el "Nuevo ser". Este debe venir necesariamente desde fuera de los humanos a fin de volver a unirlos con el Ser en sí, pero no podría ser Dios (como en la doctrina histórica de la encarnación de Jesucristo), solo *de* Dios. Esta necesidad de conciliación es otro problema o cuestión fundamental de nuestros días, y la respuesta o solución teológica es la "salvación".

Aquí es donde entra Jesús. De acuerdo con Tillich, Jesús es el humano histórico (y solo humano)[9] que vivió una vida sin enajenarse de Dios, ni de sí mismo, ni de los demás. Fue capaz de hacer esto por medio del poder del "Cristo", el símbolo cristiano del Nuevo ser. Esto en realidad suena como una versión del gnosticismo antiguo, en la que el "espíritu Cristo" vino sobre el hombre Jesús, capacitándole para hacer lo que hizo. De manera interesante, Tillich prefiere el término *Jesús como el Cristo* a *Jesucristo*. La cruz es el símbolo de cómo Jesús experimentó plenamente la finitud humana y la muerte/no ser. La resurrección es el símbolo de cómo Jesús, con la ayuda del Cristo/Nuevo ser, superó la enajenación y derrotó a la muerte/no ser.[10] Los que llegan a beneficiarse de esto (los que son "salvados") experimentan el Nuevo ser y se vuelven a unir con el Ser en sí.

Conclusión

Se ha considerado a Paul Tillich como el teólogo más influyente desde Jonathan Edwards y también como el teólogo estadounidense más influyente del siglo XX. Su fama igualó a la de Karl Barth en la teología académica y probablemente la sobrepasó en la cultura secular. Muchos teólogos contemporáneos consideraban a Tillich como la mayor influencia individual en su propio pensamiento teológico.

El método de correlación de Tillich resulta digno de encomio y es realmente lo que a todo teólogo cristiano que se precie le gustaría pensar que está haciendo. Pero aun cuando Tillich quería proporcionar respuestas a las cuestiones contemporáneas basándose en la verdad eterna del cristianismo, muchos críticos señalan que esas respuestas parecían más filosóficas que bíblicas; la filosofía existencial parece imponerse sobre la teología bíblica. Entonces surge la cuestión: si la filosofía misma proviene de la razón humana imperfecta y finita, ¿se puede confiar en ella para formular las preguntas correctas en el primer paso de la correlación, proveer las respuestas correctas en el siguiente paso, e incluso comunicarse en los términos correctos en el último paso? Parece que las intenciones de Tillich eran buenas, pero su manera de materializarlas resultaba defectuoso. Se le puede incluso imputar que practicase lo mismo que le inquietaba del liberalismo: ofrecer una teología que es en realidad más humana que divina. En contraste con su deseo de encontrar respuestas en la revelación divina a preguntas que vienen de la razón humana, acabó encontrando respuestas en la razón humana que él comunicaba a modo de revelación divina. Al final, su teología parece simplemente una nueva forma del viejo liberalismo en la que se pierde lo esencial del mensaje del cristianismo que se encuentra en la Biblia.

35

DIETRICH BONHOEFFER

Un mártir moderno

Contexto

Dietrich Bonhoeffer nació el 4 de febrero de 1906 en Breslau (Alemania; hoy, Polonia). Su padre, profesor de psiquiatría, era agnóstico, como los hermanos de Dietrich. En cambio, el propio Dietrich desarrolló un temprano interés por la teología, campo en el que recibió educación formal en las universidades de Tubinga y Berlín. Su tesis doctoral, *Sanctorum Communio* (La comunión de los santos),[1] fue alabada por gente como Karl Barth. Después de un breve periodo pastoreando una iglesia de habla alemana en Barcelona (España), y de un año de formación adicional en el Union Theological Seminary de Nueva York, regresó a Berlín en 1931, donde llegó a ser profesor de teología sistemática en la universidad. En un momento determinado, se suscitó en él admiración por el pensamiento de Karl Barth y entabló una relación personal con este. Se le engloba generalmente en el ámbito de la neoortodoxia iniciada por Barth (aunque, llegado el caso, no vaciló en criticar a este y discrepar con él). Su *Christ the Center* (Cristo, el centro),[2] basado en sus conferencias sobre cristología en la Universidad de Berlín, refleja su afinidad con Barth, así como el profundo cristocentrismo que impregna su teología.

Todo cambió con el ascenso al poder de Adolf Hitler en 1933. La inmediata oposición de Bonhoeffer al nazismo le impulsó a trasladarse a Londres, donde pastoreó durante un breve periodo una iglesia de habla alemana. Tras su retorno a Alemania en 1935, se alineó con la antinazi Iglesia Confesante, fundada por Barth, y se convirtió en el líder de su seminario ilegal en Finkenwalde. Bonhoeffer escribió *El coste del discipulado* (1937)[3] y *Vida en comunidad* (1939).[4] La Gestapo cerró el seminario en 1937.

En 1939 salió de Alemania con destino a Estados Unidos, pero pronto retornó a su país, sintiendo que debía estar allí en esa época si quería desempeñar algún papel constructivo en la reconstrucción posterior de la comunidad cristiana alemana. Los nazis no le permitían hablar, enseñar, ni escribir, así que llegó a involucrarse en el movimiento de resistencia clandestina y participó finalmente en un complot para asesinar a Hitler.[5] Dado que hubo sospechas de su implicación, fue arrestado y encarcelado por la Gestapo el 5 de abril de 1943. Durante su año y medio preso, escribió lo que más tarde sería publicado como *Cartas de amor desde la prisión*.[6] En septiembre de 1944, la Gestapo acumuló evidencia suficiente de la implicación de Bonhoeffer en la trama. Fue conducido a diversas prisiones o campos de concentración, y acabó en el campo de exterminio de Flossenburg. Después de un consejo de guerra celebrado a altas horas de la noche, fue ejecutado en la horca el 9 de abril de 1945, a la edad de 39 años. El médico del campo comentó: "En los cerca de treinta años que he trabajado como médico, casi nunca he visto morir a nadie tan completamente sumiso a la voluntad de Dios".[7] Varios días después los aliados liberaban Flossenburg y Hitler se suicidaba.

Contribución

No se pueden entender realmente las aportaciones de Bonhoeffer al margen de su contexto: la monstruosa maldad representada en las atrocidades nazis, y la complicidad del cristianismo encarnada en la mayoría de los cristianos alemanes que apoyaron la espantosa actividad de Hitler.

Aquí resumiremos dos de sus ideas que han tenido un impacto duradero. Ambas brotan de su completo cristocentrismo. La primera, expuesta en *El coste del discipulado*, es el concepto desafiante de "gracia barata" versus "gracia costosa". El libro se basaba en las conferencias impartidas por Bonhoeffer sobre el Sermón del Monte en el Seminario de Finkenwalde. En él acusaba a muchos cristianos de vivir conforme a la "gracia barata". Decía: «La esencia de la gracia, suponemos, es que la cuenta ha sido pagada por adelantado; y, como ha sido pagada, se puede obtener todo por nada. [...] Se considera que un asentimiento intelectual a esa idea es suficiente por sí mismo para asegurar la remisión de los pecados. [...] Gracia barata significa justificación del pecado sin justificación del pecador. [...] Gracia barata es gracia sin discipulado, gracia sin la cruz, gracia sin Jesucristo, vivo y encarnado".[8] Los cristianos que practican la gracia barata aceptan el don gratuito del perdón de los pecados y luego "viven como el resto del mundo".[9] Esto implica llevar la doctrina luterana y reformada de la justificación por la fe sola a través de la sola gracia, a una conclusión errónea y antibíblica.

El verdadero llamamiento de Cristo induce a practicar la "gracia costosa", que es "costosa porque nos llama al seguimiento, y es gracia porque nos llama a seguir a Jesucristo. Es costosa porque le cuesta al hombre su vida, y es gracia porque le da al hombre la única vida verdadera. Es costosa porque condena el pecado, y gracia porque justifica al pecador. Por encima de todo, es costosa porque costó a Dios la vida de su Hijo. [...] Por encima de todo, es gracia porque Dios no estimó que su Hijo fuera un precio demasiado caro que pagar por nuestra vida, sino que lo entregó por nosotros. La gracia costosa es la Encarnación de Dios".[10] ¡¿Puede usted imaginar lo impactantes que serían estas palabras en plena Alemania nazi, gobernada por la personificación del mal, Adolf Hitler, y la despiadada presión sobre los cristianos y las iglesias para que aprobasen su inconcebible maldad?!

Son todavía muy exigentes en la actualidad incluso para nosotros, cristianos que vivimos en tiempos de paz y libertad relativas.

La segunda de las ideas de Bonhoeffer, procedente de *Cartas de amor desde la prisión*, es el provocador concepto de "cristianismo irreligioso". Él seguía sintiéndose indignado por las iglesias alemanas que rechazaban levantarse a favor de los oprimidos—los judíos, en este caso—y en lugar de ello se apresuraban a proporcionar a los cristianos una forma cómoda y segura de cristianismo, o gracia barata. Un mundo "religioso" percibe su dependencia de Dios, al menos en las "fronteras" de la vida (donde hay debilidad, necesidad, culpa, muerte); un mundo "irreligioso" no tiene absolutamente ningún sentido de dependencia de Dios. El segundo es el que hoy existe, un "mundo mayor de edad", como lo llama Bonhoeffer. "Lo que me preocupa incesantemente", escribió, "es la cuestión de qué es realmente el cristianismo, o, de hecho, quién es realmente Cristo, para nosotros hoy".[11] Su análisis de la situación venía a ser el siguiente: "Debido al alejamiento de Dios provocado por la Ilustración, el cristianismo se había tornado crecientemente individualista, introspectivo y de otro mundo, es decir, preocupado por la propia salvación de uno mismo, la vida espiritual y el destino eterno. En otras palabras, el cristianismo se estaba retirando del mundo secular para encerrarse en sí mismo; se hallaba tan atrapado en su jerga y manera de pensar "religiosa" que el mundo moderno podía despacharlo demasiado fácilmente como algo irrelevante y anticuado. La solución de Bonhoeffer era que el cristianismo tenía que llegar a ser como el mundo en el que se encontraba: "irreligioso" y "secular".

Bonhoeffer no abogaba bajo ningún concepto por arrojar a Dios fuera de nuestras vidas, sino más bien por traerlo de nuevo al centro de ellas. Esto era realmente una reacción contra el énfasis extremo de Barth en la trascendencia de Dios—Él está "ahí afuera", en el más allá, distante—, así como un intento de recuperar su inmanencia; Él está "aquí abajo", involucrado, comprometido. "[Dios] [no la 'religión'] debe ser reconocido en el centro de nuestra vida, no cuando estamos al límite de nuestros recursos [en nuestras 'fronteras']; su voluntad ha de ser admitida en la vida, y no solo cuando llega la muerte; en la salud y el vigor, y no solo en el sufrimiento; en nuestras actividades, y no solo en el pecado. La razón de esto reside en la revelación de Dios en Jesucristo. Él es el centro de la vida".[12] Esto significa que el cristianismo tiene que acabar con el modo "religioso" de expresarse, y volver a Cristo mismo, "el hombre para los demás", incluyendo el exigente compromiso de seguirle, no fuera del mundo, sino dentro del mundo, incluso en el momento de la muerte. Esto es gracia costosa.

Bonhoeffer también hizo algunas declaraciones muy misteriosas. Por ejemplo, "Dios quisiera hacernos saber que debemos vivir como hombres que manejan sus vidas sin Él. El Dios que está con nosotros es el Dios que nos abandona (Mr. 15:34). [...] Ante Dios y con Dios vivimos sin Dios. Dios se deja expulsar del mundo a través de la cruz. Es débil e impotente en el mundo, y esa es precisamente la manera, la única manera, en que está con nosotros y nos ayuda. [...] Cristo nos ayuda, no en virtud de su omnipotencia, sino de su debilidad y sufrimiento [Mt. 8:17]". [13] ¿Qué quería decir exactamente Bonhoeffer con esto? "Cómo es este cristianismo irreligioso, qué forma asume, es algo que me da mucho que pensar", admitía.[14] Desgraciadamente, murió antes de que pudiera entender y explicar plenamente esta idea del "cristianismo irreligioso".

Conclusión

Aun cuando su vida y su obra quedaron truncadas, Dietrich Bonhoeffer tuvo un efecto significativo y casi inmediato en la manera de pensar de muchas personas. De hecho, fue probablemente por causa del modo en que murió que sus publicaciones adquirieron atractivo y popularidad universales. El suyo no era pensamiento producido en un marco teológico inmaculado; todo lo contrario, estaba metido hasta el cuello en el mal y en la guerra.

Además, sus propias acciones eran reflejo de sus convicciones teológicas, aun al precio de su propia vida.

Bonhoeffer ha sido descrito como el "primer teólogo poscristiano".[15] Su provocativa teología fue llevada incluso más lejos mediante las teologías radicales de la última parte del siglo XX, por ejemplo, la teología radical del movimiento de la "muerte de Dios",[16] la "teología secular",[17] la "teología de la esperanza" de Jürgen Moltmann,[18] la teología de la liberación y la teología feminista.[19] Estas, de algún modo como la de Bonhoeffer, eran revueltas contra el énfasis neoortodoxo en la completa trascendencia de Dios, e intentos de volver a poner el acento en la inmanencia de Dios y en su preocupación por este mundo. Cabe cuestionarse, no obstante, si Bonhoeffer habría aprobado cuán lejos fueron algunas de ellas, llegando casi a desechar el reino trascendente y espiritual. Así como él enfatizaba la presencia de Dios en el mundo y la necesidad de la Iglesia de estar igualmente presente en el mundo, tampoco perdía nunca de vista las realidades postreras y eternas. Esto incluso lo demostró personalmente en sus últimas palabras antes de ser ejecutado: "Este es el fin; para mí, el comienzo de la vida".

JÜRGEN MOLTMANN

Teólogo de la esperanza

Contexto

La Segunda Guerra Mundial dejó a Alemania devastada; al pueblo alemán, derrotado; y a la iglesia alemana, humillada. Karl Barth, Paul Tillich y Dietrich Bonhoeffer experimentaron esto de primera mano. La siguiente generación de teólogos germanos, formados o influidos por esos tres grandes pensadores, también experimentó los horrores de la guerra, algunos como jóvenes soldados y todos ellos como alemanes. Elaboraron igualmente su propia teología en el periodo posterior a la guerra, tratando de encontrar sentido a todo aquello.

Uno de los más influyentes teólogos alemanes de posguerra fue Jürgen Moltmann. Nació en Hamburgo, el 8 de abril de 1926, en el seno de lo que él llamaba una familia "secular ilustrada", que le animó a leer a los filósofos y poetas alemanes. La Biblia no formaba parte de su educación temprana. Luchó en la Segunda Guerra Mundial, y fue siendo prisionero de guerra cuando recibió una Biblia y abrazó personalmente la fe cristiana.

Junto con su propia crisis personal, fueron también la crisis de la guerra en general, las atrocidades germanas en particular, y la renuencia de las iglesias alemanas a levantarse frente al nazismo lo que le condujo hacia Karl Barth y a Dietrich Bonhoeffer, en razón del pensamiento y las acciones de estos en la Alemania nazi. Después de la guerra, estudió teología en la Universidad de Gotinga con un profesorado que estaba fuertemente influido por Barth. Moltmann completó su doctorado en 1952 y se inició en el ministerio pastoral en la Iglesia Reformada. Su carrera docente empezó en 1958, primero en la academia de la Iglesia Confesante de Wuppertal;[1] luego brevemente en la Universidad de Bonn, donde empezó en 1963; y finalmente en la Universidad de Tubinga, donde permaneció hasta su jubilación en 1994.

Contribución

La primera obra importante de Moltmann fue *Teología de la esperanza* (1964),[2] en la cual introdujo una aproximación a la teología desde la perspectiva de la escatología, es decir, la doctrina de las últimas cosas o los eventos futuros en el plan divino. Esto resultaba bastante audaz porque la escatología bíblica genuina había sido abandonada por los teólogos aproximadamente un siglo antes. El liberalismo hablaba del reino de Dios pero este no tenía nada que ver con Dios o con Jesucristo reinando en la tierra en el futuro; era simplemente una sociedad humana ideal sobre la tierra. El fundamentalismo hablaba mucho acerca de escatología y del futuro reino terrenal de Cristo, pero a menudo de maneras tan extremistas y dogmáticas que los teólogos de la línea dominante reaccionaban yéndose en dirección opuesta. Por eso *Teología de la esperanza* resultó fresca y revolucionaria, y con su publicación Moltmann se convirtió en la sensación teológica del momento. En la introducción, resumía de este modo su perspectiva:

"En su integridad, y no solo en un apéndice, el cristianismo es escatología; es esperanza, mirada y orientación hacia adelante, y es también, por ello mismo, apertura y transformación del presente. Lo escatológico no es algo situado al lado del cristianismo, sino que es, sencillamente, el centro de la fe cristiana, el tono con el que armoniza todo en ella, el color de aurora de un nuevo día esperado, color en el que aquí abajo está bañado todo [...].[3] La escatología [...] no puede ser, en realidad, un fragmento de doctrina cristiana. Por el contrario, el carácter de toda predicación cristiana, de toda existencia cristiana y de la Iglesia entera tiene una orientación escatológica".[4]

Para Moltmann, la divina revelación se reduce a "promesa". En esencia, revela lo que Dios tiene reservado para el futuro. La *propia* Biblia no es revelación divina, ni inspirada verbalmente o inerrante, sino que es el testigo de la revelación divina (nótese la influencia de Barth aquí), y en particular de las promesas de Dios para el futuro "Reino de Gloria". Basándose de este modo en lo que halló en la Escritura, Moltmann enfatiza una verdadera y significativa esperanza futura para el cristiano en forma de un reino plenamente genuino de Dios en la tierra, en contraste con el liberalismo clásico. Pero esta esperanza futura está "además revolucionando el *presente*",[5] en contraste con el fundamentalismo, que prácticamente ha renunciado a toda esperanza para la sociedad contemporánea.[6] Esperanza para el futuro y transformación del presente—que eran muy importantes para Moltmann—dependían ambas de Dios, el único que puede ser el motor para impulsar al mundo hacia un estado de paz y justicia perfectas, el cielo y la tierra nuevos revelados en la Biblia. Esta esperanza para el futuro, basada en y garantizada por la muerte y resurrección históricas de Jesucristo, es el tema que recorre toda la teología de Moltmann.

Su doctrina sobre Dios era también bastante innovadora. Empezó a desarrollarla en *El Dios crucificado* (1972)[7] y prosiguió en obras posteriores.[8] Como Karl Barth, asume que Cristo es la revelación principal de Dios, y en consecuencia nuestra comprensión de Dios debe llegar a través de Cristo. Sabemos cómo es Dios porque vemos a Dios en Jesús. Pero en claro contraste con Barth, quien describe a Dios como profundamente distinto del mundo, Moltmann encuentra que Dios está involucrado íntimamente en el mundo. Después de todo, la realidad más impresionante acerca de Jesús es que sufrió y murió, y por tanto podemos saber que el Dios cristiano no es un Dios inmune al sufrimiento. De hecho, el sufrimiento llega a ser una característica esencial de Dios. Esto produce un giro en el pensamiento teológico que hace que se vuelva histórico. Los teólogos han creído tradicionalmente que Dios es impasible o incapaz de sufrir. Moltmann revierte esto, diciendo que no solo Dios puede sufrir, sino que el sufrimiento forma parte del núcleo de lo que es Dios, al igual que el amor. "Dios y sufrimiento ya no suenan contradictorios, sino que el ser Dios está en el sufrimiento y el sufrimiento está en el ser mismo de Dios, porque Dios es amor".[9] Es el amor de Dios que se despliega en su íntimo involucramiento con el mundo, incluso hasta el punto de sufrir con él. Esto *no* pone en duda su soberanía y autosuficiencia, como alegarían muchos teólogos, porque el sufrimiento que Dios experimenta *no le viene impuesto* por circunstancias externas, como ocurre con el sufrimiento humano. Más bien, según Moltmann, Dios decide soberana, libre y amorosamente *permitir* que el sufrimiento le afecte y, por consiguiente, sufrir Él mismo. Esta es la autolimitación de Dios. Se trata, además, de un modo de pensar bastante revolucionario.

Pero Cristo no *simplemente* sufrió y murió; también resucitó y derrotó a la muerte. Esto también es parte del ser mismo de Dios y hace posible una teología de la esperanza. He aquí lo que antes hemos omitido en la cita de *Teología de la esperanza* de Moltmann: "Pues la fe cristiana vive de la resurrección de Cristo crucificado y se dilata hacia las promesas del futuro universal de Cristo. La escatología es el sufrimiento y la pasión que tienen su origen en el Mesías".[10]

En suma, se diría que para Moltmann la existencia real de Dios está en el futuro. Él es el "poder del futuro", que llega del futuro al presente para tirar del presente hacia el futuro. La muerte y la resurrección de Cristo, entonces, son realmente acontecimientos escatológicos que se retrotraen al presente.

Esta esperanza en el futuro no parece que sea solo para los cristianos; es más bien para todos, incluso, ciertamente, para el propio mundo material. Moltmann, entonces, parece partidario del universalismo, según el cual todos serán finalmente salvos, y el mundo mismo será "resucitado" y transformado.

Conclusión

La teología escatológica de Moltmann[11] resultó atractiva para muchos teólogos porque parecía hallarse en un terreno intermedio entre la ortodoxia histórica, cuyo Dios aparentaba ser muy remoto—impasible y sin apego por el mundo—y la teología liberal, cuyo Dios estaba muy interesado en el mundo pero a la vez casi identificado y confundido con él. El Dios de la teología escatológica no domina su creación; ha concedido auténtica libertad. Pero tampoco se inhibe; de hecho, se deja afectar profundamente por ella. Esto proporcionó a Moltmann una vía para explicar el mal, como el que se manifestó en la Segunda Guerra Mundial y el Holocausto: el mal es posible debido a la libertad impartida por Dios al mundo, y el mal es real porque el reino de Dios todavía pertenece al futuro. Pero se aproxima el tiempo en el que, gracias a la muerte y la resurrección de Jesucristo, Dios vendrá con poder, derrotará al pecado y al mal, y establecerá su reino de paz eterna y perfecta.

KARL RAHNER

Un católico contemporáneo

Contexto

Después de la Contrarreforma católica y el Concilio de Trento,[1] la Iglesia católica permaneció muy apegada a la tradición y comprometida con sus creencias doctrinales establecidas. El Primer Concilio Vaticano, también conocido como Concilio Vaticano I, fue convocado por el Papa Pío IX en 1869 por su gran preocupación con respecto a la embestida de la Ilustración y el liberalismo, y por cómo la Iglesia católica se estaba viendo afectada. El Consejo reafirmó las conclusiones del Concilio de Trento (1545-1563), apoyó al Papa en su condena al liberalismo, y fue aún más lejos, decretando:

> "Cuando el Pontífice romano habla *ex cathedra*, esto es, cuando en el ejercicio de su oficio de pastor y maestro de todos los cristianos, en virtud de su suprema autoridad apostólica, define una doctrina de fe o costumbres como que debe ser sostenida por toda la Iglesia, posee, por la asistencia divina que le fue prometida en el bienaventurado Pedro, aquella infalibilidad de la que el divino Redentor quiso que gozara su Iglesia en la definición de la doctrina de fe y costumbres".[2]

La idea de la infalibilidad del papa no era nueva entre los católicos romanos, pero el Vaticano I la elevó al grado de dogma de la iglesia.

En general, el catolicismo romano continuó siendo muy conservador y rechazó cualquier intento de modernización y actitudes en ese sentido. Sin embargo, cada vez había más católicos que comenzaron a rechazar esta actitud reaccionaria de la Iglesia.

El papa Juan XXIII fue elegido en 1959, y entre sus determinaciones estaba mover a la Iglesia Católica de la Edad Media al siglo XX. Casi de inmediato llamó a otro concilio ecuménico para reconsiderar estas cuestiones, y el Segundo Concilio Vaticano (Concilio Vaticano II) se reunió entre 1962 y 1965. Profundos cambios se produjeron. La misa, por ejemplo, ya se podía celebrar en el lenguaje de la gente, y no exclusivamente en latín. Del mismo modo, ahora los laicos tenían la oportunidad de participar en los asuntos de la Iglesia, y no el clero exclusivamente. Más significativo aún, hubo una nueva apertura a la posibilidad de la salvación fuera de la Iglesia católica. Hubo una actitud mucho más positiva hacia la ortodoxia oriental y el protestantismo, y aún más sorprendentemente, hacia las religiones no cristianas. Vaticano II produjo el cambio más revolucionario en la Iglesia católica con respecto a las creencias, actitudes y prácticas en muchos siglos.

Otro de los resultados del Concilio Vaticano II fue la oportunidad de que los teólogos católicos fueran más creativos e innovadores en su investigación y escolaridad, en lugar de solo repetir y reafirmar lo que la Iglesia había estado enseñando desde hace cientos de años. Uno de los teólogos más influyentes que contribuyeron y se beneficiaron de este cambio fue Karl Rahner. Rahner nació en el seno de una familia católica tradicional en Friburgo, Alemania, en 1904. A sus dieciocho años se unió a la Compañía de Jesús y estudió en varias instituciones jesuitas, donde fue entrenado en la teología conservadora tradicional del Concilio Vaticano I (el Concilio Vaticano II aún no se había realizado). Aunque mantuvo su lealtad al catolicismo histórico también demostró su voluntad de entrar en la era moderna. Su tesis doctoral en la Universidad de Freiburg, por ejemplo, fue rechazada porque se consideró que estaba demasiado influenciada por el existencialismo.[3] Después de este revés se trasladó a la Universidad de Innsbruck, donde completó su doctorado.

Comenzó su carrera docente en 1937 en la Universidad de Innsbruck hasta que fue interrumpida por la II Guerra Mundial. Después de la guerra regresó a Innsbruck en 1948 para retomar su trabajo como profesor de teología. Luego ocupó cargos docentes en las universidades de Munich y Münster.

Rahner también jugó un papel muy influyente en el Concilio Vaticano II. Fue nombrado asesor teológico del concilio y tuvo un efecto significativo sobre este. Algunos lo consideran "el hombre más poderoso en el concilio".[4] Como resultado, se ganó una reputación generalizada fuera de los círculos académicos, y su influencia se multiplicó enormemente.

Rahner se retiró de la enseñanza en 1971, aunque se mantuvo activo en la docencia y la escritura hasta su muerte en 1984.

Contribución

El número de publicaciones de Rahner sobrepasa las tres mil quinientas, pero sus dos obras más importantes son *Schriften zur Theologie*[5] (Investigación teológica), que consta de veintitrés tomos que contienen muchos de sus artículos y ensayos; y *Grundkurs des Glaubens*[6] (Fundamentos de la fe cristiana), que es un resumen de su teología en un solo tomo.

Su teología se considera moderada.[7] Él rechazó, por un lado, el tradicionalismo estricto del Concilio Vaticano I; y por el otro lado, el liberalismo, que se dirigía en la dirección del secularismo puro. "Él interactuó de manera positiva y poderosa con el pensamiento moderno, sin dejar de ser tenazmente fiel a la rica herencia de la teología católica".[8]

Rahner resumió su enorme producción literaria de la siguiente manera: "Realmente solo quiero decirle al lector algo muy simple. Los seres humanos de todas las edades, siempre y en todas partes, si se dan cuenta y reflexionan sobre ello o no, están relacionados con el misterio inefable de la vida humana que llamamos Dios. Al mirar a Jesucristo crucificado y resucitado podemos tener la esperanza de que ahora en nuestra vida presente, y finalmente después de la muerte, nos encontraremos con Dios como nuestra propia realización".[9] Básicamente, Rahner tenía la preocupación pastoral de ayudar a las personas a entender el cristianismo en general, y el catolicismo en particular, en el contexto del mundo moderno. Sus pensamientos profundos, sin embargo, los expresó en términos muy filosóficos y esotéricos, haciéndolos bastante difícil de entender.

Estas son algunas de sus exposiciones, enormemente simplificadas: En primer lugar, *todos* los seres humanos experimentan a Dios en todos los aspectos de la vida y no se puede experimentar la vida *en absoluto* al margen de Dios—pero la mayoría simplemente no lo sabe. Rahner lo ilustra comparando a Dios con la luz. No podemos percibir visualmente nada sin la luz, pero por lo general no somos conscientes de la propia luz, sino del objeto que estamos viendo. No vemos la luz en sí misma, sino el objeto que ella ilumina. Dios, entonces, es la necesaria "luz" a través de la cual experimentamos el mundo. Sin él no podríamos experimentar nada. Por otra parte, *todos* los seres humanos están por naturaleza "abiertos" a Dios por la gracia de Dios *en todos*. Rahner llama a esto la "existencial sobrenatural", es decir, "la dinámica comunicación personal de Dios para la que fueron creados los seres humanos".[10] Es en la humanidad de Jesús que vemos la "apertura" perfecta de Dios. De hecho, Jesucristo es el pináculo de la gracia universal de Dios y su máxima revelación. Y es por ello que la salvación se encuentra solamente en Jesucristo.

Un segundo tema tiene que ver con la naturaleza de Dios. En esto Rahner fue fiel a la ortodoxia tradicional y la enseñanza católica, pero hizo hincapié en la necesidad de equilibrar la inmanencia o la participación en el mundo (que fue tan enfatizada en la teología liberal) y la trascendencia o la separación del mundo (que fue tan acentuada por Karl Barth). La perspectiva de Rahner es realmente el corolario del primer tema: como todos los seres humanos están "abiertos" a Dios, Dios está "abierto" a todos los seres humanos. Esta "apertura" forma parte del mismo ser de Dios. Es una de las cosas que hacen que Dios sea Dios.

Un tercer tema en el pensamiento de Rahner es el concepto de "cristianismo anónimo". La posición histórica de la Iglesia Católica que se remonta a Cipriano[11] que afirma que no hay salvación fuera de la Iglesia (Católica). A pesar de que esta sigue siendo la doctrina oficial de la Iglesia Católica, recientemente ha sido "reinterpretada" y suavizada, tanto por Rahner como por otros. Rahner razonó de la siguiente manera: el deseo de Dios es que *todos* sean salvos (1 Tim. 2:4). La gracia de Dios obra en *todas* las personas (la existencia sobrenatural), incluso a través de las religiones no cristianas. Por lo tanto, *todas* las personas se pueden salvar de una u otra manera. Incluso los ateos pueden ser salvos si han sido consistentes con sus convicciones y su conciencia, porque es a través de estas cosas que hasta los ateos experimentan a Dios, a pesar de que no lo reconocen.

Gracias a la influencia de Rahner, el Concilio Vaticano II articuló la idea de esta manera: "Esto [la realización de la salvación] vale no solamente para los cristianos, sino también para todos los hombres de buena voluntad, en cuyo corazón obra la gracia de modo invisible. Cristo murió por todos, y la vocación suprema del hombre en realidad es una sola, es decir, la divina. En consecuencia, debemos creer que el Espíritu Santo ofrece a todos la posibilidad de que, en la forma de solo Dios conocida, se asocien a este misterio pascual".[12]

Rahner define su inusual declaración de la siguiente manera: "El 'cristiano anónimo', en nuestro sentido del término, es el pagano, después del comienzo de la misión cristiana, que vive en el estado de gracia de Cristo por la fe, la esperanza, y el amor, pero que aún no tiene un conocimiento explícito del hecho de que su vida está orientada a Jesucristo en salvación dada por gracia".[13] Es decir, se trata de individuos que sacan el máximo provecho de lo existencial sobrenatural en ellos (a pesar de que no tienen idea de lo que es), responden positivamente a la gracia de Dios (a pesar de que no saben que lo están haciendo), y como resultado reciben la salvación de Dios (a pesar de que jamás han oído el evangelio de Jesucristo). Una respuesta positiva a la gracia de Dios significa básicamente vivir su religión (cualquiera que sea) lo mejor que pueden, vivir de manera consistente con su conciencia, y tratar a los demás con amor. De hecho, uno debe rechazar intencionalmente la gracia universal de Dios para llegar a perderse eternamente. Así que los "cristianos anónimos" son "cristianos" porque han sido salvados por Jesucristo que es el Salvador de toda la humanidad; pero también son "anónimos" porque ellos mismos no saben o reconocen a Jesucristo como su salvador, ni saben que ellos mismos son cristianos.

Este concepto de cristianismo anónimo es tal vez el más famoso, así como el más infame de las ideas teológicas de Rahner. Muchos lo han adoptado con entusiasmo y otros lo han atacado vigorosamente. Una crítica pertinente proviene de la pluma de Lane: "Tal vez la mayor debilidad de la teoría de Rahner es la transformación de una posibilidad excepcional (que alguien que no haya oído el evangelio pueda estar en un estado de gracia) en una norma, haciendo que la iglesia trate a todas las personas como si se trataran de cristianos anónimos, cuando el enfoque bíblico es que debemos tratarlos como si estuvieran perdidos".[14]

Conclusión

Roger Olson dice de Rahner: su "carrera enseñando y escribiendo teología católica solo puede compararse históricamente al legado del mismísimo Tomás de Aquino", y "fue la contraparte católica de Karl Barth en términos de influencia e impacto. Fue *el* teólogo católico del siglo XX y quizás de la misma época moderna".[15]

Muchos estarán de acuerdo con la evaluación de Olson. Gracias en gran parte a Karl Rahner es que los diálogos recientes entre católicos, Protestantes, e incluso seguidores de religiones no cristianas han podido tener lugar y son aún posibles.

Cabe señalar que a pesar de que Karl Rahner introdujo en el catolicismo romano una mayor apertura al pensamiento moderno, también ha habido un reciente retroceso conservador contra las influencias del liberalismo desde adentro de la Iglesia Católica. Esto comenzó bajo el pontificado de Pablo VI (1963-1978), continuó bajo el pontificado de Juan Pablo II (1978-2005), y su sucesor Benedicto XVI. Así que hoy la teología católica es muy diversa por decir lo menos, extendiéndose a través del rango teológico desde cerca del fundamentalismo hasta el liberalismo extremo.

38

GUSTAVO GUTIÉRREZ

Teólogo de la liberación

Contexto

En los años sesenta y setenta del siglo pasado, a partir de la conciencia social agudizada del liberalismo teológico brotó una variedad de "teologías de la liberación". Todas ellas tienen en común, como su nombre indica, la convicción de que el cristianismo implica redimir a un grupo particular de una forma específica de opresión. La diferencia entre estas diversas teologías de la liberación es la forma particular de opresión a la que se enfrentan. La teología de la liberación negra se centra en el racismo en los Estados Unidos. La teología de la liberación feminista, en la represión de las mujeres allá donde tenga lugar.[1] La teología de la liberación latinoamericana, la variedad "original", se concentra en la pobreza en esa parte del mundo. Entre los principales teólogos de la liberación latinoamericana se encuentran Leonardo Boff, brasileño; José Míguez Bonino, argentino; Juan Luis Segundo, uruguayo; y Jon Sobrino, de El Salvador; pero el fundador real de la teología de la liberación latinoamericana es Gustavo Gutiérrez.[2]

Gutiérrez nació en el seno de una familia pobre de Lima (Perú), el 8 de junio de 1928. Fue ordenado sacerdote católico romano en 1959 después de recibir su formación teológica en la Universidad Católica de Lovaina (Bélgica) y en la Universidad de Lyon (Francia). Mientras trabajaba como párroco entre los pobres de Lima, también enseñaba teología en la Universidad Católica Pontificia de la misma ciudad. Como fruto de la combinación de su experiencia personal de sufrimiento y pobreza en el ministerio pastoral con sus reflexiones intelectuales y exploraciones académicas, las convicciones de Gutiérrez darían lugar a lo que sería la primera teología de la liberación. En 1968 tuvo la oportunidad de intervenir de manera muy influyente en la segunda Conferencia Episcopal Latinoamericana (CELAM II), celebrada en Medellín (Colombia). Allí los obispos discutieron el problema de la pobreza masiva en los países latinoamericanos y sacudieron el ámbito religioso concluyendo que la causa del problema era la "violencia institucionalizada", de modo que exigieron cambios drásticos.[3] Nació un nuevo movimiento, aunque sus raíces se remontaban a siglos atrás. Luego Gutiérrez escribió su *Teología de la liberación* en 1971,[4] obra en la que proporcionaba la primera y más influyente explicación teológica del movimiento, cuyo nombre procede del título de este libro.

Contribución

El pensamiento de Gutiérrez ilustra los temas que son comunes a la mayoría de las teologías de la liberación. El primero de ellos es que la teología no es universal sino contextual, lo que significa que la Escritura se puede entender y aplicar de diferentes formas, por diferentes grupos, en diferentes marcos culturales. No hay tal cosa como "una teología que vale para todo". Los teólogos de la liberación también proclaman que esto es cierto de *toda* teología—la cual está modelada por su contexto cultural—, tanto si lo sabe como si no, y tanto si lo reconoce como si no lo reconoce; la teología de la liberación declara que admite y acepta esto respecto a sí misma. El contexto cultural fundamental en América Latina es la pobreza; una pobreza opresiva, insidiosa y aplastante. Esta realidad desgraciada ha sido impuesta sobre la mayoría de los latinoamericanos por los regímenes represivos locales (dictadores y militares), y por las culturas occidentales (norteamericana y europea), que los explotan para incrementar su propio bienestar económico. Los teólogos de la liberación han concluido que esta pobreza se debe a las "estructuras" de pecado de la sociedad.

En su libro titulado *La fuerza histórica de los pobres*,[5] Gutiérrez lo expresa de este modo:

"Lo que confrontamos es una situación que no toma en consideración la dignidad de los seres humanos, ni sus necesidades más elementales, que no asegura su supervivencia económica ni su derecho básico a ser libres y autónomos. La pobreza, la injusticia, la alienación y la explotación de seres humanos por otros seres humanos se combinan para crear una situación que la conferencia de Medellín [CELAM II] no vaciló en condenar como 'violencia institucionalizada'".[6]

Lo que agrava el asunto es que la Iglesia Católica, dominante en casi toda América Latina, ha favorecido este vergonzoso statu quo; esta iglesia "ha contribuido y contribuye todavía a inclinar la balanza en beneficio del orden establecido".[7]

Un segundo tema común en la teología de la liberación es el uso del marxismo para analizar la situación latinoamericana, especialmente en términos de lucha de clases, explotación del capitalismo (caracterizado como inherentemente perverso) y necesidad de cambiar las cosas por medio de la revolución (idealmente, pacífica, pero sin descartar la revolución violenta como último recurso). Como en el marxismo, la meta es establecer una especie de socialismo que, aunque imperfecto, es con mucho el sistema económico preferido. Este uso del marxismo es de hecho el aspecto más polémico de la teología de la liberación, y la jerarquía católica romana adoptó una posición negativa respecto a los planteamientos de Gutiérrez por este motivo. En 1980, el cardenal Joseph Ratzinger (más tarde, papa Benedicto XVI), como precepto de la Congregación para la Doctrina de la Fe, empezó a investigar a Gutiérrez y su pensamiento. Esto culminó en el documento "Instrucción sobre ciertos aspectos de la 'teología de la liberación'" (1984), que lanzó duras advertencias sobre el uso del marxismo por esa teología. Gutiérrez respondió en *La verdad os hará libres*.[8] En parte, justificó el uso del marxismo comparándolo con el uso que los primeros teólogos hicieron de la filosofía griega.

Un tercer tema común es que Dios siempre se pone de parte de los pobres y oprimidos frente a los ricos y los poderosos; él da preferencia a los pobres. En el prefacio de *Teología de la liberación*, Gutiérrez escribió: "El pobre es preferido no porque sea necesariamente moral o religiosamente mejor que otros, sino porque Dios es Dios, aquel para quien 'los últimos son los primeros'. Esta aseveración choca con nuestra frecuente y estrecha manera de entender la justicia, pero precisamente esa preferencia nos recuerda que los caminos de Dios no son nuestros caminos".[9] Los teólogos de la liberación ven esto en el episodio del Éxodo, en el cual Dios liberó de Egipto a su pueblo oprimido; en los profetas del Antiguo Testamento que habitualmente condenaban a los ricos y animaban a los pobres en nombre de Dios (como Amós); y en el ejemplo de Jesús, que acostumbraba a relacionarse con los marginados (por ejemplo, los "publicanos y pecadores"), motivo por el cual fue duramente condenado por la clase dominante de su tiempo. En consecuencia, si Dios toma partido por los pobres y los oprimidos, la iglesia debe *necesariamente* hacer lo mismo. Esto no es una opinión; resulta obligatorio. Y no ha de consistir en animar a los pobres desde la barrera; antes bien, la iglesia debe identificarse con los excluidos, compartir su sufrimiento y apoyarlos desde dentro. Después de todo, ¿no es esto lo que hizo Dios mismo a través de la encarnación? Entró en la historia y se identificó con la humanidad quebrantada en la persona de Jesucristo a fin de traernos la redención.

Un cuarto tema común en la teología de la liberación es que la ortopraxia (actuar correctamente) es más importante que la ortodoxia (pensar correctamente); la práctica cristiana supera a la doctrina cristiana. En particular, esta práctica debe conducir a acabar con la opresión en sus múltiples formas y a tratar de poner en su lugar la justicia y la igualdad. Gutiérrez definía la teología practicada por los teólogos de la liberación como "una reflexión crítica sobre la praxis [en cuanto contrapuesta a la teoría] a la luz de la palabra de Dios".[10] Porque Dios es Dios, su pueblo debe hacer lo que hace Dios: liberar a los oprimidos. Solo entonces es apropiado hacer teología, es decir, reflexionar sobre esta "praxis" a la luz de la Escritura a fin de apoyar, orientar y refinar la propia praxis.

La prioridad de la praxis es importante porque es ella la que nos lleva de vuelta hacia Dios. Dice Gutiérrez: "Conocerlo [a Dios] es obrar la justicia. No hay otro camino para llegar a él".[11] Ciertamente, en esto consiste la salvación. Si el pecado no es individual sino más bien "estructural"—es decir, de carácter social, político y económico—, entonces así ha de ser también la salvación. Los teólogos de la liberación no creen en términos de salvación individual, que garantiza una eternidad de bendiciones espirituales. Más bien, "la salvación es la actividad de Dios y de los seres humanos trabajando juntos en la historia para lograr la humanización de todas las relaciones".[12] Aquí la teología de la liberación se parece mucho a la teología liberal clásica al enfatizar los efectos aquí y ahora del cristianismo en lugar de su esperanza respecto al tiempo venidero.

Conclusión

Gustavo Gutiérrez y la teología de la liberación, cuyo camino él abrió, puede merecer elogios por diferentes razones, pero también hay motivos de preocupación que deberían señalarse. En primer lugar, resulta valiosa la percepción de la teología de la liberación respecto a la contextualización de la teología. Cada vez más, los teólogos se han enfrentado al hecho de que no hacen teología en un vacío histórico o cultural.[13] Por otra parte, la teología de la liberación lleva esta contextualización hasta un extremo que cuestiona si existe realmente alguna realidad teológica en absoluto, la cual sea cierta para todas las personas de todas las épocas y en todos los lugares. Si los partidarios de la teología de la liberación tienen razón, entonces parecería que el extremo relativismo cultural es inevitable.

En segundo lugar, la teología de la liberación merece aplauso por alentar una mayor conciencia mundial sobre la grave situación de los marginados y excluidos, en especial los pobres. Sus portavoces tienen razón al señalar la profunda preocupación de Dios por los pobres, que es un tema constante a lo largo de la Escritura. Por otra parte, decir que Dios está del lado de los pobres simplemente porque son pobres parece ir más allá del texto bíblico. ¿Es realmente correcto según la Biblia condenar a los ricos simplemente porque son ricos? ¿No bendijo el propio Dios con importantes riquezas a algunos personajes bíblicos, como Abraham, David y Salomón? ¿No es cierto que hay pobres injustos al igual que hay ricos justos?

Adicionalmente, como ya mencionamos antes, la teología de la liberación se encuentra muy influida por la filosofía y la economía marxistas, especialmente en términos de soluciones a la pobreza y la impotencia social. De nuevo, esto lo justificaba Gutiérrez comparándolo con el uso de la filosofía griega por los "padres de la iglesia". Sin embargo, como hemos visto una y otra vez en los capítulos anteriores, el grado en el cual la filosofía debería influir en la teología—o incluso si debe tener influencia alguna en esta—es un asunto muy debatido. Ciertamente, siempre es peligroso elevar cualquier filosofía por encima de las enseñanzas de la Escritura.

En tercer lugar, la teología de la liberación acierta al enfatizar la praxis, pues la iglesia cristiana debería vivir activamente conforme a sus creencias. Pero poner la praxis por delante de la teología parece problemático. Este orden se opone diametralmente a la metodología clásica: la teología se hace primero, y de ello deriva cómo vivimos y practicamos el cristianismo. ¡La teología de la liberación promueve un completo cambio de paradigma! Además parece que incluso los teólogos de la liberación tienen presupuestos teológicos (teorías) que *preceden* a su praxis. Por ejemplo, al insistir en que la praxis *correcta* consiste en involucrarse activamente en liberar al pueblo oprimido. Pero, ¿cómo distinguen lo correcto de lo incorrecto? ¿Cuál es su estándar de "corrección"? ¿Es justo que Dios siempre se ponga de parte de los pobres? Si así es, se trata de una convicción teológica que precede a la praxis de estos teólogos. Dar prioridad a la práctica sobre la doctrina realmente parece imposible, e incluso peligroso.

Rosemary Radford Ruether

Teóloga feminista

Contexto

Uno de los temas candentes del siglo XX fue el feminismo, que, entre otras cosas, exigió la total igualdad entre hombres y mujeres. Las raíces de esta realidad se remontan al movimiento abolicionista en el siglo XIX y el movimiento de derechos civiles en la mitad del siglo XX. La preocupación central de ambos era la libertad e igualdad. En 1963, Betty Friedan publicó *The Feminine Mystique* (Mística de la feminidad), siendo una de las fundadoras, además de convertirse en la primera presidente de la Organización Nacional para las Mujeres en 1966. El movimiento de liberación de las mujeres había nacido.

Esto tuvo un efecto inmediato y profundo en la iglesia cristiana, dando como resultado la teología feminista. La teología feminista tiene mucho en común con la teología de la liberación, incluyendo la convicción de que la teología y la praxis van de la mano, y la creencia de que la iglesia ha sido culpable de una teología fallida que ha operado en una praxis defectuosa, incluyendo la opresión absoluta. Otras convicciones medulares de la teología feminista cristiana son: el cristianismo y la teología cristiana han sido exclusivamente patriarcales y han estado prácticamente ajenos a las preocupaciones de las mujeres durante siglos. Esto ha tenido un efecto desastroso sobre la mujer dentro de la iglesia, incluyendo la misoginia o el odio hacia la mujer. Por lo tanto, las mujeres necesitan desarrollar y reformular una teología desde la perspectiva de la experiencia de las mujeres, en el centro de la cual ha habido siglos de represión dentro de una sociedad patriarcal, y la necesidad no solo de liberarse, sino también de capacitar a las mujeres en la sociedad y la iglesia. Por ejemplo, con respecto a la teología, la crítica feminista ha sido que durante mucho tiempo y por las razones equivocadas se ha expresado en términos de orientación masculina, tales como "Dios, el *Padre*" y "Jesús, el *Hijo del hombre*". En relación con la práctica de la Iglesia, las feministas cristianas han presionado para lograr la ordenación de mujeres.

Algunas feministas han rechazado el cristianismo como irremediablemente patriarcal. Por ejemplo: Rosemary Daly (1928-2010), una excatólica, escribió *La Iglesia y el segundo sexo*[1] y *Más allá del Dios Padre*.[2] Muchas otras, sin embargo, han tratado de reformar el cristianismo desde adentro y reformular la teología cristiana desde una perspectiva feminista. Tal vez la más influyente de la última categoría es Rosemary Radford Ruether.

Rosemary nació en 1936 y perdió a su padre cuando tenía doce años. Su madre era una católica devota, pero también estaba abierta a cuestionar las tradiciones de la Iglesia, así como aquello que las religiones no cristianas tenían que ofrecer. Crió a Rosemary para que fuera una libre pensadora como ella. Rosemary también fue influenciada por el movimiento feminista temprano a través de su madre.

Su educación básica la recibió en gran medida en instituciones católicas privadas. Entró en el Scripps College para estudiar arte. Allí conoció y se casó con Herman Ruether, que estudiaba ciencias políticas y que, junto con la madre de Romero y varios profesores ayudaron a formar su pensamiento y convicciones. Debido a la influencia de uno de sus profesores cambió de carrera y comenzó a estudiar filosofía. En 1965, recibió su doctorado en Filología Clásica y Patrística en la Claremont School of Theology.

Ha tenido una larga y distinguida carrera como profesora en el Garrett Theological Seminary (Illinois), la Claremont School of Theology (California), la Pacific School of Religion, y la Graduate Theological Union (California).

A partir de los años sesenta, Ruether también fue influenciada por el movimiento de los derechos civiles y el movimiento ecologista. Como resultado, además de sus actividades académicas, Ruether y su marido participaron activamente en estas causas y otras. El Concilio Vaticano II también le dio, como teóloga católica, mucha más libertad para expresar sus puntos de vista no tradicionales y seguir siendo parte de la Iglesia Católica.

Contribución

Rosemary Ruether ha sido y sigue siendo una autora prolífica. Ha escrito o editado más de treinta libros, así como muchos otros artículos y ensayos. Entre sus libros más destacados están *Sexism and God-Talk: Toward a Feminist Theology*,[3] *Gaia and God: An Ecofeminist Theology of Earth Healing*,[4] y *Goddesses and the Divine Feminine: A Western Religious History*.[5]

Ruether y otras teólogas feministas cristianas comparten una profunda desconfianza en las Escrituras, pues en su interior encuentran leyes relativas a la "inmundicia" de las mujeres durante la menstruación y después del parto; así como un sacerdocio que excluye a las mujeres, que manda que sean sumisas a los hombres, y que incluso les restringe hablar en la iglesia. Por otro lado, Ruether encuentra que en ella son muchas veces pasadas por alto profetisas, juezas, líderes femeninas, y seguidoras de Jesús. Además, ve en la Escritura lo que llama la "tradición profética liberadora", ejemplificada cabalmente por el mismo Jesús. Esta tradición es "la visión de una sociedad totalmente igualitaria, no jerárquica, desmarcada de patrones de dominación y sumisión".[6] Como Reuther misma dice en *Sexism and God-Talk*: "Las lecturas feministas de la Biblia pueden discernir una norma dentro de la fe bíblica en la que los mismos textos bíblicos pueden ser criticados [...]. Sobre esta base, muchos aspectos de la Biblia deben ser francamente echados a un lado y rechazados".[7] Así que para Ruether, la Biblia ciertamente no es la *única* autoridad (*sola* scriptura), ni siquiera la autoridad *principal* para hacer teología. Además de la Biblia (evaluada críticamente, por supuesto), Ruether integra creativamente otras fuentes en su teología: textos del cristianismo "hereje" como el gnosticismo; tradiciones de la religión católica, así como de la ortodoxia oriental y el protestantismo; temas de religiones no cristianas y conceptos de una variedad de filosofías tanto antiguas como modernas, como la antigua filosofía griega y el marxismo; y obviamente la fuente *principal*: la propia experiencia de las mujeres.

Si las feministas quieren reconstruir la teología, deben comenzar con la doctrina de Dios, y eso es precisamente lo que han hecho. La concepción de Ruether es que Dios es "la matriz primigenia", algo similar al "fundamento del ser" de Tillich, aquel a partir de la cual *todo* lo que existe surge a la existencia (o es dado a luz, si así lo prefiere). Su único título para esta divinidad es "Dios/a". El objetivo de Ruether es revertir los dualismos del cristianismo histórico, como sobrenatural/natural, espíritu/materia, alma/cuerpo, e incluso bien/mal, y por supuesto, hombre/mujer. Ella considera que lo masculino históricamente ha sido asociado con las primeras de estas distinciones, mientras que lo femenino ha sido asociadas con las segundas. Todas estas distinciones se quiebran una vez que hemos regresado a la verdadera naturaleza de Dios/a, quedando solo unidad radical e integral. Y ella quiere decir "*todas*": "Mi propia suposición es que el ser Divino que genera, mantiene, y renueva el mundo es verdaderamente *universal*, y es el padre y la madre de *todos* los pueblos sin discriminación. Esto significa que la verdadera revelación y la verdadera relación con lo divino se encuentran en *todas* las religiones. Dios/a es el fundamento de todos los seres, y no solo de los seres humanos".[8] Los críticos sugieren que su perspectiva está muy cerca de identificar a Dios con la naturaleza misma, es decir, al panteísmo; o que da a entender que todo lo que existe forma parte de un solo principio de funcionamiento, lo que sería monismo, también conocido como "Gaia".

Jesucristo representa un verdadero problema para las feministas cristianas, ya que, después de todo, es hombre. Así que una considerable reinterpretación estaba nuevamente a la orden. Ruether hace esto, primero, rechazando el concepto de Calcedonia de Jesús como el Dios-hombre, una naturaleza divina y una naturaleza humana en una sola persona.[9] Más allá de eso ella básicamente recurre al Jesús del liberalismo clásico: es solo un ser humano, pero el ser humano ideal; o como a las feministas les gusta decir, el "paradigma" de la humanidad redimida. Lo que es importante de Jesús no es quien es (que ciertamente no incluye ningún tipo de deidad), sino más bien lo que hizo. Ruether ve el Jesús de los Evangelios como un profeta que en el siglo I denunció las mismas cosas que el feminismo denuncia en el siglo XXI: Estructuras jerárquicas (como el patriarcado), opresión, injusticia, pobreza, etcétera. Ella dice: "Una vez que eliminamos la mitología sobre Jesús como el Mesías o *Logos* divino, con su imaginería tradicional masculina, el Jesús de los evangelios sinópticos puede ser reconocido como una figura extraordinariamente compatible con el feminismo".[10] Continúa diciendo que Jesús ni siquiera está para ser equiparado exclusivamente con Cristo. Él no es más que el paradigma de "Cristo". "Cristo", en última instancia, es la humanidad redimida conquistada por Jesús. "La comunidad cristiana da continuidad a la identidad de Cristo".[11]

El pecado, según Ruether, es relacional y social. Es relacional en el sentido de las creencias erróneas de lo que significa tener una relación con Dios/a, otros seres humanos, nosotros mismos, la ecología, y casi todo lo demás. Es social en el sentido de que todos heredamos estos puntos de vista erróneos de nuestras sociedades. La salvación viene entonces cuando nos comprometemos a adoptar los puntos de vista correctos de nuestro "paradigma" Jesús, y practicar mutuamente la justicia y la compasión. Por supuesto, Jesús es solo el "paradigma" para los cristianos. Existen otros paradigmas válidos en otras religiones que pueden conducir a la misma cosa. Por otra parte, la salvación no es algo que se va a lograr en un futuro reino espiritual (en el cielo), sino más bien algo que debe establecerse ahora en la tierra. Eso, afirma ella, sería el reino de Dios que Jesús previó y proclamó.

Conclusión

Parece razonable decir que el movimiento feminista ha tenido algún grado de efecto en la mayoría si no todas las tradiciones del cristianismo. Por lo menos, ha traído una mayor conciencia sobre el valor y la contribución de las mujeres, y una mayor sensibilidad a actitudes pasadas que dejaron mucho que desear a nivel cristiano en el tratamiento de las mujeres. El hecho de cada vez más denominaciones practican con entusiasmo la ordenación de mujeres ilustra también su influencia continua.

Sin embargo, hay algunas preocupaciones profundas con respecto a la teología feminista cristiana en general, y con Rosemary Radford Ruether específicamente. Por ejemplo, si la fuente primaria y la autoridad para hacer teología es la experiencia de las mujeres, ¿cómo puede ser evaluada objetivamente la teología resultante? ¿Qué hace que la experiencia de las mujeres sea una mejor norma que la experiencia de los hombres, de los niños, de los ateos, o de los animales? Realmente no hay ningún criterio *objetivo* a través del cual la teología puede ser objeto de crítica.

Otra preocupación es el grado de distorsión al que las verdades centrales del cristianismo han sido llevadas en su reformulación. Si la teología feminista cristiana continúa en su dirección actual, uno se pregunta cuánto tiempo podrá legítimamente ser considerada "cristiana". De hecho, la apertura radical de Ruether hacia todas las religiones parece robarle al cristianismo cualquier carácter distintivo, o singularidad alguna. Lo único que queda parece ser una relatividad radical, siempre y cuando todo sea igual a todo lo demás.

CARL F. H. HENRY

Teólogo evangélico

Contexto

Como vimos en el capítulo 32, la reacción ortodoxa o conservadora contra la teología protestante liberal llegó en la forma de fundamentalismo y de teólogos como J. Gresham Machen. Se trató de un contrapunto importante y prometedor cuando el liberalismo en su apogeo. Pero 1925 marcó un punto de inflexión con el infame juicio de Scopes. A pesar de que el juicio se decidió a favor de la visión fundamentalista (que se oponía vehementemente a la teoría de la evolución), la población estadounidense en general recibió una imagen muy negativa del movimiento fundamentalista. Otros factores también dieron lugar a una "evolución" en el movimiento. En primer lugar, a algunos asuntos menores se les dio mayor importancia (por ejemplo, el creacionismo en contraste con la evolución como una visión de los orígenes, y una interpretación extremadamente literal de la Escritura). Esto hizo que el movimiento perdiera su enfoque útil. En segundo lugar, el fundamentalismo se volvió muy pesimista y negativo con respecto a la cultura, debido a su tendencia liberal. La sociedad estaba perdida. Por lo tanto, se alentó a los fundamentalistas a desprenderse y apartarse de ella, incluso del cristianismo protestante no conservador. El movimiento se volvió muy "separatista", incluyendo a veces hasta la separación "secundaria"; es decir, la negativa a cooperar o comulgar con otros cristianos conservadores que no se apartaran lo suficiente de los cristianos no conservadores. En tercer lugar, debido al pesimismo relacionado con el estado en que se encontraba la cultura, el fundamentalismo se volvió muy orientado al futuro. La única esperanza real para los cristianos estaba en el futuro (por ello otra doctrina que comenzó a destacar fue la del regreso inminente de Cristo). Por último, el fundamentalismo comenzó a enfocarse demasiado en la persona. El evangelio solo era para la salvación individual. Un comentario del evangelista Dwight L. Moody lo refleja. Comparó el mundo con un barco que se hundía (más allá de toda esperanza), y la responsabilidad de los cristianos era salvar al mayor número de "almas" posible antes de que se hundieran con el barco.

Sin embargo, había algunos adentro del fundamentalismo que estaban incómodos con esta transición en el movimiento fundamentalista. La preocupación no estaba relacionada la con teología—todos los conservadores estaban más o menos de acuerdo a nivel doctrinal—, sino más bien con algunas actitudes: pesimismo, cinismo, negatividad, etcétera. Como resultado, algunos conservadores comenzaron a apartarse del fundamentalismo. Los fundamentalistas separatistas retuvieron el título de "fundamentalistas", y los otros adoptaron el título de "evangélicos". En 1941, por ejemplo, Carl McIntire fundó el muy separatista American Council of Christian Churches (Consejo Americano de Iglesias Cristianas). Al año siguiente, los de la tradición de Machen y el primer movimiento fundamentalista organizaron la National Association of Evangelicals (Asociación Nacional de Evangélicos).

Otra indicación de las diferencias entre los fundamentalistas y los evangélicos fue la publicación de *The Uneasy Conscience of Modern Fundamentalism* (La mala conciencia del fundamentalismo moderno) en 1947[1] por Carl F. H. Henry, que "explotó como una bomba en el campamento fundamentalista".[2] El autor se convirtió rápidamente en uno de los principales teólogos y voceros de la teología y el movimiento evangélico.

Carl Ferdinand Howard Henry nació el 22 de enero de 1913 en la ciudad de Nueva York. Su padre y su madre eran inmigrantes procedentes de Alemania—su padre Karl, un luterano; y su madre Johanna, una católica. De alguna manera Carl, el primero de los ocho hijos, terminó siendo confirmado como episcopal. Sin embargo, pronto abandonó la iglesia.

A los veinte años tuvo una experiencia de conversión y decidió dedicarse al estudio de la teología. En Wheaton College, donde fue profundamente influenciado por Gordon Clark, un renombrado filósofo evangélico, Henry obtuvo una licenciatura (1938) y una maestría (1941). También entabló amistad con una serie de futuros líderes del movimiento evangélico como Billy Graham y Harold Lindsell. Continuó su formación teológica en el Northern Baptist Theological Seminary, recibiendo un título académico (1941) y un doctorado en teología (1942). Mientras servía en la facultad de su alma mater, el Northern Seminary, comenzó un doctorado en filosofía en la Universidad de Boston, que completó en 1949.

A partir de 1947, Henry sirvió como miembro de la facultad del Seminario Teológico Fuller, una institución evangélica nueva ubicada en Pasadena, California. En 1956 ayudó a lanzar la revista evangélica *Christianity Today*, donde se desempeñó como redactor hasta 1968. Henry también sirvió en la facultad del Eastern Baptist Theological Seminary y trabajó en estrecha colaboración con una variedad de organizaciones evangélicas, como la National Association of Evangelicals y World Vision. La revista *Time* reconoció los logros de Henry en 1978 cuando lo nombró "portavoz principal" de los evangélicos. Murió el 7 de diciembre de 2003.

Contribución

Un año antes de escribir *The Uneasy Conscience of Modern Fundamentalism*, Carl Henry escribió *The Remaking of the Modern Mind* (La reconstrucción de la mente moderna),[3] y continuó siendo prolífico: *The Protestant Dilemma* (El dilema protestante),[4] *Christian Personal Ethics* (Ética cristiana personal),[5] *Evangelical Responsibility in Contemporary Theology* (Responsabilidad evangélica en la teología contemporánea),[6] *Aspects of Christian Social Ethic* (Aspectos de ética social cristiana),[7] *Frontiers in Modern Theology* (Fronteras en la teología moderna),[8] *Evangelicals at the Brink of Crisis* (Evangélicos al borde de la crisis),[9] *Evangelicals in Search of Identity* (Evangélicos en busca de la identidad),[10] *The Christian Mindset in a Secular Society* (La mentalidad cristiana en una sociedad secular),[11] y *Christian Countermoves in a Decadent Culture* (Contraataques cristianos en una cultura decadente),[12] entre muchos otros.[13] Los títulos de estos libros indican el enfoque principal de gran parte del pensamiento de Henry: el papel y la responsabilidad del cristianismo y la teología cristiana en la sociedad moderna, vistos desde una perspectiva evangélica.

Su obra magna contiene seis tomos, y lleva por título *God, Revelation and Authority* (Dios, revelación y autoridad).[14] Estos tres términos también sirven para resumir la teología de Henry y su relación con el enfoque principal mencionado anteriormente.

La primera parte de *God, Revelation and Authority* se titula "El Dios que habla y muestra", y está dedicada a la doctrina de la revelación (t. 1-4). El prefiere comenzar con este tema en lugar de la doctrina de Dios debido a su convicción de que no podemos saber nada de Dios si Él no nos *habla* de sí mismo en palabras y proposiciones, y *se muestra* a sí mismo en los actos de la historia. La teología liberal estaría básicamente de acuerdo con esto último, lo que hace posible que podamos conocer a Dios a través de la razón humana y la experiencia de estas "demostraciones" divinas. Sin embargo, la teología liberal ha rechazado categóricamente la primera aseveración. Henry sintió entonces la necesidad de subrayar particularmente que Dios ha *hablado* a través de las palabras que fueron *escritas* y preservadas en la Biblia. Insistió firmemente en que la revelación no solo es personal (Él se muestra), sino también propositiva (Él habla).[15] Aparte de lo que Dios nos ha *hablado*, nosotros no podemos entender sus demostraciones. Así, Henry también argumentó a favor de la racionalidad de la Escritura. Dios se explica a sí mismo de una manera que puede ser entendido. Uno de los temas que Henry expuso fue: "La revelación de Dios es comunicación racional transmitida en ideas inteligibles y palabras significativas, es decir, en forma verbal-conceptual".[16] No debe sorprender entonces que Henry estuviera firmemente comprometido con las doctrinas históricas y ortodoxas de la inspiración (que la Biblia es realmente la Palabra de Dios), la inerrancia (como la Palabra de Dios, la Biblia no tiene errores), y la infalibilidad (la infalible Palabra de Dios no llevará a nadie al error). Estas doctrinas fueron desechadas por la teología liberal moderna, y Henry se sintió obligado a reformularlas y reafirmar su rol central para toda la teología.

La segunda parte de *God, Revelation and Authority* se titula "El Dios que está y se queda", y habla de la doctrina de Dios (t. 5-6). Para Henry, esta doctrina era la base y el pegamento de toda la teología. Una visión inadecuada o errónea de Dios conduce a una teología inadecuada o errónea, y es a través de la Biblia que podemos conocer y entender a Dios. La doctrina de Henry en relación con Dios era consistente con la teología histórica ortodoxa (como en cuanto a la Trinidad, los atributos divinos, etc.), pero hacía un énfasis particular en su trascendencia; es decir, que Dios está separado de su creación y es superior a ella. Este es el "Dios que está" debajo de su creación como su causa, su suficiencia, y su Soberano. Pero Dios es también Aquel que se mantiene involucrado con una parte de su creación: la inmanencia de Dios. Henry mantiene el equilibrio entre estas dos verdades bíblicas cruciales relacionadas con Dios, pero su énfasis en la trascendencia era necesario debido a la tendencia de la teología liberal de exagerar la inmanencia de Dios casi hasta desechar completamente su trascendencia. Él escribió: "Si el cristianismo consiste en ganar respetabilidad intelectual en el mundo moderno, la realidad del Dios trascendente debe ser proclamada por los teólogos, y proclamada sobre la base de la competencia racional del hombre por conocer la esfera transempírica [sobrenatural]".[17]

Así que si Dios es verdaderamente trascendente, entonces Él es la máxima autoridad. Si la Biblia es realmente la Palabra de Dios, entonces es la máxima autoridad escrita. Una de las críticas principales de Henry a la teología del siglo XX era que había abandonado su herencia de estar arraigada en las Escrituras, que es la revelación divina y, por lo tanto, autoritativa. *God, Revelation and Authority* no es una teología sistemática, sino más bien un intento de establecer una base sobre la que un sistema teológico válido y evangélico se puede construir. Es decir, la Biblia reconocida como la Palabra de Dios divinamente inspirada, totalmente inerrante, y completamente autoritativa de Dios .

Henry no solo criticó la teología liberal, sino también la teología conservadora tanto fundamentalista como evangélica, y esta crítica fluyó necesariamente de los conceptos de Dios, la revelación, y la autoridad. En relación con el fundamentalismo su crítica fue que reaccionó de manera exagerada contra el liberalismo apartándose de la cultura y abandonando su responsabilidad cristiana con la sociedad. "El mensaje del evangelio redentor, que es un mensaje transformador del mundo, se redujo a un mensaje de resistencia al mundo".[18] Dios ciertamente pretende cambiar a las personas a través de la obra de Cristo, pero también cambiar la sociedad a través de las personas rescatadas que son "sal y luz" en el mundo. Henry estaba de acuerdo con el liberalismo en que la sociedad tenía que ser y podía ser transformada; y no estaba de acuerdo con el fundamentalismo en que la sociedad estaba desahuciada y debía ser abandonada. Pero estaba de acuerdo con los fundamentalistas (y en desacuerdo con el liberalismo) en que la transformación individual era la prioridad. Solo a través de personas transformadas podría ser transformada la sociedad.[19] Él estaba de acuerdo con el fundamentalismo en que el Reino de Dios es un acontecimiento futuro, pero también estaba de acuerdo con el liberalismo en que este puede (y debe) ser "ahora" en el presente.[20] Todo esto refleja al Dios que "está". Su desafío a los cristianos evangélicos y a los eruditos fue entonces a asumir un mayor compromiso con la sociedad moderna para ayudar a lograr esta transformación retornando al verdadero Dios que solo puede ser conocido a través de la Palabra confiable de Dios.

Conclusión

Como resultado de la obra de Carl F. H. Henry y muchos otros, el movimiento evangélico ha crecido en tamaño e influencia— la revista *Newsweek* declaró el año 1976 como el "año de los evangélicos"—,mientras que el fundamentalismo ha disminuido, aunque ciertamente no ha muerto. La evidencia de la vitalidad del movimiento evangélico incluye a organizaciones de carácter social como Enfoque a la Familia y la Confraternidad Carcelaria, instituciones educativas como Wheaton College y la Universidad Biola, y sociedades científicas como la Sociedad Teológica Evangélica y el Instituto de Investigaciones Bíblicas. El movimiento evangélico no deja de tener sus fallas y desafíos, pero en el siglo XXI continúa siendo una alternativa viable y atractiva a la teología liberal y a la corriente principal del protestantismo.

Conclusión

Hemos cubierto mucho en estos capítulos—personas, ideas, movimientos, denominaciones, concilios, credos, herejías—, todo disperso en una vasta línea de tiempo de dos milenios. Es fácil perderse en medio de tantos detalles y décadas, así que voy a tratar de llegar a algunas conclusiones, y expresar algunas observaciones amplias que creo que son importantes a tener en cuenta.

En primer lugar, estos teólogos vivieron en ciertos contextos históricos, culturales, y teológicos que ciertamente afectaron su pensamiento: la filosofía griega o existencial, las políticas nacionales o eclesiásticas, el feudalismo, la Ilustración, las guerras mundiales, la pobreza, etcétera. Como algunos de ellos nos lo recordaron de manera oportuna (especialmente Gustavo Gutiérrez), resulta inevitable e imposible pensar sin vernos afectados por el entorno. No es lo ideal, pero es la realidad.

En relación con estos teólogos que eran seres humanos limitados y falibles, esto significa que ninguno de sus sistemas teológicos eran perfectos, o representaciones exactas de la realidad espiritual. El hecho de que Agustín, Tomás de Aquino, Calvino, Edwards, o Barth hayan creído algo no significa nada. Y estoy seguro de que ellos serían los primeros en admitirlo, al menos la mayoría. Así que debemos evitar poner a cualquiera de estos grandes pensadores en un pedestal, y pensar que la más mínima cosa que escribieron es la verdad de Dios. Más bien, su pensamiento debe medirse siempre bajo un criterio objetivo y universal de la verdad. Yo personalmente estoy convencido de que ese criterio o norma lo tenemos en la Biblia, la Palabra escrita de Dios. Por supuesto, no todos estos influyentes cristianos habrían estado de acuerdo con eso.

Una implicación de esto es que ninguno de nosotros deja de

ser afectado por el entorno. Por muy objetivamente que queramos pensar, crecimos en ciertas familias, experimentamos ciertas situaciones en la vida, fuimos a ciertas iglesias, aprendimos de la Biblia y de la teología de algunos pastores y maestros...y todo eso se ha convertido en una parte de nosotros. Aunque tratemos de evaluar el pensamiento de estos teólogos en contra de la norma de la Escritura, tenemos que reconocer que nuestra comprensión de la Escritura tiene importantes elementos subjetivos. Tenemos que admitirlo. Esto tiene que ayudarnos a actuar con humildad. Tenemos que abrirnos a otras perspectivas, y esa es una de las razones de hacer teología histórica. Y por supuesto, tenemos que depender del Espíritu Santo para que nos guíe a la verdad de Dios.

La segunda conclusión es realmente la otra cara de la primera: El hecho de que estos teólogos no sean perfectos no significa que debemos desechar sus ideas. El hecho de que Orígenes haya estado influenciado por la filosofía griega no significa que no tiene ninguna visión bíblica válida que ofrecer. El hecho de que Arminio haya contradicho a Calvino en temas importantes no significa que los calvinistas tengan que descartarlo (y viceversa). El hecho de que Schleiermacher, Ritschl, y Tillich hayan sido etiquetados como liberales, no significa que no tengan desafíos legítimos para los conservadores. De hecho, ¿no ocurre siempre que nos fortalecemos en nuestra comprensión de las cosas cuando se nos desafía con creencias contrarias a la nuestra, a diferencia de cuando tenemos a nuestro alrededor solo a aquellos que están de acuerdo con nosotros asegurándonos constantemente que nosotros (y ellos) estamos en lo cierto?

En tercer lugar, a pesar de que estos teólogos y sus teologías están lejos de la perfección, e incluso contienen errores importantes, ha habido una consistencia de la verdad y la fe cristiana durante dos mil años: el histórico consenso cristiano. Esto ha sido llamado la "enseñanza apostólica", o la "ortodoxia". Algunos se refieren a este consenso como la "gran tradición". En un sentido, esto es bastante notable. Dada la gran cantidad de tiempo que ha transcurrido desde el cierre del canon bíblico, el gran número de personas involucradas en interpretar las Escrituras, y la gran cantidad de amenazas en su contra, es increíble que la creencia cristiana de hoy tenga alguna similitud a lo que los cristianos creyó en el siglo I. ¿Recuerda el viejo juego del teléfono descompuesto?

Por otro lado, todo esto tiene sentido. Esta es la verdad *de Dios*, y *Dios* trabaja para protegerla (Mt. 5:17-18). Una implicación es que debemos estar muy seguros de que la verdad revelada no se ha perdido ni se perderá en las circunstancias.

Otro aspecto igualmente sorprendente de esto es que Dios ha escogido proteger y propagar la verdad bíblica a través de personas muy imperfectas. Y esto es exactamente lo que vemos en las Escrituras, que Dios hace cosas muy notables a través de seres humanos poco notables. Ninguno de estos teólogos han hecho el trabajo a la perfección, pero cada uno ha aportado una pieza. Como resultado, tenemos una multitud de perspectivas y aspectos de la teología. Así como la luz blanca y pura es difractada por un prisma en una variedad de colores, la verdad de Dios también se difracta a través de personas en una miríada de tradiciones.

Una última conclusión es que siempre habrá más teología que hacer y más progreso que alcanzar. Después de todo, el tema de estudio es Dios, quien dijo: "Porque mis pensamientos no son los de ustedes, ni sus caminos son los míos [...]. Mis caminos y mis pensamientos son más altos que los de ustedes" (Is. 55:8-9). Estos grandes pensadores cristianos del pasado no han completado la tarea. Apenas tocaron la superficie. Un sondeo mucho más reflexivo debe hacerse en la estratosfera de la verdad espiritual. Así como ha habido pensadores cristianos influyentes en el pasado, igualmente habrá pensadores cristianos influyentes en el futuro; aquellos que son llamados por Dios para ayudar al resto de nosotros a conocerlo cada vez mejor.

Pero mientras esperamos este progreso, no debemos descuidar el pasado. Como dijo un teólogo histórico: "La mejor forma de avanzar en la teología es mirando hacia atrás, a los grandes del pasado".[1] Así que para terminar, pongo delante de ustedes a los influyentes cristianos que estudiamos en los capítulos anteriores, así como a muchos otros sobre cuyos hombros estamos parados hoy a fin de tener una mejor visión del mayor espectáculo que podemos observar: Dios.

EL CREDO NICENO

Creemos en un Dios
Padre todopoderoso,
hacedor de todas las cosas visibles e invisibles.

Y en un Señor Jesucristo,
el Hijo de Dios;
engendrado como el Unigénito del Padre,
es decir, de la substancia del Padre,
Dios de Dios; luz de luz;
Dios verdadero de Dios verdadero;
engendrado, no hecho;
consubstancial al Padre;
mediante el cual todas las cosas fueron hechas,
tanto las que están en los cielos
como las que están en la tierra;
quien para nosotros los humanos y para nuestra sal-
vación descendió
y se hizo carne,
se hizo humano, y sufrió, y resucitó al tercer día,
y vendrá a juzgar a los vivos y los muertos.

Y en el Espíritu Santo

Las iglesias católica y apostólica colocan bajo una maldición a los que digan: "Hubo un tiempo en que no fue" y "Antes de que él fuera engendrado Él no era" y "Él llegó a existir de la nada"; y a los que pretenden que el Hijo de Dios es "de otra substancia" [diferente a la del Padre] o "creado" o "alterable" o "mutable".

CREDO NICENO CONSTANTINOPOLITANO

Creo en un solo Dios,
Padre todopoderoso,
Creador del cielo y de la tierra,
de todo lo visible y lo invisible.
Creo en un solo Señor, Jesucristo,
Hijo único de Dios,
nacido del Padre antes de todos los siglos:
Dios de Dios, Luz de Luz,
Dios verdadero de Dios verdadero,
engendrado, no creado,
de la misma naturaleza de Padre;
por quien todo fue hecho;
que por nosotros los hombres, y por nuestra salvación
bajó del cielo,
y por obra del Espíritu Santo se encarnó en María
La virgen,
y se hizo hombre;
y por nuestra causa fue crucificado en tiempos de
Poncio Pilato,
padeció y fue sepultado,
y resucitó al tercer día,
según las escrituras,
y subió al cielo,
y está sentado a la derecha del Padre;
y de nuevo vendrá con gloria, para juzgar a vivos
y muertos,
y su reino no tendrá fin.
Creo en el Espíritu Santo, Señor y dador de vida,

que procede del Padre [y el Hijo],*
que con el Padre y el Hijo recibe una misma adoración
y gloria,
y que habló por los profetas.
Creo en la Iglesia que es Una, Santa, Católica y
Apostólica.
Reconozco que hay un solo bautismo para el perdón
de los pecados,
espero la resurrección de los muertos
y la vida del mundo futuro. Amén.

* La frase "y el Hijo" fue añadida posteriormente.

Notas y referencias

Introducción

1. Este tema lo trato de abordar brevemente en mi libro *Understanding Theology in 15 Minutes a Day* (Minneapolis: Bethany House, 2012), c. 1.

2. John Hannah, *Our Legacy: The History of Christian Doctrine* (Colorado Springs: NavPress, 2001), pp. 24–28.

3. Por más, ver Daryl Aaron, *Understanding Your Bible in 15 Minutes a Day* (Minneapolis: Bethany House, 2012), pp. 101–104.

Capítulo 1

1. Esto la distingue de la *Segunda Epístola de Clemente*, que no fue escrita por Clemente.

2. A veces otras son añadidas.

3. La *Epístola de Bernabé* es un seudónimo, es decir, el nombre Bernabé le fue falsamente añadido.

4. J. B. Lightfoot, *The Apostolic Fathers* (Grand Rapids: Baker, 1976), p. 38.

5. A menos que se señale lo contrario, las citas de las obras de los padres apostólicos son tomadas de *Ante-Nicene Fathers: Translations of the Writings of the Fathers Down to AD 325*, ed. Alexander Roberts y James Donaldson (WORDsearch Database, 2006; Peabody, MA: Hendrickson, 1994), con modernizaciones menores del lenguaje (por ejemplo "vosotros" se ha cambiado a "ustedes"). Los números citados en los paréntesis se refieren al capítulo de donde fue tomada la cita. La *Primera Epístola de Clemente* tiene 65 capítulos (cortos). N. del T.: La versión en español de las citas aquí presentadas es una traducción libre del traductor de este libro.

6. Papa Benedicto XVI, *Great Christian Thinkers: From the Early Church through the Middle Ages* (Minneapolis: Fortress, 2011), p. 4. "Primacía romana" se refiere a la superioridad del obispo de Roma, el papa, sobre todos los demás clérigos en la que es conocida ahora como Iglesia Católica Romana.

Capítulo 2

1. Bruce Metzger, *The Canon of the New Testament: Its Origin, Development, and Significance* (Oxford: Clarendon, 1987), p. 4.

2. Roger Olson, *The Story of Christian Theology: Twenty Centuries of Tradition & Reform* (Downers Grove, IL: InterVarsity, 1999), p. 46

3. Ignacio fue la primera persona en colocarle el adjetivo "católica" a la iglesia, pero esto no tiene relación con la Iglesia Católica Romana. La palabra católica significa "general" o "universal". El concepto de "iglesia católica" cobró importancia durante los primeros siglos. Hay una sola Iglesia, a pesar de que hay muchos cristianos dispersos por todo el mundo. Esta es una verdad maravillosa y fundamental del Cuerpo de Cristo (1 Co. 12:12–13; Gl. 3:28; Ef. 4:3–4).

4. Michael A. G. Haykin, *Rediscovering the Church Fathers: Who They Were and How They Shaped the Church* (Wheaton: Crossway, 2011), p. 33. Curiosamente, la palabra mártir viene de la palabra griega *martus*, que significa literalmente "testigo" (ejemplo: Hch. 1:8). ¡Había una estrecha relación entre ser un testigo para Cristo y morir por Cristo!

Capítulo 3

1. El término ortodoxo significa literalmente "pensamiento correcto". Aplicado al cristianismo, se refiere a aquellas creencias o doctrinas que eran cónsonas con las enseñanzas de los apóstoles, y que ganaron el apoyo de la gran mayoría de los cristianos.

2. Para ver la manera en que Pablo pone esto, ver 1 Corintios 1:18–24.

3. Esto había sido anticipado por el apóstol Pedro en 1 Pedro 4:14, 16.

4. Jonathan Hill, *The History of Christian Thought* (Downers Grove, IL: InterVarsity, 2003), p. 23.

Capítulo 4

1. Es posible que Pedro (en 2 P.), Judas, y Juan (en 1 Jn.) hayan lidiado con alguna forma primitiva de esta influencia en los cristianos del siglo I.

2. Ya encontramos este concepto en conexión con Ignacio.

3. El término tiene su origen en dos palabras griegas que juntas significan básicamente "creador de gente".

4. En algunas formas de teología cristiana gnóstica, Cristo fue una de esas emanaciones, tal vez la más elevada y cercana a Dios,

pero no es *completamente* Dios. Fue el "iluminador" que vino a revelar el conocimiento secreto (*gnōsis*) necesario para la salvación.

5. Muchos de los primeros pensadores cristianos hacían alguna clase de distinción entre la "imagen" divina y la "semejanza" divina. Tal vez sea mejor entenderlos como refiriéndose a la misma cosa.

6. Tony Lane, *A Concise History of Christian Thought*, rev. ed. (Grand Rapids: Baker, 2006), p. 13.

7. Todas excepto: Filemón, Santiago, Judas, y 3 Juan; Paul Wegner, *The Journey from Texts to Translations* (Grand Rapids: Baker, 1999), p. 139.

8. William Anderson, *A Journey Through Christian Tradition*, 2da ed. (Minneapolis: Fortress Press, 2010), p. 23.

Capítulo 5

1. Citado por Tony Lane, *A Concise History of Christian Thought*, p. 15.

2. Jonathan Hill, *The History of Christian Thought*, p. 33. ÉL cita Tertuliano, *Sobre los espectáculos*, p. 30.

3. Ya hablamos sobre el docetismo en el capítulo 2.

4. La gramática griega y latina de este versículo también indica que por "uno" Jesús se estaba refiriendo a una sola esencia o naturaleza (la Deidad), no a una persona.

Capítulo 6

1. Olson, *The Story of Christian Theology*, p. 88.

2. Ver el capítulo 4.

Capítulo 7

1. Eusebio, *Ecclesiastical History*, 6.2.

2. *Ibíd.*, 6.8.

3. En un sermón sobre el Génesis, por ejemplo, Orígenes explica la relación incestuosa de Lot con sus hijas (Gn. 19:30–38) de esta manera: El sentido literal es que el pecado de hecho ocurrió después del juicio de Sodoma y Gomorra. En el sentido moral, Lot representa la mente humana; su esposa representa la carne inclinada a los placeres; y sus hijas el orgullo. En el sentido doctrinal, Lot representa la ley del Antiguo Testamento; su esposa representa a los israelitas rebeldes; y sus hijas representan a Jerusalén y Samaria,

las capitales de Israel y Judea. William W. Klein, Craig L. Blomber, y Robert L. Hubbard, Jr., *Introduction to Biblical Interpretation* (Dallas: Word, 1993), pp. 34–35.

4. Michael A. G. Haykin, *Rediscovering the Church Fathers: Who They Were and How They Shaped the Church* (Wheaton: Crossway, 2011), p. 75.

Capítulo 8

1. Él le explicó su propia conversión en su *Carta a Donato*.

2. Curiosamente, hay versiones de las obras de Cipriano que parecen abogar por la superioridad del papa. Aparentemente sus obras han sido manipuladas y ambos bandos, tanto el que apoya la supremacía papal como el que no, acusan al otro bando de este forjamiento (J. Patout Burns, "Cyprian of Carthage," en *Early Christian Thinkers*, Paul Foster, ed. (Downers Grove, IL: InterVarsity, 2010), pp. 139–40.

3. En el contexto de la persecución de ese momento, él incluso llegó a afirmar: "Aunque estos dieran su vida por la confesión del nombre, no lavarían su mancha con su propia sangre. Inexpiable y grave es el pecado de la discordia, al punto de que ni con el sufrimiento se perdona. *No puede ser un mártir quien no está en la Iglesia*" (*Sobre la unidad de la Iglesia*, 14, itálicas añadidas).

Capítulo 9

1. Socrates, *Ecclesiastical History in Nicene and Post-Nicene Fathers*, segunda edición, ed. Philip Schaff y Henry Wace (WORDsearch Database, 2006; Peabody, MA: Hendrickson, 1994), 1.5.

2. Este término significa que obispos de todo el imperio, de oriente y occidente, que representaban la Iglesia de manera amplia y universal fueron invitados y participaron en el concilio.

3. El texto completo del credo de Nicea está incluido en el apéndice. Este no es el mismo que es conocido comúnmente, el cual es una versión ampliada del credo de Nicea.

4. Gerald McDermott, *The Great Theologians* (Downers Grove: InterVarsity, 2010), p. 40. Énfasis original.

Capítulo 10

1. Ver el texto completo en el Apéndice. Otra frase (la cláusula filioque) fue añadida posteriormente. Esto será discutido en el capítulo 14.

2. Esto no quiere decir que esas formas de creencia desaparecieron. El modalismo sigue presente en la teología del Pentecostalismo Unicitario. El arrianismo todavía está presente en la teología de los Testigos de Jehová.

3. Ver la Homilía de Basilio 20, *Sobre la humildad*.

4. Citado en Hill, *The History of Christian Thought*, p. 76.

Capítulo 11

1. Citado en Joseph W. Trigg, *Biblical Interpretation* (Wilmington, DE: Glazier, 1988), p. 173.

2. Gregg R. Allison, *Historical Theology: An Introduction to Christian Doctrine* (Grand Rapids: Zondervan, 2011), p. 166, nota 15.

3. Según lo expresó Roger Olson, *The Story of Christian Theology*, p. 207, y no el propio Apolinar.

4. Harold O. J. Brown, *Heresies: Heresy and Orthodoxy in the History of the Church* (Peabody, MA: Hendrickson, 1988), p. 169.

Capítulo 12

1. Para este momento, las iglesias en ciudades como Alejandría, Antioquía, Constantinopla, y Roma se habían convertido en importantes centros de la cristiandad. Los obispos de esas iglesias habían aumentado en importancia por encima de otros obispos, y específicamente llevaban el título de "Patriarcas". Aunque nos estamos enfocando en la rivalidad teológica entre algunos de ellos, también había rivalidades políticas por poder y prestigio en la iglesia y el imperio, lo que forma parte del contexto más amplio. Esta rivalidad era especialmente fuerte entre Antioquía y Alejandría debido a la humillación de Apolinar, un alejandrino, después del Concilio de Constantinopla, por la influencia de Antioquía. En este momento, Cirilo, Patriarca de Alejandría, tenía la oportunidad de desafiar a Nestorio, quien como teólogo de Antioquía era su rival teológico y, como patriarca de Constantinopla, una diócesis rival, era también un rival eclesiástico. La tormenta perfecta para la controversia.

2. Tony Lane, *A Concise History of Christian Thought*, p. 54.

3. En contraste, una de las declaraciones más famosas de Nestorio es: "Yo no podría llamar a un bebé de dos o tres meses de vida Dios" (según lo registra Sócrates, en Ecclesiastical History, 7.34).

4. Observe el número de referencias a la carne en esta declaración, y recuerde la cristología del "Logos-carne" de Alejandría.

Capítulo 13

1. El *arrianismo* afirmaba que Cristo no era completamente Dios, sino más bien un ser creado. Esto también se conoce como *subordinacionismo*.

2. El *apolinarismo* afirmaba que Cristo no era completamente humano. Tenía un cuerpo humano, pero el resto era deidad.

3. El *nestorianismo* afirmaba que Cristo era dos personas: Jesús era el humano y Cristo era la persona divina.

4. El *docetismo* afirmaba que Cristo solo parecía ser humano, pero que era realmente solo divino.

5. *Sermón*, 3.3–4.

6. Ver el capítulo 12.

7. Fue llamado así con la finalidad de aclarar que no era un nuevo credo, sino más bien una aclaración y explicación del credo niceno.

Capítulo 14

1. Más tarde escribiría numerosas obras refutando el maniqueísmo en general, y específicamente su visión del mal como una realidad eterna (como por ejemplo, *La naturaleza del bien*). Agustín argumentó que el mal no era algo en sí mismo, sino más bien la ausencia de algo. De la misma manera que la oscuridad no es algo en sí misma, sino más bien la ausencia de luz, el mal no es algo en sí mismo, sino más bien la ausencia del bien y, más específicamente, de Dios. El mal surgió a través del abuso de algo bueno creado por Dios, el libre albedrío, por parte de seres angelicales y de seres humanos.

2. Hill, *The History of Christian Thought*, pp. 83–84.

3. Recuerde que, para refutar las acusaciones de triteísmo, teólogos anteriores defendieron la unidad de Dios sobre la base de que la única fuente de la divinidad es el Padre; Dios es uno en el hecho de que el Hijo y el Espíritu encuentran su naturaleza divina en el Padre.

4. Ver el capítulo 8.

5. Ver, por ejemplo, Agustín, *Tratado sobre el bautismo*.

6. Hill, *The History of Christian Thought*, p. 78.

7. *Ibíd.*, p. 91.

Capítulo 15

1. Que los seres humanos pueden vivir de manera santa sin o con poca ayuda de Dios.

2. Hasta ahora me he referido a la Iglesia en todo el Imperio Romano como la Iglesia católica ortodoxa. En este momento, sin embargo, las partes oriental y occidental de la iglesia empezaban a divergir. El obispo de Roma supervisaba la iglesia occidental, mientras que el patriarca de Constantinopla supervisaba la iglesia oriental. La división oficial aún no había tenido lugar (esto ocurriría en el año 1054), pero a partir de este momento me referiré a la Iglesia occidental como la Iglesia Católica Romana y a la Iglesia oriental como la Iglesia Ortodoxa.

3. La palabra viene del término latino *papa*, que significa "padre". Originalmente fue aplicado a todos los obispos, pero a partir del siglo VI comenzó a ser aplicado solo al obispo de Roma.

4. Los otros son Ambrosio, Jerónimo, y Agustín.

5. Ver el capítulo 21.

6. Papa Benedicto XVI, *Great Christian Thinkers*, p. 145.

Capítulo 16

1. Bizancio era el antiguo nombre de Constantinopla, la capital.

2. Esto es bastante irónico, ya que así como Agustín era el gigante teológico del cristianismo occidental, Orígenes era el gigante teológico para el cristianismo oriental, a pesar de su condena.

3. Usando una teología más bien sofisticada, también argumentaron que el uso de íconos equivalía a las herejías del nestorianismo (Jesucristo no es una persona con dos naturalezas, sino más bien dos personas, cada una con una naturaleza distinta) o del eutiquianismo (Jesucristo no tiene dos naturalezas distintas, sino más bien una naturaleza nueva). ¡¿Quién lo hubiera imaginado?! Otro factor fue tal vez la creciente influencia de Islam en el Oriente, el cual prohibía todas las imágenes religiosas.

4. Citado en Jonathan Hill, *The History of Christian Thought*, p. 110.

5. El docetismo es la negación de la verdadera humanidad de Jesús. De esto fue que los monotelitas fueron acusados anteriormente. Negar la voluntad humana de Jesús es negar su humanidad

6. Citado en Tony Lane, *A Concise History of Christian Thought*, p. 78.

7. Ver la lista completa en el Apéndice.

8. Lane, *A Concise History of Christian Thought*, p. 66.

Capítulo 17

1. De la palabra latina *schola* o "escuela".

2. La ontología es el estudio filosófico del ser o de la existencia.

3. Hill, *The History of Christian Thought*, p. 131.

Capítulo 18

1. Él cita Juan 15:13: "Nadie tiene amor más grande que el dar la vida por sus amigos".

2. Esta idea está relacionada con el amor de Dios en 1 Juan 4:10 (RVR1960). La palabra *propiciación* significa "algo que quita la ira". La traducción de la Nueva Versión Internacional: "Sacrificio por el perdón de nuestros pecados" no captura completamente este aspecto de la muerte de Cristo.

3. Hill, *The History of Christian Thought*, p. 141.

Capítulo 19

1. Curiosamente, con el tiempo, los que no se mostraban de acuerdo con Aquino fueron considerados estúpidos. Un influyente teólogo que desafió el pensamiento de Tomás de Aquino fue Juan Duns Escoto. Debido a su nombre y a su desacuerdo con Aquino, la palabra "dunce" (una persona estúpida, en inglés) comenzó a ser usada.

2. Algunos han sugerido que pudo tratarse de un accidente cerebrovascular o un ataque nervioso.

3. El término suma se refiere a un resumen completo de una disciplina particular,

4. Murió antes de poder completar el último.

5. Una pregunta práctica podría ser: Si Dios no cambia y no puede cambiar, entonces, ¿para qué oramos? Aquino respondería: si estamos tratando de conseguir que Dios cambe, entonces

la oración es inútil. Pero el verdadero propósito de la oración es alinear nuestra voluntad con la de Dios, no al revés.

6. Por ejemplo: Dios es una fortaleza (Salmo 18:2, RVR1960). Dios de algunas maneras es como una fortaleza, pero diferente de otras maneras. Es decir, Él no es exactamente como una fortaleza.

7. Aunque una distinción entre justificación y santificación parece ser bíblicamente correcta. Los conceptos están estrechamente relacionados, pero son diferentes.

8. Aunque la mayoría de estos puntos de vista ya se mantenían en el catolicismo romano durante los días de Aquino.

Capítulo 20

1. Dennis D. Martin, "Misticismo" en *Evangelical Dictionary of Theology* (Grand Rapids: Baker, 1984), p. 744. Gran parte de la descripción del misticismo que hago aquí está basada en este artículo.

2. John H. Morgan, *Catholic Spirituality: A Guide for Protestants* (Bristol, IN: Wyndham Hall, 1994), p. 39.

3. Hill, *The History of Christian Theology*, p. 168.

4. Kenneth Leech, *Experiencing God: Theology as Spirituality* (San Francisco: Harper & Row, 1985), p. 329.

5. *Ibíd.*, p. 363.

Capítulo 21

1. El término magisterio se utiliza en este sentido. Se refiere al derecho y el poder de la Iglesia Católica Romana para enseñar la verdad espiritual.

2. *Martin Luther: Selections from His Writings*, ed. John Dillenberger (Garden City, NY: Anchor Books, 1961), p. 11.

3. *Ibíd.*

4. The sacramento es válido and efectivo por el solo hecho de hacerlo. Ver el capítulo 14.

5. Retomaremos su visión de este asunto en el próximo capítulo.

6. Hill, *The History of Christian Thought*, p. 181.

Capítulo 22

1. O Ulricht, Ulrecht, Huldrych, Huldreich, o si le gusta el latín, Huldrychus.

2. Estos llegaron a ser conocidos como los reformadores radicales, y hablaremos de ellos en el capítulo 24.

3. El término rebautismo hacía referencia a la práctica de los anabaptistas (rebautizadores), un término despectivo para los reformadores radicales. Una vez más, hablaremos de esto en el capítulo 24.

4. Heiko A. Oberman, *Luther: Man Between God and the Devil*, trad. Eileen Walliser-Scharzbart (Nueva York: Image Books, 1992), p. 244.

Capítulo 23

1. *John Calvin, Institutes of the Christian Religion*, ed. John T. McNeill, trad. Ford Lewis Battles (Philadelphia: Westminster, 1960).

2. Como vimos en el capítulo 18, esto significa que el efecto principal de la muerte de Cristo estaba fuera del pecador. En este caso consistía en apaciguar la ira de Dios por el pecado y satisfacer la justicia y la santidad de Dios.

3. Él también reconoció que esto era algo que estaba más allá de nuestra comprensión (*La institución de la religión cristiana*, 3.23.5) y "El decreto es terrible en verdad, lo confieso" (3.23.7).

4. Un reciente intento de corregir algunos de esto lo realizó Kenneth J. Stewart, *Ten Myths About Calvinism: Recovering the Breadth of the Reformed Tradition* (Downers Grove, IL: InterVarsity, 2011).

Capítulo 24

1. William C. Placher, *Readings in the History of Christian Theology*, t. 2 (Louisville: Westminster, 1988), p. 33.

2. *Ibíd*.

3. Anderson, *A Journey Through Christian Tradition*, p. 257.

Intervalo

1. Irónicamente Paulo III, el papa que convocó el concilio, tenía cuatro hijos ilegítimos.

2. Lane, *A Concise History of Christian Thought*, p. 222.

Capítulo 25

1. Hubo, por supuesto, influencias anteriores que prepararon la escena para la Reforma Anglicana, como Juan Wiclef y sus seguidores los lolardos.

2. El reinado de terror de María es el contexto en el que fue escrito *El libro de Foxe de los mártires*.

3. Él afirmaba mantener el principio protestante del sacerdocio de todos los creyentes, pero esto no se reflejaba realmente en su visión del sacerdocio anglicano y la sucesión apostólica de los obispos.

4. Ver los capítulos 5, 7, y 8.

Capítulo 26

1. Su apellido original era Hermandszoon. Arminio fue el nombre latino que adoptó.

2. Según Olson, *The Story of Christian Theology*, p. 464.

3. *The Works of James Arminio*, edición de Londres, 3 tomos, Trad. James Nichols y William Nichols (Grand Rapids: Baker, 1983).

4. Citado por Olson, 465, de *The Works of James Arminio*, t. 1, p. 695.

5. *Ibíd.*, p. 467, de *The Works of James Arminio*, t. 1, p. 630.

6. El término antiguo es gracia preventiva, el cual a nosotros hoy nos suena como lo opuesto de lo que realmente significa.

7. Los calvinistas sostienen que "conoció de antemano" significa algo más que la capacidad que Dios tiene de saber lo que va a ocurrir antes de que suceda. Más bien, se refiere al conocimiento que Dios tiene del futuro, porque el futuro no es más que lo que Dios ha determinado que sea. Él lo conoce porque Él lo planeó.

8. Un intento reciente de abordar estos temas lo encontramos en *Roger E. Olson, Arminian Theology: Myths and Realities* (Downers Grove, IL: InterVarsity, 2006).

Capítulo 27

1. M. James Sawyer, *The Survivor's Guide to Theology* (Grand Rapids: Zondervan, 2006), p. 314, itálicas añadidas.

2. Es decir, la teología reformada que difería de la teología luterana.

3. El socinianismo era una herejía profunda que negaba la Trinidad, la deidad de Cristo, y otras doctrinas cristianas centrales.

4. Según es citado en Olson, *The Story of Christian Theology*, p. 477.

5. *Pia Desideria*, T. G. Taggert, ed. y trand. (Philadelphia: Fortress Press, 1964), pp. 87–88. Segùn se cita en Alister E. McGrath, ed. *The Christian Theology Reader*, 3ra ed. (Oxford: Blackwell, 1996, 2001, 2007), p. 118–119.

6. Ver el capítulo 29.

Capítulo 28

1. Gerald McDermott menciona: "Una muestra de su grandeza [de Edwards] la tenemos en la edición crítica de sus obras de la Yale University Press [*Works of Jonathan Edwards*], que consta de veintiséis tomos, pero incluso esta representa solo la mitad de sus obras escritas" (*The Great Theologians* [Downers Grove, IL: InterVarsity, 2010], p. 113). Sus escritos también están disponibles en otras formas y antologías, como *A Jonathan Edwards Reader* (1995), y *The Sermons of Jonathan Edwards: A Reader* (1999), ambos publicados por la Yale University Press; y *Jonathan Edwards: Representative Selections* (Nueva York: Hill and Wang, 1962).

2. Olson, *The Story of Christian Theology*, p. 506.

3. Ver el capítulo 30 por más sobre los antecedentes históricos de la Ilustración.

4. *God's Passion for His Glory: Living the Vision of Jonathan Edwards* (Wheaton: Crossway, 1998), p. 59.

5. *The Story of Christian Theology*, p. 509.

6. Él escribió esto a mediados de la década de 1750, pero no fue publicado sino hasta una década después de su muerte.

7. McDermott, *The Great Theologians*, p. 119.

8. *God's Passion for His Glory,* p. 31.

9. (Westport, CT: Greenwood Press, 1949), xiii.

10. McDermott, *The Great Theologians*, p. 114.

11. *God's Passion for His Glory*, p. 47. Ver también las útiles implicaciones de Piper sobre esta gran verdad en las pp. 33–47.

Capítulo 29

1. Ver el capítulo 27.

2. Entrada en su diario del 24 de mayo de 1738.

3. A Charles Wesley se le recuerda más por sus habilidades musicales y la composición de miles de himnos, muchos de ellos aún populares hoy en día.

4. Whitefield es considerado uno de los más grandes predicadores evangelísticos, y más tarde desempeñó un papel importante en el Primer Gran Despertar en las colonias. Se convirtió en un buen amigo de Jonathan Edwards.

5. Estas eran reuniones parecidas a las collegia pietatis del pietismo (ver el capítulo 27).

6. Buan parte de las obras de Wesley están disponibles en la Internet.

7. Los calvinistas obviamente se opusieron al arminianismo de Wesley por las mismas razones.

8. Olson, *The Story of Christian Theology*, p. 513.

9. Sawyer, *The Survivor's Guide to Theology*, p. 366.

10. *A Plain Account of Christian Perfection*, según se cita en Sawyer, *The Survivor's Guide to Theology*, p. 354.

11. Bruce L. Shelley, *Church History in Plain Language*, updated 2nd ed. (Dallas: Word, 1995), p. 340.

Capítulo 30

1. Muchos lo consideran "el padre de la ilustración".

2. Ver el capítulo 17.

3. Esto se relaciona con la teología natural, que como discutimos previamente, es una teología que se aparta de la revelación divina y se basa únicamente en el pensamiento y los sentidos humanos.

4. Históricamente, la Ilustración es considerada a menudo el comienzo del "Período Moderno".

5. Richard Crouter, trad. y ed. (Cambridge: Cambridge University Press, 1996).

6. H. R. Mackintosh y J. S. Stewart, ed. (Edinburgh: T & T Clark, 1986).

7. Hill, *The History of Christian Thought*, p. 231.

8. *The Christian Faith*, p. 12.

9. *Ibíd.*, p. 76.

10. *Ibíd.*, p. 52.

11. *Ibíd.*, itálicas añadidas.

12. *Ibíd.*, p. 194.

13. McDermott, *The Great Theologians*, p. 145.

Capítulo 31

1. Albrecht Ritschl, *The Christian Doctrine of Justification and Reconciliation*, trad. H. R. Mackintosh y A. B. Macaulay (Edinburgh: T & T Clark, 1900).

2. Stanley J. Grenz y Roger E. Olson, *20th Century Theology: God and the World in a Transitional Age* (Downers Grove, IL: InterVarsity, 1992), p. 54.

3. Esta es esencialmente una antigua herejía cristológica conocida como adopcionismo, o la idea de que Jesús era solo un ser humano que Dios escogió usar de una manera muy especial.

4. Hill, *The History of Christian Thought*, p. 251.

5. Esta es básicamente la teoría de la influencia moral de Pedro Abelardo. Ver el capítulo 18.

6. Un importante propulsor del evangelio social fue Walter Rauschenbusch, un teólogo bautista estadounidense. Su mayor contribución literaria fue *A Theology for the Social Gospel* [Teología para el evangelio social] (Nueva York: Macmillan, 1918), que refleja el pensamiento de Ritschlian.

7. Adaptado de Olson, *The Story of Christian Theology*, pp. 549–551.

8. *The Kingdom of God in America* (New York: Harper and Row, 1959), p. 193.

Capítulo 32

1. El capitalismo estadounidense, por ejemplo, era a menudo considerado un pecado social debido a lo que se veía como represión a los pobres y los trabajadores.

2. El termino también tiene su origen en una serie de folletos de nombre *Los fundamentos* que fueron publicados entre 1910 y 1915.

3. *Modernista* es todo aquel que sostiene el "modernismo", es decir, la teología liberal.

4. Ver, por ejemplo, su obra clásica *The Inspiration and Authority of the Bible* (Philadelphia: Presbyterian and Reformed, 1948).

5. *What Is Faith?* (Grand Rapids, MI: Eerdmans, 1925).

6. *Ibíd.*, p. 15.

7. *Ibíd.*, p. 14.

8. *Ibíd.*, p. 43.

9. *The Origin of Paul's Religion* (Grand Rapids, MI: Eerdmans, 1925).

10. *Ibíd.*, p. 25, itálicas añadidas.

11. *Ibíd.*

12. *Ibíd.*, p. 26, itálicas añadidas.

13. *Christianity and Liberalism* (Grand Rapids, MI: Eerdmans, 1923).

14. *Ibíd.*, p. 7.

Capítulo 33

1. Aunque Barth rechazó el término "neoortodoxia" que fue aplicado a su teología.

2. Las dos Guerras Mundiales fueron parte de lo que puso en tela de juicio el optimismo de la teología liberal. Estos conflictos devastadores parecían demostrar que después de todo la humanidad no estaba cada vez mejor.

3. Karl Barth, *Credo* (London: Hodder & Stoughton, 1935), p. 43; según es citado en Sawyer, *The Survivor's Guide to Theology*, p. 424.

4. Karl Barth, *The Epistle to the Romans*, trad. Edwyn C. Hoskyns (Londres: Oxford University Press, 1933).

5. Lane, *A Concise History of Christian Thought*, p. 273.

6. Karl Barth, *Church Dogmatics*, 13 t. (Edinburgh: T & T Clark, 1957–1988).

7. Él, por ejemplo, comienza su *Dogmática eclesial* con una discusión sobre la Trinidad, mientras que Friedrich Schleiermacher la esconde en el apéndice.

8. Stanley J. Grenz y Roger E. Olson, *20th Century Theology* (Downers Grove, IL: InterVarsity, 1992), p. 77.

9. Church Dogmatics, t. II, parte 1, *The Doctrine of God*, parte 1.

10. Barth rechaza vehementemente cualquier posibilidad de teología natural, es decir, descubrir la más mínima cosa de Dios en la razón humana y la naturaleza por sí sola. De hecho, Barth tuvo una famosa y amarga discusión con Emil Brunner, un amigo y aliado teológico (de otra manera) sobre este tema. La posición de Brunner aceptó ambas, la revelación a través de Jesucristo y de la naturaleza. La respuesta escrita de Barth se tituló simplemente *Nein!* (¡No!).

11. *Church Dogmatics*, t. I, parte 1, *The Doctrine of the Word of God*, parte 1, p. 123.

12. Barth también consideraba la proclamación del evangelio por parte de la Iglesia y las Escrituras como otras formas secundarias de revelación divina cuando Dios escogía revelar a Jesucristo a través de ellas. Así que de acuerdo a Barth, hay tres formas de revelación divina: la Palabra revelada de Dios—Jesucristo (primaria), la Palabra escrita de Dios—la Biblia (secundaria), y la Palabra de Dios proclamada—la predicación (secundaria).

13. *Church Dogmatics*, t. II, parte 2, *The Doctrine of God*, p. 123, itálicas añadidas.

14. *Ibíd.*, p. 319, itálicas añadidas.

15. Ver el capítulo 35.

16. Grenz y Olson, *20th Century Theology*, p. 77.

17. Olson, *The Story of Theology*, p. 579.

18. Lane, *A Concise History of Christian Thought*, p. 278.

Capítulo 34

1. Hill, *The History of Christian Thought*, p. 296.

2. *20th Century Theology*, p. 116. Para afirmar esto, se basan en la biografía autorizada de Tillich: Wilhelm y Marion Pauck, *Paul Tillich: His Life and Thought* (Nueva York: Harper & Row, 1976).

3. *Teología sistemática*, Esplugues de Llobregat (Barcelona): Ariel, 1972.

4. Esto ha de ser hallado en la revelación divina, la cual, para Tillich, significaba algo muy similar que para la neoortodoxia. La revelación no es proposicional (palabras y oraciones), sino más bien cualquier "acontecimiento" por el que Dios se da a conocer. La Biblia no es la Palabra de Dios, sino meramente un registro de estos acontecimientos de revelación, el mayor de los cuales fue el "acontecimiento Cristo".

5. Hill, *The History of Christian Thought*, p. 301.

6. Tillich, *Teología sistemática*, t. 1, p. 88.

7. *Ibíd.*, p. 303.

8. Citado por Grenz y Olson, *20th Century Theology*, p. 127, extraído de Paul Tillich, *Biblical Religion and the Search for Ultimate Reality* (Chicago: University of Chicago Press, 1955), p. 83. Cursiva en el original.

9. Tillich rechazaba abiertamente la cristología calcedoniana, según la cual Jesucristo es una persona con dos naturalezas, divina y humana. Tillich descartaba la idea de que Jesús era Dios en cualquier sentido. También reinterpretó radicalmente el nacimiento virginal, la resurrección, la ascensión, la segunda venida, etcétera.

10. Tillich negaba que la resurrección de Jesús fuera un acontecimiento físico e histórico.

Capítulo 35

1. Más tarde publicado como *The Communion of Saints* (Nueva York: Harper & Row, 1963).

2. *Christ the Center*, trad. Edwin Robertson (San Francisco: Harper & Row, 1978).

3. *The Cost of Discipleship*, ed. rev., trad. R. H. Fuller (Nueva York: Macmillan, 1959).

4. Salamanca: Ediciones Sígueme, 9ª ed., 1999.

5. Esto es digno de mención por cuanto Bonhoeffer era anteriormente un pacifista comprometido.

6. Madrid: Editorial Trotta, 1997.

7. Citado por Grenz y Olson, *20th Century Theology*, p. 149.

8. *The Cost of Discipleship*, pp. 45-47.

9. *Ibíd.*

10. *Ibíd.*, pp. 47-48.

11. *Letters and Papers from Prison*, p. 279.

12. *Ibíd.*, p. 312.

13. *Ibíd.*, pp. 360-361.

14. *Ibíd.*, p. 282.

15. Hill, *The History of Christian Thought*, p. 286.

16. Representada, por ejemplo, en Thomas J. J. Altizer y William Hamilton, *Radical Theology and the Death of God* (Indianápolis: Bobbs-Merrill, 1966), y Altizer, *The Gospel of Christian Atheism* (Filadelfia: Westminster, 1966).

17. Por ejemplo, Harvey Cox, *The Secular City* (Nueva York: Macmillan, 1965).

18. Ver capítulo 36.

19. Ver capítulos 38 y 39, respectivamente.

Capítulo 36

1. Otro teólogo que entonces formaba parte del cuerpo docente de esa facultad era Wolfhart Pannenberg. Este capítulo

podría haberse dedicado en justicia a él, pues ambos—Moltmann y Pannenberg—eran considerados los más importantes teólogos protestantes de ese momento, y los dos enfatizaron la importancia de la escatología en teología (como veremos específicamente en Moltmann). Pannenberg enseñó después teología en Múnich hasta su jubilación.

2. Versión española: Salamanca: Sígueme, 1965.

3. Lo aquí omitido se citará más abajo.

4. *Teología de la esperanza*, 1965, p. 20.

5. *Ibíd.*

6. Ver el capítulo 40 para más detalles sobre la actitud del fundamentalismo hacia el mundo presente.

7. Versión española: *El Dios crucificado*, Salamanca: Sígueme, 1975, 2010.

8. Tales como *Trinidad y reino de Dios*, Salamanca: Sígueme, 1983.

9. *The Crucified God*, trad. R. A. Wilson y John Bowden (Nueva York: Harper & Row, 1974), p. 227.

10. *Teología de la esperanza*, 1965, p. 20.

11. Y de Pannenberg.

Capítulo 37

1. Ver el Intervalo de este libro.

2. Citado en Hill, *The History of Christian Thought*, p. 257.

3. Esta obra fue luego publicada como *Spirit in the World*, William V. Dych, trad. (Nueva York: Herder & Herder, 1968).

4. Citado por Grenz y Olson, *20th Century Theology*, p. 239.

5. Karl Rahner, *Theological Investigations*, Cornelius Ernst, trans. (Baltimore: Helicon Press, 1961–1992).

6. Karl Rahner, *Foundations of Christian Faith: An Introduction to the Idea of Christianity*, William V. Dych, trad. (New York: Crossroad, 1989).

7. Otros teólogos católicos importantes del siglo XX son Hans Küng (que en general era más liberal que Rahner) y Hans Urs von Balthasar (que era más conservador y tradicional que Rahner).

8. Grenz y Olson, *20th Century Theology*, p. 253.

9. Citado por Grenz y Olson, *20th Century Theology*, p. 240.

10. Anne Carr, "Karl Rahner" en Donald W. Musser y Joseph L. Price, eds, *A New Handbook of Christian Theologians* (Nashville: Abingdon, 1996), p. 377.

11. Ver el capítulo 8.

12. *Pastoral Constitution on the Church in the Modern World* (1965), párrafo 22. El término misterio pascual es usado en diversas ocasiones en las declaraciones del Concilio Vaticano II. Básicamente se refiere al cumplimiento de la salvación en Cristo como la proclama la Iglesia.

13. Theological Investigations, t. 14, cap. 17, según es citado en Lane, *A Concise History of Christian Thought*, p. 316.

14. Lane, *A Concise History of Christian Thought*, p. 316.

15. *The Story of Christian Theology*, p. 597. Énfasis original.

Capítulo 38

1. Esto será el tema del próximo capítulo.

2. Todos ellos, católicos, con la única excepción de Bonino, que es metodista.

3. Esta conferencia y sus conclusiones solo fueron posibles en la estela del Concilio Vaticano II (ver el capítulo anterior).

4. *Teología de la liberación. Perspectivas,* Salamanca: Ediciones Sígueme, 1971, 1990.

5. Versión en español: Lima: CEP, 1979.

6. Gustavo Gutiérrez, *The Power of the Poor in History*, trad. Robert R. Barr (Maryknoll, NY: Orbis, 1983), p. 28.

7. *Teología de la liberación*, p. 305.

8. *La verdad los hará libres* (Lima: CEP, 1986)

9. *Teología de la liberación. Perspectivas*, p. 30.

10. *Ibíd.*, p. 32.

11. *Ibíd.*, p. 312.

12. Grenz y Olson, *20th Century Theology,* p. 222.

13. Esta es la razón por la que he estructurado estos capítulos como lo he hecho, empezando con el "contexto" de estos teólogos para que podamos entender mejor sus teologías.

Capítulo 39

1. Mary Daly, *The Church and the Second Sex* (Boston: Beacon Press, 1968).

2. Mary Daly, *Beyond God the Father: Toward a Philosophy of Women's Liberation* (Boston: Beacon Press, 1973).

3. Rosemary Ruether, *Sexism and God-Talk: Toward a Feminist Theology* (Boston: Beacon Press, 1983).

4. Rosemary Ruether, *Gaia and God: An Ecofeminist Theology of Earth Healing* (Nueva York: HarperCollins, 1994).

5. Rosemary Ruether, *Goddesses and the Divine Feminine: A Western Religious History* (Berkeley: University of California Press, 2005).

6. Grenz and Olson, *20th Century Theology*, p. 230.

7. Citada por Grenz y Olson, *Ibíd.*

8. Citada por Mary Hembrow Snyder, "Rosemary Radford Ruether" en *A New Handbook of Christian Theologians* (Nashville: Abingdon Press, 1996), p. 403, itálicas añadidas.

9. Ver el capítulo 13.

10. *Sexism and God-Talk*, p. 135.

11. *Ibíd.*, 138.

Capítulo 40

1. Carl F. H. Henry, *The Uneasy Conscience of Modern Fundamentalism* (Grand Rapids: Eerdmans, 1947).

2. Grenz and Olson, *20th Century Theology*, p. 287.

3. Carl F. H. Henry, *The Remaking of the Modern Mind* (Grand Rapids: Eerdmans, 1946). La segunda edición fue publicada en 1948.

4. Carl F. H. Henry, *The Protestant Dilemma* (Grand Rapids: Eerdmans, 1949).

5. Carl F. H. Henry, *Christian Personal Ethics* (Grand Rapids: Eerdmans, 1957).

6. Carl F. H. Henry, *Evangelical Responsibility in Contemporary Theology* (Grand Rapids: Eerdmans, 1957).

7. Carl F. H. Henry, *Aspects of Christian Social Ethics* (Grand Rapids: Eerdmans, 1964).

8. Carl F. H. Henry, *Frontiers in Modern Theology* (Chicago: Moody, 1966).

9. Carl F. H. Henry, *Evangelicals at the Brink of Crisis* (Waco: Word, 1967).

10. Carl F. H. Henry, *Evangelicals in Search of Identity* (Waco: Word, 1976).

11. Carl F. H. Henry, *The Christian Mindset in a Secular Society* (Portland: Multnomah, 1984).

12. Carl F. H. Henry, *Christian Countermoves in a Decadent Culture* (Portland: Multnomah, 1986).

13. Una lista completa de su amplia obra escrita puede encontrarse en www.henrycenter.org.

14. Carl F. H. Henry, *God, Revelation and Authority*, 6 t., (Waco: Word, 1976-1983).

15. La teología liberal niega la revelación proposicional porque esta cree que la Biblia es solo un libro humano. La neoortodoxia niega la revelación proposicional en favor de la revelación personal (ver el capítulo 33).

16. *God, Revelation and Authority*, t. 3: p. 248. Él cubre esto en las pp. 248-487.

17. Henry, *Frontiers in Modern Theology*, pp. 154-55, según lo citan Grenz y Olson, *20th Century Theology*, p. 295.

18. *The Uneasy Conscience of Modern Fundamentalism*, p. 30.

19. Él argumenta esto en *Aspects of Christian Social Ethics*.

20. *The Uneasy Conscience*, 48-57.

Conclusión

1. McDermott, *The Great Theologians*, p. 208.

Recursos

Fuentes principales

Lay, Robert F. *Readings in Historical Theology: Primary Sources of the Christian Faith*. Grand Rapids, MI: Kregel Publications, 2009.

McGrath, Alister E. *The Christian Theology Reader*. Tercera edición. Oxford: Blackwell Publishing, 2007.

Placher, William C. *Readings in the History of Christian Theology*, t. 1: From Its Beginnings to the Eve of the Reformation. Louisville: Westminster John Knox Press, 1988.

____. *Readings in the History of Christian Theology*, t. 2: From the Reformation to the Present. Louisville: Westminster John Knox Press, 1988.

Fuentes secundarias

Allison, Gregg R. *Historical Theology: An Introduction to Christian Doctrine*. Grand Rapids, MI: Zondervan, 2011.

Anderson, William P. *A Journey Through Christian Theology: With Texts from the First to the Twenty-first Century*. Segunda edición. Minneapolis: Fortress Press, 2010.

Benedicto XVI, *Great Christian Thinkers: From the Early Church Through the Middle Ages*. Minneapolis: Fortress Press, 2011.

Bromiley, Geoffrey W. *Historical Theology: An Introduction*. Grand Rapids, MI: Wm. B. Eerdmans Publishing Company, 1978.

Foster, Paul, ed. *Early Christian Thinkers: The Lives and Legacies of Twelve Key Figures*. Downers Grove, IL: InterVarsity Press, 2010.

Green, Bradley G. *Shapers of Christian Orthodoxy: Engaging with Early and Medieval Theologians*. Downers Grove, IL: InterVarsity Press, 2010.

Hannah, John. *Our Legacy: The History of Christian Doctrine*. Colorado Springs: NavPress, 2001.

Haykin, Michael A. G. *Rediscovering the Church Fathers: Who They Were and How They Shaped the Church*. Wheaton: Crossway, 2011.

Hill, Jonathan. *The History of Christian Thought*. Downers Grove, IL: InterVarsity Press, 2003.

Lane, Tony. *A Concise History of Christian Thought*. Edición revisada. Grand Rapids, MI: Baker Academic, 2006.

McDermott, Gerald R. *The Great Theologians: A Brief Guide*. Downers Grove, IL: InterVarsity Press, 2010.

McGrath, Alister E. *Historical Theology: An Introduction to the History of Christian Thought*. Oxford: Blackwell Publishing, 1998.

Olson, Roger E. *The Story of Christian Theology: Twenty Centuries of Tradition and Reform*. Downers Grove, IL: InterVarsity Press, 1999.

Daryl Aaron obtuvo su MA en la Universidad de Texas en Dallas, su Maestría en Teología en el Seminario Teológico de Dallas, su Doctorado en Ministerio en el Seminario Teológico Bethel, y su PhD en la Graduate Theological Foundation. Pasó catorce años en el ministerio pastoral y ahora enseña en el Northwestern College, donde es profesor de Estudios Teológicos y Bíblicos. El Dr. Aaron vive en Mounds View, Minnesota, con su esposa Marilyn. Tienen una hija, Kimberly, que es graduada del Northwestern College. Después de completar un programa de maestría en la Minnesota State University en Mankato, ella se ha unido a su (orgulloso) padre en la facultad del Northwestern College, dando clases de español.